# 中国古代战争

王欣 编著

中国商业出版社

图书在版编目（CIP）数据

中国古代战争／王欣编著. -- 北京：中国商业出版社，2014.12（2022.4重印）
ISBN 978-7-5044-8568-7

Ⅰ.①中… Ⅱ.①王… Ⅲ.①战争史-研究-中国-古代 Ⅳ.①E291

中国版本图书馆CIP数据核字（2014）第299280号

责任编辑：刘洪涛

中国商业出版社出版发行
（www.zgsycb.com　100053　北京广安门内报国寺1号）
总编室：010-63180647　编辑室：010-83114579
发行部：010-83120835/8286
新华书店经销
三河市吉祥印务有限公司印刷

\*

710毫米×1000毫米　16开　12.5印张　200千字
2014年12月第1版　2022年4月第2次印刷
定价：25.00元

\*　\*　\*　\*

（如有印装质量问题可更换）

# 《中国传统民俗文化》编委会

主　编　傅璇琮　著名学者，国务院古籍整理出版规划小组原秘书长，清华大学古典文献研究中心主任，中华书局原总编辑

顾　问　蔡尚思　历史学家，中国思想史研究专家

　　　　卢燕新　南开大学文学院教授
　　　　于　娇　泰国辅仁大学教育学博士
　　　　张骁飞　郑州师范学院文学院副教授
　　　　鞠　岩　中国海洋大学新闻与传播学院副教授，中国传统文化研究中心副主任
　　　　王永波　四川省社会科学院文学研究所研究员
　　　　叶　舟　清华大学、北京大学特聘教授
　　　　于春芳　北京第二外国语学院副教授
　　　　杨玲玲　西班牙文化大学文化与教育学博士

编　委　陈鑫海　首都师范大学中文系博士
　　　　李　敏　北京语言大学古汉语古代文学博士
　　　　韩　霞　山东教育基金会理事，作家
　　　　陈　娇　山东大学哲学系讲师
　　　　吴军辉　河北大学历史系讲师

策划及副主编　王　俊

# 序 言

中国是举世闻名的文明古国,在漫长的历史发展过程中,勤劳智慧的中国人创造了丰富多彩、绚丽多姿的文化。这些经过锤炼和沉淀的古代传统文化,凝聚着华夏各族人民的性格、精神和智慧,是中华民族相互认同的标志和纽带,在人类文化的百花园中摇曳生姿,展现着自己独特的风采,对人类文化的多样性发展做出了巨大贡献。中国传统民俗文化内容广博,风格独特,深深地吸引着世界人民的眼光。

正因如此,我们必须按照中央的要求,加强文化建设。2006年5月,时任浙江省委书记的习近平同志就已提出:"文化通过传承为社会进步发挥基础作用,文化会促进或制约经济乃至整个社会的发展。"又说,"文化的力量最终可以转化为物质的力量,文化的软实力最终可以转化为经济的硬实力。"(《浙江文化研究工程成果文库总序》)2013年他去山东考察时,再次强调:中华民族伟大复兴,需要以中华文化发展繁荣为条件。

正因如此,我们应该对中华民族文化进行广阔、全面的检视。我们应该唤醒我们民族的集体记忆,复兴我们民族的伟大精神,发展和繁荣中华民族的优秀文化,为我们民族在强国之路上阔步前行创设先决条件。实现民族文化的复兴,必须传承中华文化的优秀传统。现代的中国人,特别是年轻人,对传统文化十分感兴趣,蕴含感情。但当下也有人对具体典籍、历史事实不甚了解。比如,中国是书法大国,谈起书法,有些人或许只知道些书法大家如王羲之、柳公权等的名字,知道《兰亭集序》

是千古书法珍品,仅此而已。

　　再如,我们都知道中国是闻名于世的瓷器大国,中国的瓷器令西方人叹为观止,中国也因此获得了"瓷器之国"(英语 china 的另一义即为瓷器)的美誉。然而关于瓷器的由来、形制的演变、纹饰的演化、烧制等瓷器文化的内涵,就知之甚少了。中国还是武术大国,然而国人的武术知识,或许更多来源于一部部精彩的武侠影视作品,对于真正的武术文化,我们也难以窥其堂奥。我国还是崇尚玉文化的国度,我们的祖先发现了这种"温润而有光泽的美石",并赋予了这种冰冷的自然物鲜活的生命力和文化性格,如"君子当温润如玉",女子应"冰清玉洁""守身如玉";"玉有五德",即"仁""义""智""勇""洁";等等。今天,熟悉这些玉文化内涵的国人也为数不多了。

　　也许正有鉴于此,有忧于此,近年来,已有不少有志之士开始了复兴中国传统文化的努力之路,读经热开始风靡海峡两岸,不少孩童以至成人开始重拾经典,在故纸旧书中品味古人的智慧,发现古文化历久弥新的魅力。电视讲坛里一拨又一拨对古文化的讲述,也吸引着数以万计的人,重新审视古文化的价值。现在放在读者面前的这套"中国传统民俗文化"丛书,也是这一努力的又一体现。我们现在确实应注重研究成果的学术价值和应用价值,充分发挥其认识世界、传承文化、创新理论、资政育人的重要作用。

　　中国的传统文化内容博大,体系庞杂,该如何下手,如何呈现?这套丛书处理得可谓系统性强,别具匠心。编者分别按物质文化、制度文化、精神文化等方面来分门别类地进行组织编写,例如,在物质文化的层面,就有纺织与印染、中国古代酒具、中国古代农具、中国古代青铜器、中国古代钱币、中国古代木雕、中国古代建筑、中国古代砖瓦、中国古代玉器、中国古代陶器、中国古代漆器、中国古代桥梁等;在精神文化的层面,就有中国古代书法、中国古代绘画、中国古代音乐、中国古代艺术、中国古代篆刻、中国古代家训、中国古代戏曲、中国古代版画等;在制度文化的层面，就有中国古代科举、中国古代官制、中国古代教育、中国古代军队、中国古代法律等。

此外，在历史的发展长河中，中国各行各业还涌现出一大批杰出人物，至今闪耀着夺目的光辉，以启迪后人，示范来者。对此，这套丛书也给予了应有的重视，中国古代名将、中国古代名相、中国古代名帝、中国古代文人、中国古代高僧等，就是这方面的体现。

生活在21世纪的我们，或许对古人的生活颇感兴趣，他们的吃穿住用如何，如何过节，如何安排婚丧嫁娶，如何交通出行，孩子如何玩耍等，这些饶有兴趣的内容，这套"中国传统民俗文化"丛书都有所涉猎。如中国古代婚姻、中国古代丧葬、中国古代节日、中国古代民俗、中国古代礼仪、中国古代饮食、中国古代交通、中国古代家具、中国古代玩具等，这些书籍介绍的都是人们颇感兴趣、平时却无从知晓的内容。

在经济生活的层面，这套丛书安排了中国古代农业、中国古代经济、中国古代贸易、中国古代水利、中国古代赋税等内容，足以勾勒出古代人经济生活的主要内容，让今人得以窥见自己祖先的经济生活情状。

在物质遗存方面，这套丛书则选择了中国古镇、中国古代楼阁、中国古代寺庙、中国古代陵墓、中国古塔、中国古代战场、中国古村落、中国古代宫殿、中国古代城墙等内容。相信读罢这些书，喜欢中国古代物质遗存的读者，已经能掌握这一领域的大多数知识了。

除了上述内容外，其实还有很多难以归类却饶有兴趣的内容，如中国古代乞丐这样的社会史内容，也许有助于我们深入了解这些古代社会底层民众的真实生活情状，走出武侠小说家加诸他们身上的虚幻的丐帮色彩，还原他们的本来面目，加深我们对历史真实性的了解。继承和发扬中华民族几千年创造的优秀文化和民族精神是我们责无旁贷的历史责任。

不难看出，单就内容所涵盖的范围广度来说，有物质遗产，有非物质遗产，还有国粹。这套丛书无疑当得起"中国传统文化的百科全书"的美誉。这套丛书还邀约大批相关的专家、教授参与并指导了稿件的编写工作。应当指出的是,这套丛书在写作过程中,既钩稽、爬梳大量古代文化文献典籍,又参照近人与今人的研究成果,将宏观把握与微观考察相结合。在论述、阐释中,既注意重点突出,又着重于论证层次清晰,从多角度、多层面对文化现象与发展加以考察。这套丛书的出版,有助于我们走进古人的世界,了解他们的生活,去回望我们来时的路。学史使人明智,历史的回眸,有助于我们汲取古人的智慧,借历史的明灯,照亮未来的路,为我们中华民族的伟大崛起添砖加瓦。

　　是为序。

2014 年 2 月 8 日

# 前　言

　　作为世界著名的文明古国，我国有文字记载的历史，如果从甲骨文中已有记载的殷商中期算起，已有3300多年。如果从史籍中所记载的古代历史来看，时间就更早。假如按通行的说法，从炎帝神农氏和黄帝轩辕氏算起，我们这十几亿炎黄子孙的历史，大约经过了5000多个春夏秋冬。在这漫长的历史进程之中，人们最主要的活动是从事农业和手工业的生产，与自然界作斗争。同时，为了生产活动得以进行，还必须进行各种形式的人与人之间的斗争，其中主要的是阶级斗争。可是我们还不能不注意到，几千年的历史上，还有一种经常发生的、对人类历史的进程产生着巨大影响的历史现象，这就是战争。这其中，有阶级斗争发展到最高形式的战争，有维护统一与坚持分裂的战争，有统治阶级因内部冲突而爆发的战争，有抵御外来侵略的战争，有兄弟民族之间发生的战争，等等。可以说，几千年来一直在进行着不同规模、不同形式、不同性质的各式各样的战争。据《晋书·张方传》，西晋武将张方说过这样一句话："兵之利钝是常"。此话在《资治通鉴·晋惠帝太安二年》被改为"胜负兵家之常"。后来演化为成语"胜败乃兵家之常事"。

这话流传多年，常常被人所引用。其实，应该在前面再加上一句："战争乃历史之常事"。

要准确地统计我国历史上总共发生过多少次战争，这是不可能的。从汤之讨桀，到武王伐纣，从春秋战国的诸侯纷争，到秦末汉初的中原逐鹿；从西汉前期的远征匈奴，到东汉末年的黄巾起义；从魏蜀吴的三国兵争，到西晋的内忧外患；从南北朝的对峙攻杀，到隋初的全国统一；从唐代的安史之乱，到五代的尔争我夺；从宋辽金夏的长期战乱，到元初的混一宇内；从朱元璋扫平群雄，到李自成义师入京；从八旗劲旅入关南下，到远征天山的清初武功；从太平军饮马长江，到八国联军入侵中华……在这样繁多的战争之中，涌现出不少民族英雄、革命领袖、著名将帅和军事理论家，更有数不清的战争参加者或受害者死于刀光剑影之下，弃骨荒野大漠之中。

我们编写此书的目的是，希望读者通过书中所介绍的中国古代主要战争，了解战争的作用：有的推动了历史的前进，维护了祖国的统一与安定；也有的阻碍了历史的进步，给民族带来深重的灾难。总之，在古代的历史长河中，战争，成为我国社会生活中一个重要的组成部分，与我国古代的政治、经济、民族、文化各方面的历史紧密相关。我国有5000年的文明史，与之伴生，也有一部5000年的战争史。

由于时间的仓促和编者水平所限，本书中难免有一些疏漏之处，对于历史的见解也难免有个人之见，欢迎广大读者在发现不足之处时，能够批评指正，和编者共同商榷。

# 目录

## 第一章 中国古代战争概述

### 第一节 战争的起源 ………………………………… 2
原始社会的部落斗争 ………………………………… 2
战争形态的初步完善 ………………………………… 3
战争"艺术"的发展 ………………………………… 7

### 第二节 战争的基本类型 ………………………………… 11
最初的作战方式：车战 ………………………………… 11
机动性的飞跃：骑战 ………………………………… 13
惊涛骇浪上的艺术：水战 ………………………………… 17

### 第三节 战争的力量：军队 ………………………………… 21
"队伍"的来历与三军的变迁 ………………………………… 21
军队的权威：军法 ………………………………… 24
军队士卒的编伍 ………………………………… 27
军队主帅的职责 ………………………………… 30

## 第二章 中国古代战争类型的演变

### 第一节 车战的兴衰 ………………………………… 36
车战的起源 ………………………………… 36

战车的制造 …………………………………………………… 38
　　　战车的作战方式 ……………………………………………… 41
　　　车战的发展 …………………………………………………… 43
　　　车战的衰落 …………………………………………………… 47
　　第二节　骑兵的盛行 …………………………………………… 51
　　　胡服骑射：骑兵的引入 ……………………………………… 51
　　　骑乘革命：马镫的发明 ……………………………………… 53
　　　轻骑兵的兴起 ………………………………………………… 55
　　　历代对马的重视 ……………………………………………… 56
　　　成吉思汗的骑战思想 ………………………………………… 59
　　第三节　水军与水战 …………………………………………… 62
　　　古代船舶的初创 ……………………………………………… 62
　　　汉唐船舶的发展 ……………………………………………… 65
　　　古代水军的建置 ……………………………………………… 67
　　　威震四夷的明代水师 ………………………………………… 69
　　　水战的攻防 …………………………………………………… 71

## 第三章　中国古代战争的手段与阵法

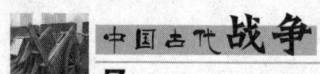

　　第一节　中国古代战争的攻防手段 …………………………… 76
　　　城市在战争中的重要位置 …………………………………… 76
　　　奇特的突击手段：坑道战 …………………………………… 79
　　　不容忽视的伪装 ……………………………………………… 82
　　第二节　中国古代的阵法 ……………………………………… 85
　　　古代阵法概述 ………………………………………………… 85
　　　阵的类型 ……………………………………………………… 89
　　　阵的运用 ……………………………………………………… 91

阵的迷雾 ………………………………………………… 95

## 第四章　中国古代著名战争

### 第一节　先秦及秦汉时期的战争 ……………………… 100
宋襄公败绩泓水 ………………………………………… 100
退避三舍：城濮之战 …………………………………… 102
桂陵、马陵之战 ………………………………………… 105
楚汉成皋之战 …………………………………………… 109

### 第二节　魏晋至明清期的战争 ………………………… 113
以弱胜强：官渡之战 …………………………………… 113
以少胜多：赤壁之战 …………………………………… 116
风起云涌的隋末农民起义 ……………………………… 119
于谦保卫北京城 ………………………………………… 121
郑成功收复台湾 ………………………………………… 124

## 第五章　中国古代战争人物

### 第一节　先秦及秦汉时期著名战争人物 ……………… 128
兵圣：孙武 ……………………………………………… 128
几灭齐国的乐毅 ………………………………………… 131
兵仙：韩信 ……………………………………………… 133
龙城飞将：卫青 ………………………………………… 137
封狼居胥的霍去病 ……………………………………… 140

### 第二节　隋唐至明清时期著名战争人物 ……………… 144
含冤而死的史万岁 ……………………………………… 144
平定叛乱的李光弼 ……………………………………… 147

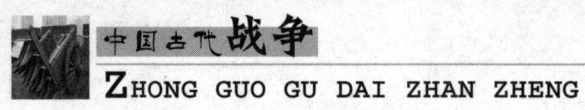

功高不矜：郭子仪 ………………………………… 149
一代奇男子：帖木儿 ……………………………… 153
民族英雄郑成功 …………………………………… 157

## 第六章 中国古代战争计谋和兵书要籍

### 第一节 中国古代战争计谋 ………………………… 162
兵以计为先 ………………………………………… 162
战争中常用的计策 ………………………………… 165
三十六计的涵义 …………………………………… 169

### 第二节 中国古代兵书要籍 ………………………… 172
兵书鼻祖——《孙子兵法》 ……………………… 172
兵书的进一步发展——《吴子》 ………………… 176
《司马法》与《尉缭子》 ………………………… 179

**参考书目** ……………………………………………… 183

# 第一章

# 中国古代战争概述

中国5000年的历史中，发生过无数的战争。中国古代战争和中国古代的政治、经济一样，随着时间的推移而不断发展。这种发展不仅仅是武器装备的进步，更是"战争艺术"的飞跃。

## 第一节
## 战争的起源

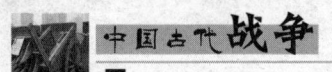

### 原始社会的部落斗争

约7000年前，黄河、长江流域的广大地区，散布着众多原始村落，母系氏族进入繁荣阶段，与传说中的神农氏时代大体相当。在由一个个相对独立的血缘集团组成的社会中，一方面，在氏族部落内部人们平等地生活；另一方面，人们的眼界又局限于自己生活的集团，力求维护本集团的生存条件。当每个氏族部落因人口增多或自然灾害等原因被迫向外迁移时，便有可能侵夺其他氏族部落的利益，导致氏族部落之间爆发武装冲突。例如，中国古代文献中有记载的第一次作战行动"神戎（即神农）战斧遂"，就是氏族部落之间的一次兼并战争。神农氏属于古夷人部落集团，生活于今河南东南部，以农业生产为主，已有冶陶手工业及交换市场。为开拓生产、生活空间，逐渐向东北发展，与生活在今山东西南部的另一支古夷人部落斧遂氏发生利害矛盾，引发冲突。斧遂氏部落不肯屈服，神农氏于是北上进攻斧遂氏，将其击败、兼并。随后，神农氏部落由今河南淮阳地区迁移至今山东曲阜一带，附近各部落自动归附，组成部落联盟。这种武力冲突仅仅是为了争夺生存条件或为血亲复仇，由首领率领全体或部分部落成员进行。作战方

神农雕塑

式、作战手段都极为原始，当时"无器械、舟车、城郭、险阻之备"，只是使用由生产工具转化来的石、骨、木制兵器，进行群体格斗。交战胜负，决定于参战人员的数量、体力状况及勇敢程度。为保卫部落不被侵袭，部落居住地周围筑有壕、墙（如仰韶文化村落遗址周围的防卫沟）。

约5000年前，父系氏族开始代替母系氏族登上历史舞台，中国历史进入传说中的黄帝、炎帝时代。这一时期随着原始生产力的提高和劳动产品的大量剩余，私有财产出现，刺激了氏族部落首领攫取更多物质利益的欲望，大规模的部落战争开始日益频繁。在黄河中、下游地区，以蚩尤为首的东方夷族九黎部落，同由西向东发展的黄帝、炎帝两大部落长期对抗。蚩尤凭借强大力量击败炎帝，黄帝、炎帝结成联盟，在涿鹿之战中，经反复激烈较量，最终战胜蚩尤，东方夷族逐渐与黄帝族融合。其后，炎帝势力发展，侵凌诸氏族部落，导致黄、炎帝联盟破裂，发生阪泉之战，黄帝击败炎帝。黄帝部落由今河北北部向南发展，在中原地区与炎帝部落的一支共工氏展开惨烈的大战，悍猛的共工氏被征服。炎帝族与黄帝族最终结成稳固的联盟，成为之后华夏族的主体。传说黄帝频频征讨不顺从者，"五十二战而天下大服"。这一时期的部落战争，已不单纯是为了争夺生存空间，往往与征服异部落、掠夺财富相交融。蚩尤"作兵"、黄帝臣挥"作弓"、夷牟"作矢"，黄帝得九天玄女兵法等传说，反映出专用于作战的兵器逐渐与生产工具分离，原始战阵也开始出现。

约4000年前，当黄帝族后裔征服众多氏族部落之后（颛顼部落与共工之战、帝喾攻共工之战等），中原地区形成了传说中先后以尧、舜、禹为首领的强大部落联盟。为争夺部落联盟最高首领地位，掠夺更多的财富和奴隶，部落之间狼烟四起，征战不息。传说尧战胜十几个部落才获得民众拥戴而为"天子"，舜即位后有13个部落不服，禹时有33个部落反抗。尧、舜、禹攻三苗之战，反映了当时北方部落联盟与南方部落联盟之间长期的激烈斗争。这一时期，部落联盟军事首领的权力在战争中迅速加强，军事扈从队伍随之产生，既是防御设施又象征权力中心的军事城堡已经出现。

## 战争形态的初步完善

约公元前2070年，禹建立夏朝。禹的儿子启废除禅让制，实行王位世袭，成为夏朝的统治者。以今河南伊河、洛河流域为中心地域的夏朝，最初几十年充满着王权世袭制与部落禅让制的斗争。在甘之战中，夏启攻灭企图争夺首领地位的有扈氏，使夏朝的统治得到各部落首领的承认，确立了奴隶主贵族专政的制度。这一时期，车战作为一种作战形式已经出现在战争舞台上。据《世本》《墨子》《荀子》《管子》等文献记载，禹时的奚仲发明了车，并任车服大夫。车发明以后，首先用于交通运输，后来随着马的繁衍、驯养和驾挽技术的提高，逐渐用于战争。《尚书·甘誓》是夏启讨伐有扈氏时的出征誓词，文中记载了夏启对出征兵士的一段训示："左不攻于左，汝不恭命；右不攻于右，汝不恭命；御非其马之正，汝不恭命。"其中的"左""右"，即是执弓主射的车左和执矛主击刺的车右，"御"即居于两者之间的驭手。

夏朝末期，夏王桀暴虐无道，民众怨恨，各方国、部落叛离，夏朝的统治濒临崩溃。此时，地处黄河下游的商族方国崛起，成为与夏王朝对峙的强劲势力。商族首领成汤，在伊尹、仲虺等人的辅助下，积极进行灭夏准备。他对内修政和民，争取广大民众支持，对外施仁伐暴，广结盟国；又采取由近及远、先弱后强、各个击破的方略，先后攻灭葛（今河南宁陵北）、韦（今河南滑县东南）、顾（今河南范县东南，一说今山东鄄城东北）、昆吾（今河南许昌东）等夏的属国，摧毁夏朝的支柱和屏障，使其失去羽翼而孤立。在此期间，伊尹还奉命两次进入夏都探察政情、军情、民情，并离间夏统治集团内部关系，以削弱其实力。而后，成汤乘夏桀出兵征讨有缗氏（居今山东金乡）、九夷叛夏、夏桀孤立无援之机，统兵攻夏，与夏桀在鸣条（今河南封丘东，一说今山西夏县东）展开决战，大破夏军。夏桀败退后归依于属国三朡（今山东定陶东）。商汤乘胜攻灭三朡，夏桀率少数残部逃往南巢（今安徽巢湖），不久病逝。商汤回师，在亳（今河南商丘北；一说在西亳，在今河南偃师西）召开众多诸侯参加的"景亳之命"大会，得到3000诸侯的拥护，取得了天下之主的地位，建立商朝。鸣条之战是中国古代通过"伐谋"、"伐交"、"伐兵"、"用间"达到战争速胜最早的成功战例，对于后世战争的发展、军事理论的构筑，都产生了深远的影响。《吕氏春秋·简选》载："殷汤良车七十乘，必死六千人，以戊子战于郕，遂禽推移、大牺，登自鸣条，乃入巢门，遂有夏。"《墨子·明鬼》亦载："汤以车九两，鸟阵雁行，汤乘大赞，犯逐夏众，入之郊遂，王乎禽推哆、大戏。"这些资料充分说明，当时车兵不仅数量增加、装备完善，而且训练有素，已经成为颇具攻击力的作战主体。但是，这只是车战的滥觞，尚未代替以徒步格斗为主的作战方式。

成汤九世孙武丁当政时，任用工匠出身的傅说及甘盘、祖己等人辅政，励精图治，使商朝政治、经济、军事得到空前发展，为进行大规模征服战争创造了条件。此时，日益强大的周边方国、部族频繁侵扰商王国之地，尤以西北诸部为甚。武丁对西北众多部族展开逐个征伐，最终取胜，基本解除西北边患，并获取大量奴隶。他还统兵南征，击败荆楚军；并出兵征伐东夷及南边的巴、蜀、虎方等。对周边方国、部族的战争，拓展了商朝版图和势力范围，促进了中原地区与周边部族的经济、文化交流，商王国达到鼎盛时期，史称"武丁中兴"。武丁之妻妇好，金文中称"后母辛"，是中国历史上的第一位女性将领。在武丁对周边方国、部族的一系列战争中，妇好多次受命代商王征集兵员，并屡任军将征战沙场。在对巴方作战中，妇好率兵布阵设伏，截断巴方军退路，待武丁自东面击溃巴方军，将其驱入设伏地，予以歼灭。这是中国战争史上记载最早的伏击战。

商汤和伊尹是商代开创时期的军事人物，武丁和妇好是商代中兴时期的军事人物，他们各代表一个不同的历史时期。他们所代表的商代作战思想和基本特点是：笃信上帝、神灵，作战行动的决断经常要借助卜筮；出师征战，都要打着上天命令的旗号，以宗教迷信动员军民，并以此威慑敌人；采取先发制人的进攻战，并把"兼弱攻昧"（乘敌衰弱和昏暗而攻之）、"取乱侮亡"（乘敌内部动乱、衰亡而取之）作为攻伐的有利时机而利用；重视建设一支精悍的突击队，实行出敌不意的袭击战；以杀戮和罚做奴隶作为强迫军队作战的纪律手段，表现出奴隶主贵族阶级压迫的特点。

商朝末期，多次大规模征伐东夷的长期战争，严重损耗了国力，并加剧了王朝内外的各种矛盾。这时，西面的周族历经几代经营而强盛。周族是活动于渭、泾流域的姬姓古族，农业经济迅速发展，政权组织日趋完善，军事力量逐渐强大，成为商的西方大国。周文王姬昌即位后，任用吕望为"太师"，积极进行战争准备。面对"商、周之不敌"的情势，吕尚辅佐文王确定了先改变力量对比、而后伺机进行决战的渐进灭商方略。为隐蔽谋略企图，文王实行韬光养晦之策，对商纣王伪示恭顺，采取建商宗庙于周原以祭祀商王先祖、"率殷之叛国以事纣"、向纣王贡献方物等手段，使纣王消除了疑周之心，"赐命西伯得专征伐"，而将商的力量用于对付东夷，为周发展实力制造良机。文王乘商朝用兵东夷之机，相继征服犬戎（今陕西西北部）、密须

古代战车

（今甘肃灵台西南），解除东进的后顾之忧，继而兵锋东向，向商腹心地区进逼。周军先攻占耆国（今山西长治西南），剪除商之右翼，造成威胁商都殷（今河南安阳）之势；再正面进逼，攻占邘国（今河南沁阳西北）；继而攻占商朝西南战略重镇崇国（今河南嵩县东北），剪除商之左翼，扫清了灭商障碍。为利于继续东进，文王将都城由岐下（今陕西岐山东北）东迁至丰（今陕西西安西北），基本完成了攻商决战的准备。武王姬发即位后，于公元前1048年联合800诸侯于盟津（今河南孟津东北）举行大规模伐商演习，确立了周的盟主地位，史称"盟津之誓"。吕望还曾亲入商都探察情况，施离间之计，促其内部反叛。又二年（前1046年），武王乘商朝统治集团分崩离析、商军主力在东夷作战之机，亲率大军会同各路诸侯军奔袭商都，在牧野（今河南淇县南）与商军展开决战，大破商军，灭亡商朝，开创西周王朝。此战，以示伪谋略使敌产生错觉，为"兵者诡道"的理论奠定了基础；由远及近，先弱后强，逐次击破及力避两面作战，也是剪商羽翼作战指导的特点；选择战机，先发制人，成为以少胜多的著名战例。

商、西周时代，中国奴隶社会的战争形态有了明显发展。由于与战争密切相关的手工业技术迅速进步，青铜兵器和战车大量用于作战。西周后期一次作战投入战车达3000乘之多，表明战争规模不断扩大，车战成为主要作战方式。国家军队确立以"师"为最高建制单位，形成国君控制下的分级领导体制，并由车、步分别编组变为车、步协同作战，使战争在日趋完善的组织形式下进行，强化了战争的正规性。车战战法脱离滥觞期的原始形态，出现密集方阵战术，强调保持队形严整和车阵坚固，向着充分发挥车阵集团冲击力的方向发展。通常步兵列阵于前、战车列阵于后，组成宽广正面的大方阵。参战兵员的增多和战场范围的扩大，使作战指挥手段由单一向多样化发展，至西周时已使用金、鼓、旗等视听信号指挥作战。商朝后期出现正规的驿传制度，西周晚期又建立烽燧报警制度，反映出保障军队行动的信息传递不断

加强。随着人们对天道、鬼神观念开始动摇，作战指导自觉运用谋略。周灭商的牧野之战，注重全局把握、审势而动、量力而行，采取军政结合、各个击破、乘隙奔袭的策略和战法，已包括战争准备、筹划、实施各阶段，标志着中国古代作战指导思想的初步形成。

## 战争"艺术"的发展

历史小说和武打戏中，常常有将对将、兵对兵的厮杀，这种表现手法是有历史根据的。在冷兵器时代，使用的武器不外乎戈、矛、刀、箭等，掌握这些武器的是步兵和骑兵，作战时只能是短兵相接，面对面地砍杀。

棋逢对手，将遇良才。在两军搏斗的场合里，往往会出现大战几百个"回合"。据我国著名史学家吴晗教授考据，"一个回合，是指交手一次。两将相对，中间有一段距离，双方手执武器同时前进，用武器杀伤对方，一击不中，就得退回来，准备再次交锋，一进一退就叫一个回合"。在这生死搏斗之中，武器的长短和重量是相当重要的，长枪、大刀自然要比短剑、匕首优越。诚然，武器是很重要的，但决定胜负的却要看战争的正义性，要看人的勇敢和觉悟，要看人的武艺熟练程度。

进攻中，能在百万军中冲杀取敌方上将的首级，非得有高强的武艺才行。

唐武后时，契丹将李楷固善使绳索、骑射和舞槊，每次冲锋都如"鹘入鸟群，所向披靡"。黄麞谷之战，唐将"张玄遇、麻仁节皆为所缚"。正如明代抗倭名将戚继光说的，怯敌还是艺浅，善战必定艺精。

防御中，能够在水泄不通的重围中突围的，总是那些身有武艺的人。

萧摩诃随都督吴明彻渡过淮河攻打齐国秦郡，"齐国派遣大将尉破胡率十万大军来援，其前队有苍头犀角大力士，皆身长八尺，臂力绝伦，其锋甚锐……妙于弓矢，弦无虚发……胡挺身出阵前十余步，弓矢发。摩诃遥掷铣铤，正中其额，应手而仆，齐军大力士十余人出战，摩诃又斩之，于是齐军退走"。摩诃率军追至吕梁地区。

不久，"周武帝灭齐，遣将宇文忻争吕梁，时有精骑数千，摩诃领十二骑深入周军，纵横奋击斩首甚众。及周遣大将五执来赴，结长围连缤于吕梁下流，断大军还路"。这时，摩诃亲自率领 8000 精骑在前面杀出一条通路，乘夜深人静的时候，掩护都督突出重围，而后还军淮南。可见，处于劣势的萧摩诃，要不是善于遥掷铣钑，难道还不成为北齐的囚徒了么。这段故事同样印证了"艺高人胆大，胆大人艺高"的至理名言。

可见，在两军对阵中，战将和士卒要想保存自己，消灭敌人，不仅要戴盔披甲，而且要有高超的武艺。据史书记载，中国古代的武艺一向分十八种，而十八般武艺要想件件皆通，在搏斗中武艺高强，这确实是桩不容易的事。

《武经总要》记载，公元 1000 年，宋神骑副兵使焦偓献使用的铁槊，重 15 斤，在马上挥舞如飞。还有相国寺和尚法山，还俗从军，用的铁轮拨，浑头 33 斤，头尾有刃，是一种马上格斗的有利武器。《五杂俎》上说："人有千斤之力，始能于马上运三十斤之器……其有五百斤力者，但能举动而已"。南宋民族英雄岳飞，对部将的武艺训练，要求极其严格。《金陀粹编·遗事》记载，有一次岳飞的长子岳云，练习飞马冲下陡坡，不慎马翻人仰，岳飞大怒说，前方大敌，亦如此耶？将岳云责打 100 军棍。在岳飞的督促下，岳云很快地成长为一员所向无敌的勇将，臂力大得惊人，能把两柄好几十斤的铁锥抡动如飞。1134 年，16 岁的岳云勇冠三军，攻随州，手持双锥，首先登城。邓州战役中，岳云又捷足先登。1140 年，岳家军的最后一次北伐，克蔡州，据颍昌，复淮宁，得郑州，占洛阳，战绩辉煌。岳云都是骁勇善战，屡建殊勋。在激烈的颍昌之战中，岳云先后 10 次杀入敌阵，身受 100 多处枪伤，和将士们都"人为血人，马为血马"，终于赢得了这次战斗的胜利。抗倭名将戚继光，也非常重视部队的训练，《纪效新书》中对这方面有详细的叙述，主张"平时所使用的器械……当重于交锋时所用之器"。这样，"重者既熟，则临阵用轻者自然手捷，不为器械所欺矣"。此外，戚继光在练武时，采取"足囊以砂，渐渐加之"，战时将砂囊去掉，行走时自然轻便自如。平时习战，人必重甲，战时换上轻装，行动起来就迅速。他把这些做法叫作"练手力"、"练足力"和"练身力"。古人练武，不仅讲求实效，采用从难从严的训练方法，而且非常重视实践。在《练兵实纪·储练通论》中，有一段论述叫作"练真将"。练将，就是训练军队的干部。练真将，就是强调指挥员要有真实本领，经得起实战考验。戚继光认为，一个指挥员，固然要精通"韬略"之类的兵法，反对不学无术，但是这还不够，还要把他们放到"伍间"去锻炼，出战时放到战阵中去考验。只有经得起锻炼和考验的人，才能正式任用，这样才能练出"真将"来。对于士卒的训练，也是本着讲实效、重实际。在练武时，强调从实战需要出发，从难从严着手。因此，古代许多有名的将领都是鸡鸣即起，夏练三伏，冬练三九，持之以恒，从不间断。这样，临战时才见敌不畏，骁勇异常。

在古代的战争中，不仅要求人们有熟练的武艺，而且要求军队有雷厉风行的战斗作风。孙子说，军队的行动"其疾如风，其徐如林"，"不动如山，行如雷霆"。又说，"兵之情主速，乘人之不及，由不虞之道，攻其所不戒也"。

公元874年，黄巢领导的农民起义军，风驰电掣，出无定，克洛阳，破潼关，下长安，近10年的时间，这支起义部队转战中原，南征北战，打了许多出色的仗，很重要一点，就是他们行动迅速，猛打猛冲，采取先发制人，使统治者措手不及，取得了辉煌胜利。成吉思汗用兵的神速是驰名中外的，蒙古兵在进攻之前，先派"游骑"深入对方境内一二百里，以侦察虚实。因蒙古军行踪"飘忽"，常使对方疲于防御。在交战过程中，成吉思汗能够掌握战争的主动权。一旦探得对方空隙后，就大军长驱直入，势如破竹。如遇对方城防坚固，兵精粮足，在短时间内不能攻打奏效时，就采取神速绕越而过，或者留少许兵以牵制，从不恋战，待攻占了周围城寨后，再驱使俘虏充当前锋，回师总攻，一举而破之。

在短兵相接中，有了熟练的武艺和雷厉风行的战斗作风，可以说具备了赢得胜利的可能。而要把这种可能变为现实，首要的是人心向背，看战争是正义还是非正义，所谓"得道多助，失道寡助"，就是这个道理。此外，还需要搏斗中具有机智和勇敢。就是说，不是死拼、硬打，而要打得巧妙。会用正兵，也会用奇兵。孙子说："兵者，诡道也……攻其无备，出其不意。此兵家之胜，不可先传之。"

公元115年，羌人侵犯武都，安帝派虞诩为武都太守，出兵抵抗，到了陈仓（今陕西宝鸡）被羌人所阻。虞诩暗自打量：敌众我寡，不宜硬拼。便想出一计，命令士兵暂不前进，扬言要向朝廷请拨援兵，待大军到后再出发。过了几天，令士卒将原来一个灶煮的饭，改为两个灶煮。次日，又改为四个灶煮。一羌人远望烟火逐日增加，便相互传开，议论纷纷，汉兵大军已到，若不早退，将被围歼。因此，便不战而退。虞诩乘羌人撤退的时候，率3000轻骑追赶。当与羌人交战时，先令士卒以小弩发箭，故意表示装备很差，诱羌人来攻。待羌人进攻时，突然改用大弩发箭，趁羌人混乱的时候轻而易举地取胜。为掩蔽自己的虚实，虞诩用"实而示之虚，虚而示之实"的巧妙战

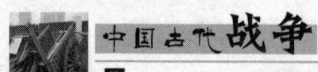

法，又令士卒分组出巡，出东门入北门，进城后立即改换服装，再次出巡。如此三番五次，羌人以为汉军据有雄兵，于是不战逃遁。

唐玄宗时，名将哥舒翰善用回马枪，他有随从名左车，十五六岁，很有力气。哥舒翰每追敌人靠近，用枪搭敌人的背，大喝一声，敌人失惊回头，趁势刺中喉头，挑起三五尺掼下，没有不死的。这时，左车便下马取首级，每次如此。唐代民歌《哥舒歌》中，曾这样赞扬哥舒翰的英勇善战："北斗七星高，哥舒夜带刀。至今窥牧马，不敢过临洮。"

总之，进攻中要打得机智，灵活，才能立于不败之地；防御时要打得沉着、巧妙，才能屡战屡胜。于是，在古代应运而生三十六计。其中，胜战、攻战、并战三套，为处于优势之计；敌战、混战、败战三套，为处于劣势之计。古代许多有名战役，莫不与这些计谋有关。

## 知识链接

### 比刀剑厉害的木棒

三国时，吴国将领贺齐带兵讨伐山中的土匪。土匪中有善于抵御刀枪的人，每次打仗，不管官军的刀剑多么锐利，总是耐何他们不得。贺齐说："我听说有人可以抵御有锋刃的兵器，有人可以抵御有毒的虫。他能抵御我们带刃的刀枪，那一定抵御不了我们无刃的兵器"。于是命人用极硬的木头做了许多棍棒，然后选出健壮的士兵5000人为前锋前去攻打敌营。敌方自恃刀枪不入，没有任何防备，官军奋力用棍棒击打敌军，敌方的"特异功能"果然不再生效，被官军击杀而死伤无数。

# 第二节
# 战争的基本类型

## 最初的作战方式：车战

在夏、商、周三代，车战盛行，当时的文字多有车战的记载。

周代开国战争中，"牧野之战"有决定性意义。当时周武王会师诸侯，准备与殷纣王决战。周武王率部宣誓，便有"戎车三百辆"。周武王在打败殷纣王后，率军讨伐殷之各部，战车就有近千辆。

至春秋战国，各国都有着数量庞大的战车。按《左传》所记，公元前529年，鲁国请晋、齐、宋、卫、郑等国举行"兵车之会"，仅晋国就出动了"甲车四千乘"，总数就更多了。

《史记》中记述了战国时，苏秦游说列国，力主"合纵"各国，联合攻秦。书中曾列举各国的军事实力，可从中看出各国战车的数量：燕，"车六百乘"；赵，"车千乘"；魏，"车六百乘"；楚，"车千乘"；秦，"车千乘"。当时，关于车战的文字记载就更多了，《楚辞》、《诗经》等书中都有不少。

约在战国中期，车战由盛到衰。当时，一些有识之士已发现了战车笨重庞大的缺陷，力主改革，由此开始了战车与骑兵并用的时期。秦代便是如此。从秦陵兵马坑中，可看出这一点。汉代建国时，在楚汉相争中，战车还起一定的作用。但到汉武帝时，在汉王朝与匈奴进行大规模的连续战争中，已难以见到笨重的战车驰骋疆场，战场上出现的主要是骑兵和步兵了。

我国考古工作者已先后在河南安阳、陕西西安、河南陕县、北京房山、甘肃灵台、山东胶县、河南洛阳等地发现了上自殷商、下至战国的车马坑，有些车马坑还被成功地剥剔出来，使得我们能够看清战车的具体结构与尺寸。现所见的车马坑，无一例外都是战车的遗迹，反映出当时战车的普遍以及对战车的重视。

从考古资料中可看出，当时战车的基本构造：轮径为95~146cm，轮距为100~244cm，轮辐数为18~26个，车宽为178~310cm，车辕长为280~340cm。车箱的宽度为94~164cm，可容三人。

拖拉战车的马匹数，有两匹和四匹两种。

战车车軎的结构与普通车子的不同，战车上车軎都很长，有时还做成带刀的形状，以增加车的冲击力和控制范围。车軎是安装在车的轴头上，固定车轮的套筒。有些地区专门训练车子利用车軎来互相冲击，称"击毂"。但车軎过长，也给战车行动带来不便。如战国时，有次燕国进攻齐国，齐国大败。当时齐国许多战车因车軎过长，夺路逃生时极不方便，以致碰断车轴，车子无法走动，使得车上的人也当了俘虏。唯独田单的部队得以逃脱，原因就是田单事先已下令将车軎锯短，车子行动灵便得多。

战车精湛的制造技术，为后世车的结构设计和制造提供了丰富的经验，也为后世制造业及古代科学技术的发展提供了良好的基础。

战车的配置有如下几条规定。

### 1. 战车上的乘员

（1）乘员数。现从大量资料中得知，战车上有三个乘员："车左"、"车右"和"御者"。"车左"、"车右"的主要任务是与敌方格斗，而"御者"的任务是控制车辆的运动。

（2）乘员武器和甲胄。车上乘员的武器一般比较精良，"车左"及"车右"各有三套兵器：他们在接近敌人前，采用远射兵器（弓箭）射击对方；在接近敌人时，使用长兵器（戈、矛、戟等）与敌格斗；一旦车毁之时，就使用护身兵器（剑、刀、匕首等）进行自卫。乘员力求使格斗兵器的控制范围大些。

为了减少伤亡，乘员和战马都有很好的防护装备，常用青铜、皮革做成甲胄。考古中，常可在车旁发现兵器、编制铠甲的甲片和盾。

（3）对乘员的要求。为了使战车更加牢固威武、精美华贵，车上还用很

## 第一章 中国古代战争概述

多铜件装饰。乘员的武器装备也十分精良。因此备制战车的花费昂贵，只有少数人才能拥有战车或充当车上的乘员，乘员也不易培养。在孔子所论的"六艺"中，作为"士"必修的课目就有"射"、"御"两项是用在战车上的。

### 2. 车后"徒兵"

（1）徒兵。车后为数众多的"徒兵"，手执简陋的武器跟在车后跑，无疑风险很大，也很辛苦。关于"徒兵"的数目各说不一，出入往往很大，从几名到几十名不等，可能因地、因时而异，但肯定人数较多。

（2）战鼓。战鼓是战车部队的指挥工具，许多战车都要随着主将的鼓声冲锋陷阵。主将在战斗进行过程中，要尽量保持鼓声不断，坚持指挥。

从许多考古资料中可以看出，当时习惯将鼓立放，这样击鼓较方便，又不致影响观察。

**战鼓**

（3）战旗。战旗也能起到鼓舞士气的作用。从现已看到的图案得知，它插在车后，这样不致妨碍乘员的动作。《孙子》明确地说，要奖赏那些在车战中夺得敌人战旗的人，可见战旗的重要。

### 3. "鼓之则进，金之则止"沿用至今

随着战车的淘汰，鼓也发生了一些变化。但兵书《孙子》明确规定"鼓之则进，金之则止"这一点则没有改变。直到火器盛行后，才发生了变化。现在，我们仍以"击鼓"表示某项工作的开始，以"鸣金"表示工作的结束或停止。

### 机动性的飞跃：骑战

在战国时期，我国古代的战争发生了一场巨大的变化。这种变化的主要标志就是以车战为主变为以步骑为主，而且越到后来就越以骑兵为主。所以，

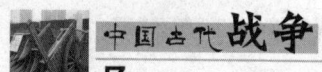

我们有必要来看看骑兵作战的主要特点。

### 1. 骑战的特点

马的特点是高速奔驰，骑兵的特长也就是有很高的速度。所以，骑战的主要特点是快，其他的各种特点都是以快为基础而形成的。战国时期对于战争的描绘，如"疾如锥矢，战如雷电，解如风雨"；"轻利僄速，卒为飘风""急疾捷先，此所以决义兵之胜也"等，都是战骑出现之后的反映。古人对骑战的总结是"驰骤便捷，利于邀击奔趋，而不宜于正守老顿"。这种总结比较准确。对古代战争颇有研究的恩格斯在谈到骑兵的特点时说："骑兵的全部力量集中表现在冲锋上。"这也是很深刻而精辟的见解。

由于骑兵的速度快，战斗中就应当高度发挥其快的特点，或正面突击，或侧击包抄，或远袭敌后，或断其粮道。孙膑曾经指出："用骑有十利：一曰迎敌始至；二曰乘虚背（通败）敌；三曰追散乱击；四曰迎敌击后，使敌奔走；五曰遮其粮食，绝其军道；六曰败其关津，发其桥梁；七曰掩其不备，卒击其未振旅；八曰攻其懈怠，出其不意；九曰烧其积聚，虚其市里；十曰掠其田野，系累（俘虏之意）其子弟。此十者，骑战之利也。夫骑者，能离能合，能散能集，百里为期，千里而赴，出入无间，故曰离合之兵也。"这一大段分析，将骑兵的特点与在战争中的主要用途都已讲到了。后世各种兵书中所总结的"十胜"、"十利"等，大都由此而来。由于骑兵具有上述优势，故而有"古之善骑者，无阵不摧"之誉。

对敌军进行突袭，是骑兵最擅长的本领，特别是在敌军阵地不稳（如军队初至、天色已晚、前后脱节、军心不固、前锋已败、后方空虚等）之时，用数量不多的骑兵进行闪电般的冲击，往往可以取得大胜。如李世民在夺取天下的战争生涯中，"选精锐千余骑为奇兵，皆皂衣黑甲，分为左右队，队建大旗，令骑将秦叔宝、程咬金、尉迟敬德、瞿长孙等分统之。每临敌，太宗躬被黑甲先锋，率之候机而进，所向摧靡，常以少击众，贼徒气慑"。如果敌方阵脚稳固，进攻不易奏效时，则可派武艺高强、勇往无前的猛将或突击队骑马高速"冲阵"（或称"突阵"），先将敌阵冲乱，然后再合力进攻。如东汉末期军阀混战时的勇将吕布在袁绍营中时，与张燕军作战，"燕精兵万余，骑数千匹。布常御良马，号曰赤兔，能驰城飞堑，与其健将成廉、魏越等数十骑驰突燕阵，一日或三四回，皆斩首而出"。这类战例在古代战争中是比较

常见的，从这种"冲阵"的行动中，可以充分看出高速冲击的骑兵在古代战争中的重要作用。

由于骑兵的速度快，往往可以在事先将敌情侦察清楚的情况下，派遣骑兵穿过战线，长途奔袭，直捣敌巢，取得决定性胜利。著名的"李愬雪夜下蔡州"，就是用的这一战术。唐宪宗元和十一年（816年），随唐邓节度使李愬为了平定吴元济的叛乱，率领3000训练有素的骑兵，在大雨雪的天气中长途急驰，直捣蔡州，活捉吴元济，成为我国古代有名的一次大捷。

利用骑兵机动灵活的特点，设法包抄敌军后路，断其粮道，扰乱其后方，使敌军不战自溃或一触即溃，也是发挥骑兵作用的长策。在古代一些著名的战役中，很多军事家都采用过这种战术，如秦赵长平（今山西高平西北）之战，秦将白起就曾派"一万五千骑"迂回敌后，"绝赵壁间"，断其粮道；楚汉相争中，刘邦、韩信曾派卢绾、刘贾等以"骑数百入楚地，佐彭越烧楚积聚"；西汉初，周亚夫平定吴楚"七国之乱"，也曾"使轻骑绝吴楚兵后粮道"；三国初期的官渡之战中，曹操为破袁绍，也曾亲自率骑兵"用袁氏旗帜，夜衔枚，缚马口，从间道出，人负束薪"，烧了袁绍辎重，从而取得大胜。

由上述叙述可知，要在战争中发挥骑兵的长处，最好是"用骑以出奇，取其神速也"。用现代的战争术语，就是要在运动中消灭敌人，要打运动战，不能打阵地战。

骑兵不可能如步兵那样步步抗争、涉艰据险。如果骑兵的轻便敏捷、快速冲击的长处发挥不出，主将就应尽力扬长避短，创造发挥长处的条件。例如公元910年，晋王李存勖（即后来的后唐庄宗）与后梁作战。晋军主将周德威所率的是骑兵，可是后梁军队在柏乡隔河扎营，"闭垒不出"。周德威分析形势说："吾所恃者骑兵，利于平原广野，可以驰突。今压贼垒门，骑无所展其脚。"乃决定退兵，并以"精骑三千压梁垒门而诟之"，将后梁军队诱出。一直等到"梁兵走矣"，才"大噪争进"，"梁兵互相惊怖，遂大溃"，"河朔大震"这是

骑兵雕塑

15

一次大胜仗。这一大胜的取得，关键就在于周德威设法避开了自己骑兵不利于攻坚的短处，而发挥了自己善于"驰突"的长处。在"走"中与敌方作战而取胜。

### 2. 对骑兵的防御

在广阔的战场上，要对付披着铁甲的骏马的高速冲锋，是困难的。古人为对付骑兵的攻击，曾经做了很大的努力，而且取得了很大的成绩。

要制服骑兵，关键是要制服战马，除了用强弓劲弩向冲来的骑兵猛烈射箭之外，对骑兵的防御措施几乎都是为了遏止战马的高速奔驰。

最方便的办法，是利用地形地物，是将自己的部队布置在不利于骑兵奔驰的地形上。例如在宋金战争中，张浚在川陕前线与金兵的铁骑作战，先是大败。后来总结出主要是败在"地形不利"。张浚便采纳了吴玠的建议，让吴玠以关隘为依托，"徙高阜，使敌马冲突，吾足以御之"。形势顿时为之大变。金兵虽在中原战场不可一世，却一直未能突破川陕防线进入四川。蒙古灭金之后，为了攻占四川，竟花了50多年才能成功。曾经横扫亚欧40余国的蒙古铁骑，在巴蜀长期被阻，数易统帅，其中一个主要原因就是四川军民在余玠等人的领导下，充分利用了蜀中山水险阻的特点，尽力避免在平川通衢与蒙古骑兵作战，而是先后修筑了四五十座山城，甚至将平原浅丘地区的一些府州治所都干脆搬上山去，凭险固守，坚持抗战，使蒙古骑兵望山水而无所施其计。宋末四川的抗元战争，是利用地形削弱骑兵优势的最好说明。

在没有地形可依凭的情况下，古代对付骑兵的最好办法是将战车联结为营以自固。

如果在既无地形可凭，又无战车可用的情况下，最方便的办法就是用各种木料或刚砍伐的树木临时筑成拒马木，用以阻滞乃至挡住敌军骑兵的速度。如宋代抗金名将刘锜破金兀术的"拐子马"时，"战自辰至申（即从上午八时至下午四时左右），敌败，遽以拒马木障之；少休。城上鼓声不绝，乃出饭羹，坐饷战士如平时，敌披靡不敢近。食已，撤拒马木，深入斫敌，又大破之"！可见拒马木在破"拐子马"时起了不小作用。又如清初康熙征准噶尔时，西路军扎营于昭莫多。由于对方全是精骑，而清军"饥疲马僵"，必须休整。为了"制敌骑之冲突"，"每进辄以拒马木列前自固"，做到了"先为不可胜以待敌之可胜"，后来果然取得了胜利。在紧急情况下，无法制作拒马木，就用树枝柴草垒成鹿砦，也可以起到阻挡骑兵的作用。如三国时吴军大将吕蒙协助周瑜迎战曹操下属曹仁所率的军队，吕蒙"分遣三百人柴断险道"。曹仁军果然由此经过，"行遇柴道，骑皆舍马，步走。（吴）兵追蹙击，获马三百匹"，"曹仁退走"。

以上办法，基本上属于消极防御。积极的防御策略应当在防御中消灭敌人的骑兵。在古代，并不乏因采取了积极措施而由防守的步兵歼灭进攻的骑兵的战例。南宋名将岳飞和刘锜在金兵精锐"铁浮图力"、"拐子马"的冲锋面前，组织步兵先"以拒马木障之"，再"用刀斧斫臂，至有以手搏扯者"。这种先用拒马木阻挡其速度，再用利斧入阵砍杀骑兵与战马的战术，在宋代战争中曾经取得了几次辉煌的战果。《草庐经略》卷5对此做过一个系统的总结："破骑之法，或以长枪先毙其马，或以牌遮马上兵刃，而以刃斫马脚。其马既蹶，则马上之卒为无用矣。此法尤利险阻之地。或列铁蒺藜与三刃一脚之铁钉于地，俾敌骑践之。其破铁骑，宋人多用长柄巨斧，上椹（刺也）人胸，下斫马脚。盖铁甲骑兵，兵刃难伤，故利用巨斧，中之未有不骨折者。"这一系列的措施既是利于反击的积极防御，又是采取多种办法的综合防御，是古代战争中对付骑兵冲锋的上策。

## 惊涛骇浪上的艺术： 水战

在我国古代战争史上，西周时只有军队渡河的记载，没有在水面作战的记载。关于水战与水军，是春秋时期才见到记载的。

春秋以前，所发生的战争，大都是在中原地区展开的。这里河流不多，也没有大的湖泊，故而没有设立水军、争夺水面的必要。春秋时期，南方的吴国、越国、楚国和东面临海的齐国的实力逐渐强大，进入中原争霸，而且吴、越、楚、齐等国家相互间也多次发生战争。江河密布的南方水网地区本来就以水运为主要交通方式，"不能一日而废舟楫之用"。当战事频繁之时，为了适应水网地区的需要，建立水军，改装战船，发展水军，也就是必然的了。据《左传·襄公二十四年》载，公元前549年，"夏，楚子为舟师以伐吴"。这是我国古代文献中有明确年代记载的最早一次水战，也是关于战船与水军最早的可靠记录。又据《左传·昭公二十七年》载，公元前525年，"吴伐楚，阳匄为令尹，卜战，不吉。司马子鱼曰：'我得上流，何故不吉？'……大败吴师，获其乘舟余皇（舟名）"。这一仗的胜负，决定于是否控制了某条河（从上下文看，就是指的大江）的上游；战胜的结果，又是俘获了吴国"先王之乘舟""余皇"，故而这又是一场水战，而且很可能是我国有明确年代的最早一场在大江中的水战。又据《墨子·鲁问》载，"楚人与越人舟战于江"，"越人迎流而进，顺流而退；见利而进，见不利则其退速。越人因此若势（指因此水势），亟败楚人"。这表明越军战术运用比楚军成功。《庄子·逍遥游》中曾记载吴、越之间在冬天也进行水战，吴军使用了宋国人发明的"不龟手之药"，即防止手足皮肤皲裂的外用药。由此可见当时水战已相当频繁。在这种情况下，吴越还组建了专门的水军，如越国的"习流"就是越国的水军。当时不仅在江湖中展开水战，而且已经发展到了海上。如吴王夫差就曾"从海上攻齐，齐人败吴，吴王乃引兵归"。

既然有专门的水军进行水战，也就必然会有由普通船只改进而成的专门的战船。《太平御览》卷315载："《越绝书》曰：《伍子胥水战法》：大翼一艘，广丈六尺，长十二丈，容战士二十六人，櫂（手）五十人，舳舻（手）三人，操长钩、矛、斧者四，吏、仆、射长各一人，凡九十一人。当用长钩、矛、长斧各四，弩各三十二，矢三千三百，甲、兜鍪各三十三。"这是大翼，即大型战船。据《昭明文选》张华《七命》之二"浮三翼"注引《伍子胥水战兵法》，除"大翼"之外，还有稍小的"中翼"和"小翼"，共称"三翼"。遗憾的是，春秋时期制造的这类最早的战船，至今在考古工作中尚未发现其痕迹，无法验证上述材料的准确性。古人认为我国水军的成立始自春秋，如《神机制敌太白阴经》卷4就说："水战之具，始于伍员，以舟为车，以楫为马"。从时间来看，这种说法是正确的。

战国时期的水战情况与战船的特点，我们可以从出土文物的图像上得到十分形象的了解。在已经见到的4幅战国铜器上的水战图像中，可以见到战国时水战的以下特点：

1. 战船修长，首尾翘起，无帆无舵（也可能是有舵而图中未见），完全由划桨的"櫂手"操纵战船。

2. 船分上下两层，下层是站立划桨的櫂手，上层是作战的战士。

3. 所使用的武器与当时车战中所用者基本相同，有戈、戟、矛、弓矢、盾、卫体短剑等；所使用的指挥系统仍是旗和金鼓。

春秋战国时期，水战还处在初期阶段，规模不大，只能起到陆战的配合作用，故而在先秦兵书中没有对水战做过专门的总结和研究。《孙膑兵法·十阵》中曾有《水战之法》，但讲的是陆战中遇到江河时"众具徒而寡其车"之后的对付方法。在《吴子兵法·应变》中也谈到水战，仍是讲的"吾与敌相遇大水之泽，倾轮没辕，水薄车骑"之时的应付方法。相传伍子胥向吴王阖闾论述过战船的特点，伍子胥只能用车战来进行比喻："船名大翼、小翼、突冒、楼舡、桥舡，今舡军之教比陵军之法乃可用之。大翼者，当陵军之车；小翼者，当陵军之轻车；突冒者，当陵军之冲车；楼舡者，当陵军之行楼车也；桥舡者，当陵军之车足骠定骑也。"由此看出，水战在先秦时期已经出现，但并不发达，尚在初期阶段。

**古代战船**

水战的发展在秦汉时期。秦统一中国的过程，包括了统一江南地区与岭南地区，这都需要水军；汉代对交州刺史部的南海郡、合浦郡、九真郡、日南郡的军政管辖，更需要强大的海上水军。武帝时，为平定南粤吕嘉之乱，曾以路博德为伏波将军，杨仆为楼船将军，归义粤侯严（粤人，名严，降汉，转归义侯，故名）为戈船将军，"令粤人及江淮以南楼船十万师往讨之"，在几次战争中，经常是"浮海救之"、"浮海而往"。

为了水战的需要，秦汉时期建立了一支规模不小的水军，称为"楼船之士"、"楼船士"，或"楫濯士"、"棹卒"，并规定渔民水家子弟必须按规定到"楼船"中服役。据《汉官仪》载："民年二十三为正，一岁为材官骑士，习射御骑驰战阵……水家为楼船，亦习战射行船"。这种"楼船之士"遂成为军队中三大兵种之一，即所谓"平地用车骑，山阻用材官，水泉用楼船"。随着

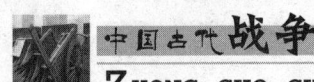

战争的需要，水军可以达到很大的规模，如西汉武帝元鼎五年（前112年），"南越反，因南方楼船士二十余万人击之"。楼船之士的指挥员，就是楼船将军。这些水军还有专门的服装，按五行学说，"土胜水，其色黄，故刺船之郎皆著黄帽，因号曰黄头郎也"。所以，在《汉书·枚乘传》中"汉知吴有吞天下之心也，遣羽林黄头循江而下，袭大王之都"的"羽林黄头"，就是指的中央军中"习水战者"，即水军。

汉代的水军装备着大小不一、形体各异的战船，可以南至今越南南方，北至朝鲜，如东汉时马援率水军南攻今越南地区时，就有"楼船大小二千余艘"。而且，在汉末时进行了一场双方各数万水军参战的著名的"赤壁之战"。在赤壁之战这样的大战中，水军可以起到决定胜负的重要作用。汉代以后，水军就长期作为一支重要的方面军而活跃在战争舞台上了。

## 知识链接

### 古代骑兵作战的起源

中国古代骑兵的应用，最早也是在春秋战国时期开始的，最初是和兵车混合编制。例如，当得知晋国的知伯要带兵围攻赵国时，赵襄子曾派延陵生带了兵车和骑兵先到晋阳，部署防务。后来骑兵发展成为单独的部队，主要也还是为了配合步兵作战，作为奇袭冲锋之用，所以战国时代的各国兵额，"带甲"都有几十万至百万，军骑仅五六千匹至万匹。公元前305年赵国攻打中山国，右左中三军由赵武灵王亲自统率，另由"牛翦将车骑，赵希将胡、代、赵"，"车骑"也只是五军之一。赵武灵王的"胡服骑射"，是由于胡人多用骑兵，这样更有利于骑战。

## 第三节
## 战争的力量：军队

### "队伍"的来历与三军的变迁

军队，现在也俗称为"队伍"。"队伍"一词很早就产生了，与此同义的还有"军伍"、"行伍"、"卒伍"等，它们皆来源于古代军队的基层建制。

中国古代军队的编制系列大抵分两个阶段，以西周为界，西周以前殷商时代的军队编制，虽然不能详知，但从甲骨文中可以得其大概。《殷墟粹编》第597篇载："王作三师，右、中、左。"商代军队一般分为右军、中军和左军三个部分，而其最基层的建制是以10人为单位的，这就是后世所谓"什伍"之"什"。兵车大抵是每辆战车配有3人，居中为驭手，左右两边的是战斗员。故《尉缭子·制谈》说："古者士有什伍，车有偏列。"

西周以后，军队编制虽然历代各有损益，但基本上属于"五五制式"，即以"五人为伍"，作为军队的基本建制。西周时期的军队以战车为中心，一辆战车称为一乘，是一个战术单位，配有兵士25人，其中包括甲士10人（3人在车上，7人在车下），徒卒15人，此外，另有负责养马服役者5人（不在兵士之列），总共30人。西周军队的建制已经比较完备，《周礼·夏官·叙官》云："凡制军，万有二千五百人为军，王六军，大国三军，次国二军，小国一军，军将皆命卿。二千又五百人为师，师帅皆中大夫。五百人为旅，旅帅皆下大夫。百人为卒，卒长皆上士。二十五人为两，两司马皆中士。五人为伍，伍皆有长。"西周军队的实际编制并不一定如《周礼》所述这么整齐划一，但军、师、旅、卒、两、伍的建制当是形成了的。在这个编制系列中，伍即5人，为最基层的建制单位。军必有伍，军是由若干个"伍"组成，所谓"卒伍"、"队伍"、"军伍"、"行伍"之称，即源于此。

有人认为，《周礼》所记载的军队编制，实是春秋时期的状况。此后，战国、秦汉的军队基层建制仍以伍为单位。所以，《韩非子·显学》称："宰相必起于州部，猛将必发于卒伍"。汉代实行五人为伍，二伍为火（即"什"），五火为队，二队为官（或作"屯"），二官为曲，二曲为部，二部为校，二校为裨，二裨为军，这样的建制，计一军为3200人，各级都有统领。《后汉书·百官志》云："将军领军，皆有部曲，大将军营（统帅之意）五部，部校尉一人（有时部不设校尉，仅以军司马领之），部下有曲，曲有军侯一人"。据有关考古资料、史籍记载，部还分左、右部或前、后部，曲也分左、右曲或前、后曲。曲下之官（屯）则有长，队有率，火（什）、伍也分别设长统领。

隋唐以后的军队编制突破了"五人为伍"的格局，唐代军队的最基层建制是"火"，也就是10人编制；宋代军队则为队，每队50人，由于队是火的整倍数，积火便成了队。所以，唐宋军队的队列形式是基本相同的，都是以50人的队为单元，队有队头，副队头各1人，执旗1人，傔旗2人，合5人。又有火长5人，如此，每队仅有士兵40人，分为5火，每火仅有士兵8人。到明代，卫所制度编制军队的方法是：卫由卫指挥使率领，分前、后、左、右、中5个千户所；千户所由千户率领，每千户1120人。辖10个百户所；百户所由百户带领，每百户112人，辖两总旗，各50人；总旗下辖10小旗，每小旗10人。这时的小旗也相当于唐宋的火，而总旗则相当于队。

清代军队因其性质、种类的不同，基层编制单位变化较大。例如，八旗制度在创立之初为牛录制，"初定出兵校猎，不论人力之多寡，各随族党屯寨而行，每人各取一矢，十人设一长领之，其长称为牛录额真"。后努尔哈赤将牛录扩编为300人，5个牛录则为1个甲喇，5个甲喇为1个固山（即旗），共有黄、白、红、蓝、镶黄、镶白、镶红、镶蓝八旗。绿营兵的编制则更为复杂，营虽是基本建制，但又分级统领，总兵以上均为标，如将军的军标、总督的督标、巡抚的抚标、提督的提标、河道总督的河标、漕运总督的漕标等，是绿营的主力，各种标的营数不等。但各省内重要州府设镇，由总兵镇守，总兵直属部队称镇标，次要州府设协，由副将驻守；重要县城设专守营，一般由参将或游击、都司、守备等官防守；重要村镇设汛，一般由千总、把总备御，但汛兵不立营制。在营以下，又一般分为前后左右四队，每队分9

棚，每棚连正目、副目、正兵、副兵共 14 个战斗人员。后来湘、淮军的基本编制也是在绿营的基础上改造而成，营下有棚、哨等单元。尽管经过几千年的演变，古代军队的基本单位已经完全不同，但"队伍"之说仍然反映了中国军队建制的基本特色。

"三军"之称，由来已久。《论语·子罕》载孔子语："三军可夺帅也，匹夫不可夺志也。"还有，春秋时著名的《孙子兵法》中也指出："故三军可夺气，将军可夺心"。这里的"三军"当是泛指一般军队。除此以外，"三军"更多的是指古代军队的编制和作战序列。《周礼》一书，学者们一般认为是战国时的作品，当然也反映了西周以来的一些制度。其中就记载有关于军的建制："凡制军，万二千五百人为军，王六军，大国三军，次国二军，小国一军。"显然，这里的"三军"是指军队编制的数量。《左传》也赞成这种观点，认为大国只能拥有周天子一半的军队，周天子为六军，那么最大的诸侯国就只能拥有三军。

"三军"的另一种含义是指古代军队作战中的序列，战斗部队按顺序编为三军。例如，公元前 632 年，晋楚两国为争夺霸权而展开城濮之战，晋文公的兵力为战车 700 乘，编为中军、上军、下军三军，以中军最强。而楚军在这场战争中，则以申、息两地部队为主组成左军，以陈、蔡两国军队为主组成右军，而楚军的主力则自为中军，这三军也是部队的作战序列。春秋时，军以下的编制并不固定，还不是严格的建制单位。春秋中期，各诸侯国的中央直辖常备军，多数编为左、中、右或上、中、下三军，如齐、鲁等国也是一样。这一作战序列主要为适应先秦的车战，在很早就出现了。殷墟甲骨文中一条重要卜辞的内容是："王作三师，右、中、左。"这三师也应当是作战的序列。与后世相比所不同的是，商朝的军队建制是"师"，称"三师"，而西周以后为"军"，称"三军"。

战国时期秦国的"三军"似乎另有所指。《商君书·兵守》中说："三军，壮男为

**努尔哈赤画像**

一军，壮女为一军，男女之老弱者为一军，此之谓三军也。壮男之军，使盛食、厉兵、阵而敌对。壮女之军，使盛食、服垒，阵而待令……老弱之君，使牧牛马羊彘，草木之可食者，收而食之，以获其壮男女之食。"壮男出征作战，壮女负责防守，老弱则负责后勤供应。这三军应该是秦国经过变法后，将全国百姓都按军事化编制起来，实行所谓"农战政策"的结果，并不能视为完整意义上的军队，但由此也可推测，秦军也是有三军编制的。所以，从先秦军队的编制序列来看，诸侯国的"三军"之制是一个通例，而当时的军队极少编为二、四、五、六军的。在三军中，一般又以中军帅为主将，晋国称元帅，其余也各设将佐以利指挥。此后，历代都有军的编制和作战序列，但并不一定就是按"三军"来排列，这主要视国家的经济实力、人口多少和战争的需要而定。但"三军"作为一种军队的泛称，或古代军队的编制、序列，却长期流传下来。

直到清末，清政府为了挽救其垂危的统治，仿效西方国家，对军队进行改革，建立了新军。新军除了陆军以外，更有新式海军。"军"的概念中赋予了军种的内涵。到民国时期，国民党政府军分为陆、海、空三个军种，近代"三军"的含义就主要指军种，"三军"也就是陆、海、空三个主要军种的统称，或是代指全军的惯用称呼。

## 军队的权威：军法

军队中，要行法令，信赏罚，首先必须要制定出明确而合理的各种纪律条令，古代称为"军法""军令""赏格""罚条"。这类军纪军令，是军队中每个成员共同的行动准则，是整齐步调、努力作战的基础，是令行禁止、执行赏罚的依据。从这种意义上说，也就是克敌制胜的一种保证。

严格来讲，军法是社会中法律制度的一部分，而且是最早形成的一部分。《尚书·胤征》载："政典曰：先时者杀无赦，不及时者杀无赦。"《韩非子·饰邪》说："禹会诸侯之君于会稽之山，防风之君后至，而禹斩之。"这就是我们今天见到的最早的军法：不准时进入战斗岗位者斩！不过，在奴隶社会中，同其他法律条文一样，习惯法、不成文法还占主要地位，而且只由少数奴隶主贵族掌握，造成"刑不可知，威不可测"（《左传·昭公六年》孔颖达疏）的局面。到奴隶社会后期与封建社会初期，成文法才逐步制定并公之于众。公元前536年，郑国的执政子产第一次"铸刑书"，即将成文刑法铸在大鼎上公布，这是我国公布成文法的开始。23年之后，晋国也"铸刑鼎"。从此，我国才有了正式公布的法律条文。正由于这个原因，在春秋时期的兵书中，《孙子兵法》、《孙膑兵法》都没有记载具体的军法条文。在战国时成书的《周礼·夏官·诸子》和《韩非子·外储说右上》中首次出现了"军法"这一概念，战国时期的《司马法》中第一次有了关于车兵、步兵的战斗条令的简略记载，有了"凡战：定爵位，著功罪"；"约法，省罚。小罪乃杀，小罪杀，大罪因"；"立法：一曰受，二曰法，三曰立，四曰疾，五曰御其服，六曰等其色，七曰百官无淫服。凡军，使法在己曰专，与下畏法曰法"等记载。从这些记载可以知道，在战国时期，军队中已经立法，而且与赏功罚罪紧密结合。对于如何立法执法，已有了若干经验总结。所谓"约法、省罚"，就是说法令要简明，惩罚要慎重，如果小罪就动辄杀人，那将会带来更大的罪恶发生。而"立法：一曰受"一段，则是分析立法与执法中应当注意的若干问题：全军必须共同接受其约束，要使人人明白军法的具体内容，订立后任何人不能随意改变，军法应具有紧急性和机密性，军内应从平时严格区分各人不同的穿戴入手培养其时时守法的习惯，军官使军法服从自己叫专制，军官与士兵一样守法才叫法制。这一系列论述都是相当精辟而实用的。这是以法治军的宝贵经验。遗憾的是更为具体说明的军法军令未能记载在内，今天已不可得知了。

有关古代战争中各种军法军令的记载，我们无须详细介绍。但从这些军法军令的制定中，以下几个重要问题是值得后世借鉴的：

第一，军法军令必须在作战之前制定，并向全军将士宣布讲解，大家熟悉之后，才能自愿遵守。《尉缭子·制谈》最早明白地阐明了这一点："凡兵，制先定，制先定则士不乱，士不乱则形乃明。金鼓所指，则百人尽斗。陷行乱阵，则千人尽斗。覆军杀将，则万人齐刃。天下莫能当其战矣。"《神机制敌太白阴经》卷3则讲得更为具体："先甲（即出兵之先）三日，悬令于军门。付之军正，使执本宣于六军之众。有犯令者，命军正准令按理而后行刑，使六军知禁而不敢违也。"如明代戚继光练兵时，其中有一个专门的科目，就是学习各种军令。戚继光要求全军认真学习军令，"每人一本，每人教场，先令每队中识字者一人，谈与众听，日限若干，抽兵考背，书声彻外。至有兵人苦之曰：'我辈能读书，必去考做秀才，不来当兵矣！'此岂得已哉！人心既苦，则又从而解喻之，使知当习之故。如此人人知我令矣，然未必人人行我之令也。于是再约以期，挨次查其行否，怠事者有诛。岁月之余，习久信立，人人知方，是之谓节制之师"（《练兵实纪杂集》卷2）。

第二，为了向军中将士讲解军法军令，也为了在作战时能准确无误地执行军法军令，古代军队中往往设有这方面的专门官员，如"军正"、"中候"等，有时，代表皇帝监督全军的"监军"也得执行这方面的任务。在《史记·司马穰苴列传》中，春秋时的齐国就已有掌握"军法"的"军正"。《列子·说符》也说："好兵者之楚，以法干楚王。王悦之，以为军正"。由此可知"军正"这类军中执法官在先秦就已设置。上面所引《神机制敌太白阴经》中说过，"军正"要负责将军法"宣于六军"。《三国志·吴书·凌统传》载，凌统与陈勤饮酒之后口角，陈勤对凌统加以侮辱。凌统不能忍，遂抽刀砍死了陈勤，违犯了军法，乃"自拘于军正"。这正是"军正"负责执行军法的一例。《新唐书·段秀实传》记载，白孝德率领的军队因粮食不够，军纪遂坏，"军辄散剽，孝德不能制。秀实曰：使我为军候，岂至是邪"！由此可知"军候"也是专门维持军纪的军官。我国古代最著名的军法官，要推西汉武帝时担任中央直属部队的军正丞（军正的副手）的胡建。他为官清廉，穷得买不起一车、一马，经常与士卒一道步行。可是，他执法严明，刚正不阿。有一次，"监军御史为奸，穿北军垒垣以为贾区（即市场）"，坐地经商。对于这位执法犯法的高官，胡建毫不畏惧，决心依法惩治。他和部下做了充分准备之后，就在一次选兵选战马的集会上突然走上令台，当众将这位监军御史斩首，然后向汉武帝送上奏章，"臣闻军法，立武以威重，诛恶以禁邪"，表明"臣谨按军法"斩首的道理，得到了汉武帝的支持和鼓励（《汉书·胡建传》）。

第三，制定军法军令要十分慎重，注意文字的准确性与军令的严肃性，才能达到"军令如山"的效果。戚继光根据自己的切身经验强调"兵中号令，更不可一字苟且"；"不可临时反复，使三军疑惑，故云：将无还令"（《练兵实纪杂集》卷2）。应当说，这是十分重要的经验之谈。

第四，古代的军法军令都有一个突出的特点，就是强调军队各级编制单位内部的相互监督。一人违纪犯法，周围的人都要负责任，这是把法律中的"连坐"法应用于军队之中，以求军中违纪犯法的行为尽可能地减少。《尉缭子》中有《伍制令》一篇，就是专门讲这个问题的："军中之制，五人为伍，伍相保也；十人为什，什相保也"。在各个相保的单位之中，凡有"干令（即违令）犯禁者，揭之，免于罪"；如果知情而不制止、不揭发，则必须全体受到处分。这样，就可能做到"什伍相结，上下相联，无有不得之奸，无有不揭之罪"。不仅在"什伍"之间要连坐，《尉缭子·兵教上》还主张，对于上战场之后违纪犯罪，"非令而进退"的，还必须处分这些人的教官。"凡临阵，若一人有不进死于敌，则教者如犯法者之罪。凡计保什（即一"什"之中互相连保），若亡一人而九人不尽死于敌，则教者如犯法者之罪"。这种处罚是很严的。所以要如此，这是因为《尉缭子》认为战场上的表现主要是平时教练的结果，必须尽力加强平时教练者的责任，提高教练的效果，"凡明刑罚，正劝赏，必在乎兵教之法"。应当说，这种主张是不无道理的。所以，从先秦到明清，这类连坐之法在军队中一直存在，而且有若干详细规定，只是各时期的具体规定各有不同而已。

## 军队士卒的编伍

一支军队，少则数万，多则数十万，如何将这样多人马合理地组织为一个最有利于作战的有机体，也就是说具体如何编伍，这是一个十分重要的问题。《孙子兵法·势篇》对此提出了纲领性的见解："治众如治寡，分数是也。"李贽在《孙子参同》中对此的解释是："分，谓偏裨卒伍之分；数，谓十百千万之数各有统制，而大将总其纲领。"唐甄在《潜书·两权》中说："十万人为军，勒为五军，军二万人；伍合于十，十合于百，百合于千，千合于万；左合于右，后合于前，前后左右合于中，而提于元帅。一知相应，一气相贯，如亿万丝为一绳，曲绾直引，无不如意，不见一丝之异。此整而不可乱之兵也。整而不可乱，然后可使。"就是说，无论千军万马，只要按自上而下的宝塔式地一级一级组织起来，主将可以达到以简驭繁、治众如寡的效果；全军从偏将到士兵则每人都明确自己的岗位和与上下左右之间的关系。这种严密的编制是所有军事行动的基础，所以《尉缭子·制谈》说："凡兵，制必先定。制先定则士不乱，士不乱则刑乃明。金鼓所指，则百人尽斗；陷行乱阵，则千人尽斗；覆军杀将，则万人齐刃。天下莫能当其战矣。"这里所谈的"制"，指军中的各项制度，但最基础的，则是"士有什伍，车有偏列"，就是指军队的编制。明代名将戚继光说："古人各色阵法，皆在于编伍时已定。一加旌旗、立表，则虽畎亩之夫，十万之众，一鼓而就列者，人见其教成之易，而知其功出于编伍者，鲜矣。"（《纪效新书》卷1）

　　殷商时期军队的编制，从甲骨文中可以得到一个大概，军队分为右、中、左三个部分，最典型的材料是《殷契粹编》第597篇的记载："王作三师，右、中、左。"此外还有"马"（可能是挽车之马，也可能是乘骑）、"戍"（可能是武官之名）、"旅"（可能是军队的一种建制）也分右、中、左或分右、左的记载。可是，关于军队内的各级编伍，还不大清楚，只知道军队最基层的建制是以10人为单位，也就是后来的"什伍"之"什"。《尉缭子·制谈》说"古者士有什伍，车有偏列"，这话是符合古代实际的。

　　西周时期军队以战车为中心，一辆战车称为一"乘"，配备战士为25人（另有负责养马服役者5人，故共为30人），其中包括甲士10人（3名在车上，7名在车下），徒卒15人。武王伐纣时的主力"革车300乘，虎贲3000人"，就是指300乘战车和3000名甲士而言的。《诗经·鲁颂·閟宫》有"公车千乘"、"公徒3万"的记载，那是包括甲士和徒卒一并计算的。很可能，甲士是只有贵族和自由民才能担任，而徒卒中则有一些奴隶在内。西周王室军队的情况，从禹鼎、智壶等青铜器的铭文中可以确知，有"西六师"、"殷八师"和"成周八师"，共二十二师。从《周礼·夏官·序官》的记载上看，"师"上有"军"的建制，即所谓："凡制军，万二千五百人为军，王六军，大国三军，次国二军，小国一军，军将皆命卿。二千又五百人为师，师帅皆中大夫。五百人为旅，旅帅皆下大夫。百人为卒，卒长皆上士。二十五人为两，两司马皆中士。五人为伍，伍皆有长。"在这种军、师、旅、卒、两、伍的编制中，"伍"即5人，是最基层的建制单位。军必有伍，军由若干"伍"组成，古时常说"卒伍"，今日所谓"队伍"，就来源于此。五伍为"两"，两就是"辆"，即一辆战车所配备的人数，也称为一"乘"，按"五人为伍，五伍为两，四两为卒，五卒为旅，五旅为师"（《白虎通义·三军》）的编制，一师为2500人。不过，关于西周是否有"军"的建制，这是一个有争论的问题。由于金文和《诗经》、《尚书》中均无"军"的建制记载，只有师的建制，所以文献中的"军"，很可能是作为军队最高一级建制的"师"的代称，《周礼》的"六军"，就是金文中的"六师"，春秋时期才有上军、中军、下军这类"军"的建制。现代军队的军、师、旅、团、营、连、排、班的编制系统，就是在这种军、师、旅、卒、两、伍的基础之上发展而来。

# 第一章 中国古代战争概述

我国古代的军队，从周代采取军、师、旅、卒、两、伍的编制以后，以"五人为伍"为基础的"五五制式"编制大体上一直沿用到近代。各个不同时代虽有所调整，但基本编制无大变化（中国象棋中兵卒定为五人，也正是这种编制的反映）。故而《李卫公问对》卷中指出："臣按《春秋左氏传》云'先偏后伍'，又《司马法》曰'五人为伍'，《尉缭子》有《束伍令》……是则诸家兵法，惟伍法为要……穰苴所谓'五人为伍，十伍为队'，至今因之。"《续通典》卷101也说："伍队虽历世而未改也。"（不同的朝代，在政府机构中关于军政军令的管理指挥机构，变化较大，那与军队本身的编制是两回事，兹不具论）例如，汉代的军队编制过去一直不明，近年来通过对新出土汉简材料的研究，再与《通典》卷148所载相比证，可知西汉军队的编制仍是五人为伍，二伍为火，五火为队，二队为官，二官为曲，二曲为部，二部为校，二校为裨，二裨为军（见朱国炤《上孙家寨木简初探》，载《文物》1981年第2期）。又如唐代的府兵，其编制是一府辖四至六团，每团200人，设校尉统率；每团辖两旅，每旅100人，设旅帅统率；每旅辖两队，每队50人，设队正统率；每队辖五伙，每伙10人，设伙长统率。又如明代的卫所制度，大体卫下辖5个千户所，各1120人，设千户统率；每千户辖10个百户所，各112人，设百户统率；每百户辖两总旗，各50人；每总旗又辖5小旗，各十人。可见，都是以"什伍"之制为基础的。

当然，以上这种编制，在当时也只是一种基本编制，军队的主将根据步兵、骑兵、水兵、车兵的不同以及其他有关情况，还可以进行调整。例如，戚继光训练的著名的戚家军，就是步、骑、水、车四个兵种各有不同的编制，步兵之内，又要分"杀手队"、"火器队"，各队的人员大致相同，但武器的配备各有特点。大体上来说，步兵是五人为伍，二伍一队，三至五队一旗，三至五旗一哨，三至五哨一司，三至五司一营，三至五营一师。此外，还有"杂流"，就是在"司"的统帅"把总"以上的各级偏将裨将之下，还要设号铳手、鼓手、哱啰手、喇叭手、摔钹手、锣手、钲手、高招手、五方旗手、督阵巡视旗手、医生、书记、马夫、认旗手、火药匠、木匠、铁匠、军牢、健步、塘报等，组成各级指挥系统。有经验的指挥官都认为，军队的编制"不必拘定数目五人，而后谓之伍，他皆效此。但顺人土之利，相时措之宜，因兵食之额。要之不出乎用法而不泥于法是矣"（《武备志》卷69）。这种看法当然是正确的。例如，在宋代，就曾一度按唐代李靖的"结队法"施行过

29

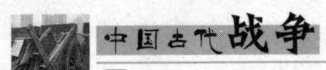

"新定结队法"："每一大队合五中队，五十人为之；中队合三小队，九人为之，亦择心意相得者。又选壮勇善枪者一人为旗头，令自择如己艺、心相得者二人为左右傔（即副手）；次选勇悍者一人为引战；又选军校一人执刀在后，为拥队。"（《宋史·兵志九》）这是一种"三三制式"的基层编制，每队仍是五十人，与传统的"五五制式"不同。宋代将二者并称为"三五结队法"，根据不同的情况，都曾经在军中使用。

古代的军队，大体上就是按上述基本编制而组成的；古代的战争，也就是在这样编制起来的军队之间进行的。

## 军队主帅的职责

著名军事家孙武说："夫将者，国之辅也，辅周则国必强，辅隙则国必弱。""知兵之将，生民之司命，国家安危之主也。"在这里，他把国家的命运、民众的安危与将帅直接相联系。将帅的地位、作用如此之重要，那么，他的职责是什么呢？具体来说，古代关于将帅的职责，有以下一些观点。

### 1. 谋"安国之道"

历代兵家，都认为兵者为"谋国"、"治国"、"经国"、"理国"、"立国"、"安国"之道。国家强盛安危，当然有着许多错综复杂的因素，但在不少情况下，是直接与将帅能否谋定安国之策有关的。如孙武出奇谋帮助吴王阖闾战胜强楚，张良为刘邦成汉业运筹帷幄，诸葛亮在辅助刘备时，不仅表现出"运筹帷幄之中、决胜千里之外"的指挥才能，更重要的是他为刘备制定了"东联孙吴，北拒曹操"，"据荆州，取巴蜀，以成鼎足之势"的战略方针，还有刘伯温虽是个文人学者，但他能以宏韬大略帮助朱元璋智取巧夺，以成帝业，都能说明这一点。

从历代兵家论述中看出要求将帅谋"安国之道"，主要是强调要"决胜于庙堂"。古时候，进行重大政治、军事决策，要在宗庙举行会仪，谋划大计，称之为"庙算"。

《孙子兵法·计篇》中说："夫未战而庙算胜者，得算多也；未战而庙算不胜者，得算少也。多算胜，少算不胜，而况于无算乎；吾以此观之，胜负见矣。"意思是说，在战争之前有周密的作战谋略计划，才能战胜敌人，这是

# 第一章 中国古代战争概述

因为计算周密，胜利条件多；战争之前，如果没有周密的计划，就不能胜过敌人，这是因为计算不周，胜利条件少；计算周密，胜利条件多，可能胜敌，而何况根本不计算，没有胜利条件呢？我们从这些方面来考察，谁胜谁负就可以预见。古人强调"决胜于庙堂"的"庙算"，有两层意思。

一是谋求"不战而屈人之兵"，获取"全胜"的战略"庙算"。古代军事家尉缭曾对如何取得战争胜利做过这样的分析，他认为：凡用兵有"道胜"、"威胜"、"力胜"三种情况，宣讲武事，分析敌情，设法造成敌人士气衰落而部队涣散，它虽然形式完整，却不能用来作战，这是"道胜"；加强完善武器装备，使士兵有果敢战斗的决心，这是"威胜"；攻破敌军杀其将帅，登上敌城发动机弩，击溃敌众夺取土地，然后胜利而归，这是"力胜"。他主张求"道胜"，以"不战而屈人之兵"。孙子也认为：百战百胜，不算最好的，不战而使敌人屈服，才算是好中之好的。另外，吴起关于"兴四德"、"亲万兵"、有"四和"而后求战的主张，《六韬·文韬·守土》中关于"无疏其亲，无怠其众，抚其左右，御其四方"为防守国土之要的思想等，都是谋求"全胜"的战略"庙算"的具体表现。

二是"先计而后战"的战术庙算。早在春秋时期，管仲就说过："凡攻伐之为遭也，计必先定于内，然后兵出于境。计未定于内而兵出于境，是则战之自败，攻则自毁也。"三国时的军事家、政治家曹操也说："欲攻敌，先定谋。"宋代民族英雄岳飞从丰富的实践经验总结出："勇不足恃，用兵在先定谋。"如此等等，可以看出作战当"以计为先"，战前进行计算、谋划是将帅的重要职责。

## 2. 治强盛之军

《吴子兵法·治兵》中，吴起在回答"兵以何为胜"时，十分明确地断言："以治为胜。""治兵"、"治军"这一概念使用很早，如《左传·隐公五年》、《礼记·曲礼》等文献中就已出现。古时含义较广，我们这里所指的"治强盛之军"，主要指未作战之时将帅对军队的管理、训练、教育而言。这是将帅最重要、最经常的职责和任务之一。为"治强盛之军"，对将帅提出了诸多要求，"知兵"、"和众"就是重要内容之一。"知兵"，就是要了解、熟悉自己的部队，做到"知兵善任"。兵家所言"知己知彼"中的"知己"，就是要求了解自己的部队，特别是了解自己下辖的各级将佐。《武经总要》上

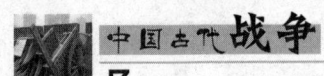

说：大将受领任务，必须首先估计部属的能力，知道他们胆力的勇怯、技能的精粗，使所用的人都恰如其分，这才是好将帅。

### 3. 决疆场之胜

战争爆发后，将帅的主要职责当然是指挥作战。作为古代将帅，凭着机智、果断、沉着、勇敢的指挥才能，凭着精湛、高超的竞技在战场上"折冲千里"，积小胜为大胜，积战斗的胜利为整个战争的胜利，则是责无旁贷的。因为，战争毕竟是力的较量，它要求将帅组织战役和战斗，直接指挥和带领部队在战场上守城攻坚、拼死厮杀。在冷兵器时代，除把将帅披坚执锐、身先士卒、拼死厮杀作为"决疆场之胜"的重要条件之外，也十分重视为将者"察情"、"任势"的智慧，十分强调"将在谋，不在勇"的道理。

"察情"，就是在临战之前迅速而准确地掌握有关的各种情况，做到"知彼知己"。这就包括对天时、地利、敌情、我情的考察与了解。这里，我们只谈谈对"天时"，"地利"的考察问题。孙子说："知天知地，胜乃不穷。""知天"就是掌握天气的特点以及可能到来的变化，让自己的行动适合这种特点与变化。三国时著名的赤壁之战中，孙刘联军凭诸葛亮"借"的东风火烧曹军，取得全胜。东风不是好"借"的，这只是诸葛亮善于观察、预测"天时"，并充分运用了"天时"之利的缘故。这是"知天"的典型战例。不过这种情况古代并不多见。对自然条件最重要的和最经常的考察，是在于"知地"。因为古代作战没有可以离开地面的飞机，没有可以迅速离开不利地形的交通工具，所以将士都是靠双脚或借助于马匹、战车在地面上活动，地形的远近、险易、广狭、死生对于一次战役的胜负，较之现代战争更为重要。

"任势"，就是要懂得利用有利形势。古代兵家强调"任势"。认为关键在于"乘势"和"造势"两点上。宋代尹宾商总结前代兵法之精华，写出《兵𠝹》36字，其中关于"乘"、"捭"，讲的就是"乘势"问题。"乘"即利用，"捭"即分开，就是分析，辨别。尹宾商说："乘者，乘人之不及，攻其所不戒焉耳。""骄可乘，劳可乘，懈可乘，饥可乘，渴可乘，乱可乘，疑可乘，怖可乘，用可乘，险可乘，可乘者敌也，揣其可乘而乘之善制敌也。"他举出了10种可"乘"之势，同时他又看到，战争双方相互保密，在战争的迷雾中，最难以捉摸的是敌人的行动企图，真真假假，虚虚实实，使人眼花缭乱的现象给军事判断带来许多困难。因此，为将者要做到利用有利形势，就要对战争的情况辨真伪、分虚实、定奇正……把现象极相似而本质对立的混杂在一起的各种情况分解开来，这就是"捭"。通过"捭"，找出可"乘"之势。除"乘势"外，还要善于"造势"。《六韬·龙韬》中记载，周武王问太公："凡用兵之法，其大要如何？"太公答道："其成与败，皆由于神与势的运用。"这里的"神"即"神化"，"势"即"形势"，太公认为由神化莫测之计谋所造成的兵势，使敌人自然无法加以抵抗，他还具体列举了20种战术行动，认为这些是造成"神"与"势"的重要方法。孙子的"诡道十二法"，更是备受兵家推崇的重要"造势"方法。

## "乘"的配置

中国的先秦时代，常用"千乘之国"、"万乘之君"来形容一个诸侯国军事力量的强大。"千乘"、"万乘"中的"乘"，是指四匹马拉的一辆战车，延伸开来，也可以指一种以战车为中心的编制单位。一辆战车上一般配备3名士兵，使用各种长短兵器。除了车上的士兵，每一辆战车还有配合作战的步兵，两者共同组成一个基本作战单位，就是"乘"。"乘"是车战时代最基本的编制单位。关于一辆战车配属的兵力是多少，有很多说法，大概从二三十人到100人不等。那时候大的诸侯国都是"带甲百余万，车千乘，骑万匹"，把步兵放在了战车的前面，可见步兵的重要性大大增加。

汉、唐等朝代，政府对北方游牧民族采取攻势作战的策略，所以非常重视骑兵建设，骑兵的数量多、战斗力强，是主战兵种，步兵的重要性相对较低。而像宋朝这样对游牧民族主要采取守势的朝代，骑兵的比重就变得非常低，步兵担负着主要的作战任务。

古代的步兵有些是由战时招募的农民临时组建的，有些则是经过严格训练的专业化步兵。古代军队中对于专业步兵的要求非常严格。比如战国时期魏国建立选拔"武卒"的制度，被选中的武卒可以享受到减免赋税的待遇，但是要求士兵能使用力道达到十二石的弩，还要能背负全套铠甲、

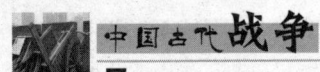

武器以及三天的干粮，半天之内急行军百里。专业的步兵必须具备多种作战技能，既要学会使用远程武器（主要是弩），又要具备近战格斗的能力（当然在实际作战中，还是各有侧重），相当于如今的特种部队了。

由于认识到骑兵在作战时的优势，所以历代中原王朝在条件允许的情况之下，都倾向于尽全力发展骑兵。当然，中原王朝为抵御北方游牧民族的侵扰，也发明了不少以步制骑的办法。经过严格训练的步兵，在与骑兵的正面对抗中也并不总是落于下风。但是总的来说，由于骑兵具备远远超过步兵的机动性，所以步兵在骑兵面前是比较被动的。

当然，步兵作为基础兵种，也具有很大的优势，就是训练比较简单，而且成本也低。即使是严格训练的步兵，其训练和作战的花费也远远少于骑兵。再加上从古至今中国在人口数量方面都具有很大优势，大批征发的步兵就理所当然成为历朝历代军队中的主要组成部分。古代的步兵并不是最受重视的兵种，在大多数时期地位也不高，但是从数量上看，步兵却是无可争议的战争主力。正因为如此，纵观整个古代战争史，步兵绝对称得上是最重要的兵种。

# 第二章

## 中国古代战争类型的演变

在中国古代战争中，车战是中国古代最早的作战类型。到了战国时期，北方少数族盛行的骑战的引进，促使战争形式开始进入一个新的历史阶段。由于中国地域广阔，河流众多，水战也逐渐被重视起来。

## 第一节
## 车战的兴衰

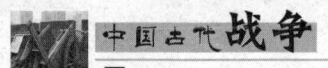

### 车战的起源

车是陆地上最重要的交通工具,是我们祖先的一项重要发明。《淮南子·说山训》认为,古人"见飞蓬转而知为车";《通典》卷64说:"上古圣人睹转蓬为轮。轮行可载,因物知生,复为之舆。舆轮相乘,流运罔极,任重致远,以利天下。"就是说,古人是从蓬草枯干后遇风飞旋的自然现象中得到启示,制造了最早的滚动的轮,进而加上车箱,造成了车。这种说法虽不可尽信,但我国在很古老的年代中是从自然物(如原木、飞蓬)的滚动中得到启示,制造出省力而方便的车,这一点却是无疑的。《世本·作篇》中关于"奚仲作车"的说法,在《荀子·解蔽》、《墨子·非儒》、《吕氏春秋·君守》等先秦古籍中都是一致的。但奚仲是何时人,却又记载不同。《左传·定公元年》说是夏代的"车正",《淮南子·说山训》说是帝尧的"车正"。对上述记载用不着十分拘泥地去理解。车不是奚仲一人发明的,但从上述记载中可知,我国最早使用车的年代绝不会晚于殷代,则是可以肯定的。《世本·作篇》中有"胲作服牛"、"相土作乘马"的记载。"胲"就是王亥,是商汤的七代祖;相土即是商汤的十一代祖,都见于甲骨文。"服牛"是牛车,"乘马"是马车,在甲骨文中已有大量的关于车的记载,考古发掘中又有殷代马车的实物出土。所以,不少学者都主张我国使用车的年代当在夏代。如蓝永蔚在《春秋时期的步兵》中认为:"关于夏文化的遗存,特别是它与龙山文化的联系,迄今当然还没有确实的证明,但是,如果我们单纯从时间的顺序上推衍,把车的发明时间推断为公元前2200余年的夏代初期,还是有充分根据的。"对此，我们还可以加上一条很明显的旁证：华夏族的主要组成集团是北方的黄帝族，黄帝族号称"轩辕氏"，"轩"、"辕"二字都从"车"，都是车的一部份。由此也可知，华北平原用车的历史是很早的，黄帝族是以用车为其特点的。

有了车，不等于就是战车，我们通过对殷墟卜辞的研究可知，"殷代的兵车作战，卜辞有明显记载"，在卜辞中，"车已与衣、甲、弓、矢同类，且成为战利品，车当是战车无疑"。这种论证同考古发掘的结果完全一致。在抗日战争时期，我国考古工作者就在安阳殷墟发现了殷代兵车的残迹。新中国成立以来的考古发掘中，更多次剔剥到完整的殷代兵车，并发掘到与之同出的多种武器。由此也可知道《诗·鲁颂·閟宫》中"公车千乘，朱英绿縢，二矛重弓"的诗歌反映了殷周时的实际。总之，我国的车战在殷代就已开始，车战是我国古代最早采用的作战方式之一，早于骑战，这是可以肯定的。其实，这也是处于平原地区的古代各国的普遍现象，恩格斯也这样认为："起初马匹大概仅用于驾车，至少在军事史上，战车比武装骑手的出现早得多。"

从考古实物可知，殷代与周代的兵车都是木制，而且形制基本一致，都是独辕，两轮，轮中有毂，毂上有辐条18～26根。轮轴上压置车箱，车箱开门向后，前边是无门的横木，叫轼，供车上甲士倚扶。车辕后端置于轴之上、车箱之下，前端横置车衡。车衡上缚左右两轭，两匹服马（又称辕马）就架轭于颈，拉动车辆前进。殷代兵车以两马为多，以后多是四马，就是在两匹服马之外侧再加两匹骖马，骖马无轭，而是直接以皮制的"靷"系于车轴。甲骨金文中的车字写作"車"，正是古代马车逼真的象形字。严格来说，殷周时期的马车无论是用于战争还是用于平时的交通运输，都是可以的，两者并无大的区别。作战时的兵车常常在车轴两端的青铜车軎的顶部安装锋利的尖刃，以便在向前冲杀时杀伤敌方的徒兵。

在西周以后日益发展的车战中，驾车的

马的雕像

马是保证战争胜利的重要因素。如果驾车的马有一匹受到伤害，就会影响整辆战车的作战，甚至会给敌人造成攻击的机会。因此，除了战车上乘员的防护装备外，战马也常常披蒙甲胄，加以保护。

西周出现的驷马战车，除了增加牵引力外，很大程度上就是为了避免战马受伤影响战斗。处于服马外侧的骖马和战车的结合并不牢固，所以当它们受伤后，可以容易地从战车上解脱下来，即使损失两匹骖马，战车仍然可以继续作战。《诗·秦风·小戎》和《诗·郑风·清人》记载了保护辕马的金属马甲。

春秋时期的马甲胄见于包山二号楚墓和曾侯乙墓。从出土实物看，马的甲胄分为马胄、胸颈甲和身甲三部分。曾侯乙墓出土的马胄由整块皮压制而成，形似马面，耳、眼、鼻部位开孔，马胄内外髹黑漆，两腮处压制大朵云纹，并在马胄外表用朱漆彩绘龙兽纹、圆涡纹、云纹和索纹，不失为一件技艺精湛的艺术珍品。胸颈甲和身甲以包山二号墓出土的联缀关系最为清楚。胸颈甲由横竖各五排甲片联缀而成，挂在马的胸颈前。身甲披在马的背上，往下遮住两肋，由48片较大的甲片构成。根据曾侯乙墓出土的简文，马甲也有"彤甲、画甲、漆甲"等种类。曾侯乙墓的马胄可能就是简文所说的画甲之一。文献中也有将服马蒙上虎皮作战的实例。马甲的出现说明战车成为战争的主要力量，同时也说明战争已经惨烈到一个新的程度。

## 战车的制造

中国是最早制造出陆路交通工具——车的民族。中国的先民在运输生产产品以及木、石等建筑材料过程中，逐步制造出滚木、轮子、轮轴，最后出现了车。最原始的车轮是没有轮辐的一块圆木，称作"辁"。《左传》中说奚仲善于造车，曾做过夏王朝的"车正"，他"桡曲为轮，因直为辕"，创造了有辐条的车轮。正式使用战车的记载见于《尚书·甘誓》，司马迁收入《史记·夏本纪》。根据先秦文献、卜辞记载，早期战车的形制为：方形车厢，独辕，两个车轮，车轮直径较大，为130~140厘米。每轮有18~24根辐条。车毂较长，突出于轮外。车辕前横置一条车衡，衡上缚两轭，用以驾车。车厢门开在后方，车体全用优质木料制造。车前驾四匹马，中间两匹辕马，称"服"；左右侧拉旁套两匹马叫"两骖"；一套驾车的马合称为"驷"。根据有关资料，古埃及在其新王国时期（约公元前17世纪）也有了战车，木制，有一个辕杆，由两匹马驾驶，乘两人。可见，中国古代使用战车的时间显然要比世界其他国家早，制造技术也比较先进。

到了商周时期，用来作战的车的形制已比较精巧。商代的车由车辕、车舆和轮、轭等部分构成。各部分再细分，加上马具和辔饰，其名目有几十种之多。春秋末年齐国人的著作《考工记》记述了一套比较完整的制车工艺及规范。它首先对车的关键部件轮子提出了一系列技术要求和进行检验的手段：（1）"规之以视其圜"，即用规测量轮子，视其外形是否正圆；（2）"之以眡视其匡也"，就是说轮子平面必须平正，检验时将轮子平放在同轮子等大的平整的圆盘上，视其是否彼此密合；（3）"县之以眡视辐之直也"，即用悬线察看相对应的辐条是否笔直；（4）"水之以眡视其平沉之均也"，即将轮子放在水中，看其浮沉是否一致，以确定轮子的各部分是否均衡；（5）一辆车的两个轮子的尺寸大小和轮重都要相等，其方法是"量其薮以，以眡视其同也；权之以眡视其轻重之侔也"；（6）轮子的整体结构必须坚固，即所谓"欲其朴属"；（7）毂的粗细、长短要适宜，"行泽者欲长毂，短毂则利，长毂则安"，也就是依据利转和稳定的原则，对不同用途的车辆，选用毂的不同尺寸；（8）"轮已崇，则人不能登也，轮已庳，则于马终古登阤也"，即要求轮子的直径要适中，如果太大，人上下不方便；太小则马拉起来吃力；（9）对轴要求材料好，坚固耐久，转动灵便，这就是所谓"轴有三理：一者为微也，二者以为久，三者以为利也"；（10）必须选用坚实的木材，即所谓"斩三材必以其时"。

由此可见，技术的要求是很严格的，其考虑十分周全细密，而且又是十分符合科学道理的。《考工记》还对车舆材料的选择及连接方法，车辕、车架的制作，对不同用途的车辆的要求等问题分别予以叙述，这些都反映了当时制作战车技术的很高水平。

先秦时期的战车都是木制，有一个长方形的车厢，独轴，两个一人来高的大轮子。前面有一个长长的车辕，用来拴住马匹。拉车的马一般是四匹，驾驭的难度较高。车上的乘员一共是三人，正常情况下，中间的一人是御者，也就是驾车的；左边的称为车左，装备有弓箭，负责射击敌人，还配有短剑，用于近距离格斗；右边的称为车右，使用戈、矛等长兵器，用于格斗，而且在遇到险阻的时候，还要负责推车。

中国古代**战争**
ZHONG GUO GU DAI ZHAN ZHENG

古代战车

战车上备用的武器也有很多，比如我们前面说过的车战"五兵"，就是战车上都有的武器。车左虽以弓箭为主要武器，但在需要的时候也可以肉搏。车右虽然主要负责格斗，但是也会使用弓箭射击。除了御者的职责比较固定之外，车左和车右只有大概的职责分工。

如果某一辆战车是指挥车，那么情况又有不同。指挥车上武器要少一些，但是设置有指挥作战用的金鼓（铜制的铙钹一类乐器），指挥官居于中间位置，负责发布命令，御者就被挤到左边去了，只好偏着身子驾车，车右的职责不变。

战车的基本形制就是这样，而商周春秋时期，战车也得到了不断的改进。比如在一些关键部位用青铜件代替木件，还用青铜板遮护战车的车厢。有的则把车轴两端的车軎（套在车轴两端的青铜部件，可以防止车轮脱落）加长，做成矛尖的形状，从而对步兵具有一定的杀伤力。

春秋战国之际，是战车发展的鼎盛时期。当时，每个诸侯国都拥有大量的战车。一次战争行动，常常出动战车1000辆以上。"千乘之国"、"万乘之君"，成为显示国家兵力和国势强大的重要标志。

秦汉以后，仍然有人利用车战破敌。如西汉"夏候婴破李由军于雍丘，以兵车趣战，疾破之"（《汉书·夏候婴传》）。汉武帝时，令大将军卫青出塞抗击匈奴，卫青"以武刚车，自环为营"。晋马隆击树机能时，造偏厢车，"地广则为鹿角、车营；路狭则为木屋施于车上，转战千里，杀伤甚众，逐平凉州"（《晋书·马隆传》）。但是，这些兵车多用于运输和设营，"以车载米粮、器械，止则环以为营耳。所谓甲士三人，左执弓，右执矛，中执绥之法。已不复存矣"（马端临《文献通考》）。后世兵车主要用来装载辎重，特别是当出塞远征时，必须随行大量兵车以资军用。公元458年，魏文帝拓跋焘征矛然时，一次出动兵车15万乘，创造了世界战争史上兵车参战的最高纪录。

宋代，北方少数民族崛起，女真、辽、西夏诸部都擅长骑射，每当发生战争，长驱直入，宋军难以抵挡，于是有人主张重建车兵，用来抵挡骑兵。

# 第二章 中国古代战争类型的演变

北宋大将李纲称:"步不足以胜骑,而骑不足以胜车"。他在金军侵汴之时,采用统制官张行中发明的战车,绘图颁发给京东、京西两路军队练习使用。这种战车"双轮两竿,上载弓弩,又设皮篱,以捍矢石;下设铁裙,以卫人足"。每车用卒 25 人,"四人推竿动车,一人登车以发矢,余则持军器夹车之两旁",宿营时,用铁索横联,充当防御工事(《宋史·李纲传》)。火药发明以后,出现了许多种装载火器、盾牌的战车。明正统十二年(1447 年),朱冕倡议用"火车备战"。以后直到明末,许多戍边将领纷纷倡议建设车营,"藏火于车",将火器、战车与盾结合,出塞御敌,以对付北方民族的骑兵。明代九边先后装备过正厢车、偏厢车、扇厢车、双轮战车、单轮战车、雷火车、全胜车、鹰扬车、屏风车、冲虏藏轮车、火柜攻敌车、塞门车、火车、霹雳驻车等。但这些战车都是活动的战斗堡垒,当年"车毂错兮短兵接"的时代却一去不复返了。

## 战车的作战方式

战车是先秦时期的重要兵种,车战战术也就是先秦时期的主要战术。关于战车在战场上如何作战,争议很多,目前我们依然难以复原其全貌,不过根据一些留传下来的资料,学者们已经研究出了古代战车的基本作战方式。

战车的基本战术动作包括与敌军接触前的弓箭射击和与敌军接触后的格斗两大部分。

战车左边的"车左",是主管射箭的。但是站在车上射箭却不能顺着战车的前进方向直接向前射,因为车的前面是驾车的四匹马,跑起来奔腾颠簸,不仅影响视野,而且还容易误伤自己的步兵。当时的规定动作是,战车每行进一段距离,就向右旋转,把战车的左翼朝向敌军,这样车左就获得了最佳的射击视野,射击动作就在此时进行。这样的动作做过几次之后,敌对双方就进入了接触格斗阶段。

车战格斗,也不是双方战车正面相对。这是因为,虽然战车用的长兵器如戈、戟等都装有长柄,有的甚至长达 4 米,但是站在车厢上的士兵要想用长兵器隔着敌我双方的四匹马攻击到站在敌方战车上的士兵,那也是不可能的。所以车上格斗,是在双方战车互相交错的时候,趁着侧翼对敌,甲士用格斗兵器对战。

除了战车上的甲士互相对战之外，战车与战车之间，也会发生碰撞、挤压等情况。不过由于双方的战车在构造、动力（四匹马）方面基本都相同，所以这样的动作带有很大的危险性，要想通过撞击使对方战车受损，对御者的技术要求很高。

从史料的记载来看，当时的战车是两车为一组配合作战的，两辆车之间有主仆之分，有点像现代空战中的双机编组，主机和僚机的关系。会战时，双方战车往往都排成一排横队，以宽大的正面对敌人施加压力。每辆战车在行进过程中，都尽可能走直线，直到与敌军接触。

由于战车间的交战是趁两车交错时进行的，而一次交错往往不能决出胜负，所以当双方战车脱离接触后，往往还会转回来，进行第二次接触。这样反复数次，直到一方完全溃败为止。

以上就是战车的基本战术动作，但是关于车战的很多问题，我们今天仍然不是很清楚。比如战车与步兵如何一起列阵、一起配合，战车如何对付正前方的敌人，等等。这些问题都有待进一步的研究。

夏启在灭有扈氏的战争中初次使用了车战，这是中国古代文献记载最早的车战。之后商汤灭夏桀也使用了车，但规模不大。从考古发现看，比较可信的是周人灭商的战斗。约公元前1072年，商朝与西北高原兴起的周人在牧野（今河南汲县）进行了一场决定生死命运的决战，结果是商朝灭，史称"牧野之战"。这一战周人的统帅是武王姬发。

约公元前1072年，趁商王朝国政腐败，主力军队东征夷人之时，武王亲率兵车300乘，虎贲3000人，以及庸、蜀、微、彭、濮诸部的联合部队出函谷关，渡黄河，挥师东进。二月甲子日清晨，大军到达了距商都朝歌仅70里的牧野。这一天天清气爽，武王列开了部队，命令士兵举起戈、矛，列起干盾，进行战前誓师。武王先宣布了商纣王的罪行，勉励大家要齐心合力，英勇作战，最后宣布要严格遵守纪律，战斗中每前进六七步，要前后看看，每击杀六七次，要保持严整的军形。有不守纪律者严惩不贷。这就是《尚书》中的名篇《牧誓》的大概。

武王此举使纣王措手不及，只得临时拼凑士兵，把奴隶和战俘武装起来，加上守卫都城的部队，共70万人（一说17万），亲自率军迎敌。武王的军队人数虽少，但训练有素，双方列阵后，周师以迅雷不及掩耳之势，指挥300余乘战车、2.6万人组成的精锐部队，直冲纣王中军。纣王的军队未经严格训练，又无斗志，遇上周人的虎狼之师，许多人纷纷倒戈投降，为武王开路。鏖战至傍晚，商朝的军队彻底崩溃，退回朝歌。纣王看大势已去，登鹿台自焚，商朝遂亡。

牧野之战，除了政治、经济实力之外，武王的战车部队起了重要作用。一乘战车，既是一座活动的战斗堡垒，也是一个坚固的防护屏障。车上的武士可以站在车厢上劈砍钩刺，又能凭借车厢保护自己。加之战马驰骋，速度极快，如果数百乘战车列成军阵向前冲锋，有决堤洪水般的威势，商纣王未经训练的徒兵怎能阻挡得住。战车成为作战的主力是历史发展的必然。

## 车战的发展

春秋战国，战争的规模越来越大，所用战车的数量也越来越多，甚至成为衡量一个国家实力的标准，遂有"千乘之国"、"万乘之君"之说。春秋末期北方齐、秦大国拥有兵车二三千乘，南方楚国则达五六千乘。战国时三晋、齐、燕各有带甲（步兵）数十万，秦、楚号称"带甲百万"。春秋僖公二十八年（前632年），晋楚城濮之战，晋国出动了战车700乘，是武王伐纣时战车数量的两倍。40年后，前面说的晋齐鞌之战，晋国出动战车800乘。到了公元前529年，晋国为了炫耀武力，在邾国举行了一次大阅兵，列陈战车4000乘，数量是武王伐纣时的10倍以上！当时的战车非常华美。中国古代第一部诗集《诗经》中有赞美战车的诗歌多篇，其中《诗经·秦风·小戎》是一首赞扬秦襄公时（前777—前765年）军容的诗歌，诗中形象地描述了当时使用的战车和有关的武器装备，同时也反映了当时军队的主力是战车的历史事实。"小戎俴收，五楘梁辀。游环胁驱，阴靷鋈续。文茵畅毂，驾我骐馵。"2002年，在河南洛阳河洛文化广场发现了文献记载中的"天子驾六"的车马坑，战车确定是由六匹马牵引。

春秋战国时期的驷马车，以河南三门峡虢国墓地出土的最早。三座车马坑出土马车25乘。但由于朽残过甚，难以看出战车与普通乘车的区别。2000年河南新郑郑韩故城发现了春秋贵族墓葬和大型车马坑。郑国车马葬制的一般规律，是将车轮摘掉后侧靠在坑的四壁，马匹杀死后平铺在坑底，车体则放在马匹身上，车马现放在主墓内。已发现的37个车轮侧靠在四边壁上，轮径多为1.4米左右，有约30根辐条。有两个车轮直径很大，约1.7米，可能是大型车辆的用轮。车轮两面都髹有棕色漆，有轮撑。大车两辆，车厢有3平方米，可以并卧2人。中车可以并排坐3人，而且装饰异常豪华，车舆结构复杂，可能是仪仗车。小型车只能容1～2人。18号车的车厢粗壮结实并有护板，轵前拐角上有铜兽装饰，可能为兵车。除了这辆车以外，其他车辆均髹漆装饰，其中西半部的车舆四侧多髹红漆，衡、辕髹棕色漆；东半部车辆多髹棕色漆，许多中型车的角柱上还发现精美的云雷纹图案。车体上装饰有多种青铜和骨雕饰件。山东省淄博市后李官庄发现了春秋中期车马坑。1号坑10辆车，6辆车4匹马，4辆车为2匹马，有战车和辎重车，战车轻小，辎重车车厢大，是战车的2～2.5倍，车轮也大。2号坑殉马6匹，中部一组有海贝组成的马缰和马面罩。山东淄博淄河店2号战国大墓殉马坑有69匹马。墓内殉车，有作战的轻车、墓主乘坐的安车和辎重车，又叫栈车、役车。战国中晚期河南淮阳马鞍冢楚墓的两座车马坑出土了马车31乘，其中2/3是战车，以2号坑4号战车最为典型。是一乘驷马车，车舆作横长方形，面积142厘米×94厘米。车舆的前后左右都用青铜片包镶钉牢，并髹漆彩画。四门开在舆后，舆后部的两角装有铜柱头，两侧有供插旗幡的铜质插旗筒，右侧还有一个供插兵器用的椭圆形筒状器。这辆车的车毂很长，毂端各用四道铜箍加固。以此车与西周前期的战车相比，其无论造型、制作，还是性能都进步了许多。春秋以后，驷马战车为了适应战争的需要，形制出现了分化，产生了在战争中担负不同任务，形制各异的战车。这些不同类型的马车被置入大型墓葬、墓室及车马坑之中。如灵活轻便，适合长距离奔袭攻击的"轻车"；马披重甲，衡端装矛刺，车轴装曲刃矛状车軎，车軎做成矛状的车又称为销车。用于攻坚突壁的"冲车"；用于侦察、窥探敌人虚实的"巢车"，以及用于营屯防守的"苹四"、"车屯车"，用于装载辎重、运输粮草的"大车"、"广车"；甚至还有专供统帅乘坐，用以指挥作战的"戎路"车。长勺（今山东莱芜东北）之战中，曹刿就是站在"戎路车"上待齐军三次击鼓之后，才建议鲁庄公击鼓反击，大获全胜，并讲出了对方"一鼓作气，再而衰，三而竭"的道理。从考古材料看，战国时期上层统治阶级在马车上追求一种复古的生活趣味。

青铜器冶铸技术经西周到春秋，已经发展到最高水平。春秋时期的青铜铸造匠师们已经能够用不同的铜、锡、铅配方，铸造出各种不同用途、不同硬度的青铜器了。所以这一时期铸造出的青铜兵器非常精良。以青铜镞为例，

## 第二章 中国古代战争类型的演变

《左传》记载鲁齐炊鼻之战,齐国主将子渊拈弓搭箭,射向对面战车上的鲁国大夫泄声子。这支箭从战车驾马的轭鞘木上穿过,又深深插入泄声子的盾脊,达三寸之深。泄声子也回敬了子渊一箭,射断了子渊的马鞅,并射死了驾车的马,可见齐鲁两国制作的箭镞都很锋利。

春秋时期,车战用的成组武器仍是远射、格斗和卫体三类,但是出现了新的器型,制造技术也更趋精良。东周很多墓中出土有铜戟,与戟同时伴出的兵器常有戈、矛和殳,正好与《考工记》中所记车战兵器有戈、殳、车戟、酋矛相吻合。同时随葬有大量的铜质车器和马具,而且墓主人的身份都较高,他们都具有乘车作战的身份,因此这些都是用于车战的兵器。春秋以后,矛的牢固性加强,杀伤能力大大提高。1983年湖北省江陵县出土的吴王夫差铜矛长近30厘米,锋利精美。东周时期铜戟的出现使青铜戟发展的历史进入了新阶段,成为车战中的重要格斗兵器,甚至出现安装了三戈的戟。战国戟的戈胡、内尾增铸爪状利刺,杀伤力更强。殳是春秋时期新诞生的兵器,主要用来挥舞击打敌人。春秋时期短体剑依然存在。自春秋中期以后,中原地区的柳叶形剑的剑身逐渐加长,遂演化成步战、骑战用的格斗兵器。车战对武器长度也提出了要求。《考工记》谓"车有六等之数",把兵器柄的长度与战车车箱底部后面的横木车轸的长度及人体的高度加以对比,对各类兵器的柄长做了规定。若以人身高1.7米为基准计算,戈长是人体的4/5,约1.4米,殳长为人高的1.5倍,即2.6米左右,车戟为人高的2倍,即3.4米,

戈

酋矛是人高的2.5倍，即4.2米左右。这些兵器的尺寸与考古发掘资料大致相近。

最突出的代表是长沙浏城桥一号墓出土的一组车战兵器，远射的弓矢保存得较好，有长125~130厘米的竹弓3件和1个竹箭囊，其内还装有8支完整的箭，带镞全长75.5厘米，另有各式铜镞40枚。格斗武器的柄保存得极为完好，可以说是用来了解车战武器的柄长最重要的一组标本。出土有戈和戈柄各7件，除3件较短（91~140厘米）外，其余几件的长度都超过3米，两件保存最完整，一件积竹柄的铜戟长283.5厘米。"积竹"柄是春秋以后发展起来的新工艺，以木条为芯，环周贴附劈好的竹片，再以丝麻缠紧，髹上几道漆才算完工。这种"积竹"柄不但坚固耐用，又富韧性而不易折断，最适合格斗兵器使用。出土7件矛柄，除两件外，长度都超过2米，两件保存最完整的，一长280厘米，一长297厘米。卫体的短剑出土4件，长度接近50厘米，已经不是西周时的那种短剑了。这些长柄的戟和矛，最长的（曾侯乙墓出土的矛，长4.4米）大约比人的身长两倍稍多一些（以人高为169厘米计），这正符合于《考工记·庐人》中所说的"凡兵无过三其身，过三其身，弗能用也"。兵器太长了，超过身高三倍，战士就无法挥舞战斗，同时也造成制造工艺上的困难。在西方军事历史上，马其顿吓人的重装步兵车阵手持长长的铁矛和盾牌，组成了攻防有力的铁墙，持短矛的罗马骑兵起初只能望而兴叹。后来利用机动部队绕到马其顿军阵后方发动进攻，手持长矛的马其顿士兵居然转不过身来，露其背部，任罗马士兵随意刺杀。《司马法·天子之义篇》说："兵不杂则不利。长兵以卫，短兵以守。太长则难犯，太短则不及。"可见兵器不是越长越好，在战车上更是如此，短了击杀不到，长了无法挥舞搏斗，造成被动。

这些变化都与车战的升级有直接或间接的关系。冲锋时两车对驰，就是双方的马头相碰，车舆与车舆之间的距离尚在4米左右。在这种情形下，武士手中最长的兵器也难以伤到对方，只有靠强弓硬弩，远距离杀敌。挽马驰过，两车错毂，这时两车舆的侧距在1.6米左右，正是车右武士操起长柄戈、矛、钺、殳互相攻杀的时机。

春秋时的铜胄，有的顶可插缨饰的管，东北内蒙古一带曾有出土。春秋到战国前期，甲多为皮制，外面钉缀青铜甲片或甲泡。当时的皮制甲胄主要用牛皮、野牛皮、犀牛皮制成，工艺相当复杂。制成的皮甲种类很多。湖北

随州曾侯乙墓出土的竹简简文记载曾侯乙墓随葬的皮甲就有楚甲、吴甲等。在考古资料中出土皮甲甚多，保存较好的是曾侯乙墓和荆门包山二号墓。包山二号墓出土甲胄 2 领，曾侯乙墓出土甲胄 13 领，同时还出土了盾牌。在河北易县燕下都发现战国燕的铁甲胄，用铁甲片编缀而成，预示着新时代的到来。

## 车战的衰落

　　车战的兴盛，是与殷周时期的具体历史条件分不开的。随着这些历史条件的变化，车战的地位也必然发生变化。这些历史条件主要有：

　　首先，是进行战争的地理条件的变化。殷周时期，我们祖先的主要活动地区在黄河中下游平原，广阔而平坦的地形正是宜于战车驰逐的好战场。例如，成汤伐夏的战场鸣条，在今开封以北；周武灭商的战场牧野，在今淇县附近；春秋时期几次大战的战场如长勺在今莱芜以北，城濮在今鄄县西南，泌在今郑州西北，桂陵在今长垣县，鄢陵在今鄢陵县，都是利于发挥车战优势的地方。然而到了春秋时期，诸侯并立，政治中心一分为几，争霸之战不停。加之边区民族力量日渐发展，甚至有问鼎中原之势，这样，战争的区域越来越广，不仅在一马平川的中原大地作战，更要在华北的山地与江南的水网地区作战。每到这些地区，战车就无法发挥威力，不得不更弦易辙。西汉的晁错曾经总结过："平原广野，此车骑之地。"而"丈五之沟，渐车之水，山林积石，泾川丘阜，此步兵之地也。"例如，属于华夏族的晋国与郑国几次同北方与西北的戎族、狄族作战，戎狄生活于山区与丘陵区，从不倚重于战车，而以步兵为主。每到作战时，中原的战车反不如戎狄的步兵灵活。《左传·隐公九年》载："北戎侵郑，郑伯御之，患戎师，曰：'彼徒我车，惧其侵轶我也'。"郑军所以畏惧北戎"侵轶"即从后超越，这证明了在某些地形条件下步兵远较战车灵活而快速。此一仗，虽然郑军用以逸待劳的伏兵战胜了北戎，可是到了昭公元年（前 541 年），晋军与狄人作战时，因地形险恶，战车无法展开，晋军主将魏舒在"彼徒我车"又"困诸厄"的情况下，毅然地决定"毁车以为行"，变车兵的"五乘"为步兵的"三伍"，取得了战争的胜利。这一次变车兵为步兵的行动是一次果敢的改革，是一次创举，正如魏舒所说："请皆卒，自我始。""毁车为行"的行动是车战发生变化或者说走向衰落的一个明显标志。至于南方的吴越，早就根据南方水网地区的特点，多用步兵，如吴王夫差就曾以百人为一"彻行"，百彻行为一"方阵"，即全以步兵出战。

其次，是进行战争的社会内容发生了变化。在春秋以前和春秋时期，战争多是各大军事集团或诸侯之间的兼并或争霸，是双方在郊野排开阵势打的"野战"，横冲直撞的战车当然是最具威力的武器。可是在春秋后期，新兴地主阶级逐步登上政治舞台，向等级森严的贵族领主展开了夺权斗争，其中包括武装斗争，如鲁国的"三桓"（季孙氏、叔孙氏和孟孙氏）"三分公室"、"四分公室"，击败并赶走鲁昭公和鲁哀公的斗争；晋国从"六卿（赵氏、魏氏、韩氏、智氏、范氏、中行氏）分晋"到"三家（赵、魏、韩）分晋"之间的一系列斗争；齐国"田氏代齐"过程中田氏击败栾氏、高氏、国氏、晏氏、鲍氏，并杀死齐君荼、齐悼公、齐简公的斗争等。这一系列战争都不是排开阵势的野战，而多是在城邑内部的突袭或对某个城市的围攻。新兴城市此时陆续出现，逐步变成"千丈之城、万家之邑相望"的形势，所依靠的军力不是由掌握了驾车技术的贵族甲士所组成的车兵，而是以招募农民、农奴为主而组成的机动灵活的、适于城内巷战和登城越池的步兵。新兴的地主阶级要发展武装，也只能发展由广大农民以至"庶人工商"、"人臣隶圉"所组成的步兵。与此同时，春秋时期还爆发过一系列的起义，也就是《左传》中的"盗"，这些起义者不可能拥有战车，也没有驾车的技术，他们的根据地往往是"萑苻之泽"这类沼泽山林，当然全是步兵。统治者要对付他们，也就不能不放弃战车，"兴徒兵以敌之"。

从军队的内部情况来看，也受到阶级斗争的冲击。战车上的甲士与车下附属的步卒的阶级地位是不同的，两者之间实际上是统治与被统治的关系。所以，在军队内部就必然存在着阶级的对立与各种形式的斗争。在春秋时期著名的晋楚两国的泌（地名，在今郑州西北）之战中，晋国的随武子在临战前有一大段议论，认为要练好一支军队，必须做到"君子小人，物有服章（指别尊卑的标志），贵有常尊，贱有等威（指服从等级的尊严），礼不逆矣。德立，刑行，政成，事时，典从，礼顺，若之何敌之"这是在军中强调阶级对立的很典型的言论。可是他又不得不承认，要想取得作战的胜利，就必须要求"卒乘辑睦"，就是使步卒与车兵协调配合。由于阶级斗争的客观存在是不可改变的，所以，"卒乘"之间的辑睦只能是暂时的、相对的，而矛盾和冲突是长期的、绝对的，越到春秋后期，这种矛盾就越严重。而且，随着各级贵族的衰落，过去那种训练有素的、自备车马粮秣入军的甲士越来越少，车兵的兵源也就日渐枯竭。还以晋国为例，就在随武子发表上述言论之后58年，叔向就坦白承认晋国的国情："亦季世也，戎马不驾，卿无军行，公乘无人，卒列无长。""民闻公命，如逃寇仇。""公室之卑，其何日之有？"这种情况的出现，很明显是阶级斗争的必然结果；而阶级斗争的这种结果，又必然导致高居于广大步卒之上的车兵的衰落。

最后，车战的衰落是社会生产力发展的必然结果。这主要表现在钢铁兵器的出现和弩的使用上。在使用青铜兵器的时期，手中的盾牌，身上的甲胄就可以有效地抵御对方射来的箭，战车可以有恃无恐地向敌方冲击。春秋时期，铁的使用增多了，春秋晚期，钢制兵器出现了；也就在春秋时期，弩已在战场上进入实战。鄢陵之战中，养由基射出的箭已经可以穿透七重甲衣，那么在强有力的劲弩面前，皮盾或皮甲，已经不可能保证身体的安全了。这样，横列在战车上的三个甲士、横列在战车之前的四匹骏马就成为钢铁箭头的弩箭射杀的最好目标，使战车难以保持过去密集型进攻的威力。公元前405年，也就是晋国的魏、赵、韩三国被周威烈王正式承认为诸侯的前两年，三国联合伐齐，"大败之，齐将死。得车两千，得尸三万"。这个数字可能有些夸大，但齐国的战车大量被俘获，则应当是事实。三晋的这场大胜，很显然是与他们在中原各国中首先"毁车为行"，加强步兵的变化是分不开的。

弩

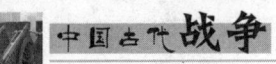

由于以上的历史原因，车战逐渐让位于步战与骑战。恩格斯曾在一段话中很透彻地分析了军事史上的这种变化："装备、编成、编制、战术和战略，首先依赖于当时的生产水平和交通状况。这里起变革作用的，不是天才统帅的'悟性的自由创造'，而是更好的武器的发明和士兵成分的改变；天才统帅的影响最多只限于使战斗的方式适合于新的武器和新的战士。"我国车战地位的变化，正是由于社会生产力的发展、地形即交通情况的变化、士兵成分的改变等几方面的因素的必然结果。如果不考虑这种必然性的变化，要按"古法"去恢复殷周时的车战，就只会失败。唐代平定安史之乱时；一度掌握朝政但"用兵素非所长"的房琯就曾"用春秋车战之法"作战，因无马车，征用民间牛车二千辆代替，结果是"人畜挠败，为所伤杀者四万余人，存者数千而已"。《武经总要》卷4对此的评论是"此亦古今殊时，而用有利害也"。我们之所以用较多的篇幅来分析以车战为主的战争向以步、骑为主的战争的这种转变，因为这是我国古代战争史上很重要的一次转变。从战国开始而秦汉以后基本定型的以步、骑为主的战争延续了两千多年，一直到近代才又发生较大的变化。

## 知识链接

### 中国战车来源的推测

据考证，中国的驯化马和轻便的轮辐式马拉双轮战车可能是在公元前2世纪初的夏商时期通过欧亚草原地区传入我国的。与轮辐马车同时传入的，可能还有无辐车。中国人在双轮战车传入之前，已经发明了车，但应当是相当原始的车。当先进的战车传入后，人们就立即采用了它，并不断使之完善。中原发达的青铜文化对传入的马车在大小、装饰各方面进行了较大的改造，商代时人们已经能够自己制造和驾驭先进的马车了。西周以后，战车成了战争的主角。西周早期的《小盂鼎》、晚期的《多友鼎》都反映了周人使用战车的情况。

## 第二节 骑兵的盛行

### 胡服骑射：骑兵的引入

骑兵的出现，大约始于春秋战国时期。在我国古代史籍中记录的中原地区最早组建骑兵的实例，是战国中期赵武灵王进行的"胡服骑射"。

赵武灵王（公元前325—前299年在位），名雍，三家分晋后赵国第六代国君。在兼并剧烈的战国，赵国周围为齐、中山（都灵寿，今河北灵寿西北）、燕、林胡（今内蒙古鄂尔多斯高原）、楼烦（今山西西北部迤内蒙古阴山一线）、东胡（今河北张家口外长城以北）、秦、韩、魏包围着，时人称之为"四战之国"，群雄觊觎，连年处于兵伐战乱之中，形势险恶。特别是西边经过商鞅变法日益强盛的秦国，东南向以经济富庶、人丁雄盛的齐、中山和北方居山林高原、"利则进、不利则退"的剽悍能战、惯于军事掠夺的游牧民族三胡（林胡、楼烦、东胡）对赵威胁最大。赵武灵王之前，赵国在二、三等小国中山的侵扰面前，都往往无力还击。赵武灵王在位前期，赵国曾被秦、魏攻伐战败6次，损兵折将，忍辱削地；同时三胡乘诸侯兼并特别是燕、赵全力御齐防秦的机会，连

赵武灵王雕像

年发动军事掠夺，北边更无宁日。

在同三胡的交战中，赵武灵王深感中原传统车战的笨重难行，同时也深知胡服骑射便事尚功，就从自己的国情出发，打破中原传统的衣冠制度和兵制，实行"胡服骑射"。胡服骑射，即改革中原传统的上衣下裳、宽袍大袖的衣冠制度和车战体制，效法北方游牧民族军事上轻骑远射、机动灵活的战略战术和相应的紧身束和装备，组建新式的骑兵部队，实行骑战。胡服和骑射是一个有机的整体，变胡服是出于习骑射的要求，习骑射是变胡服的出发点和归宿点。

实行胡服骑射之后，赵国建立了一支机动灵活的强大骑兵，并一举扭转了往昔秦兵东进和胡马南下的被动挨打局面。不仅攻灭了宿敌中山国，还彻底打败了三胡，从而使西至鄂尔多斯高原，北至大青山、阴山一线，尽入赵国版图。

胡服骑射使兵制、战术为之一变，骑兵一跃而为军内主要兵种和主力，推动了整个中原骑射的发展，标志着我国由车战时代进入了骑战时代，在中国军事史上是一个划时代的大事件。此后，中原各国普遍加强骑兵建设，使骑兵发展成为独立兵种。主要诸侯国都成为"车千乘，骑万匹"的军事强国，"轻骑锐卒"活跃于战场。骑兵主要发挥机动灵活快速特点，用以配合车兵、步兵作战，或作为游骑之兵而出奇，或侦查通信，或突然奔袭等，故称"离合之兵"。从此，部队的运动速度、灵活机动能力增强，更能出奇制胜；作战中奔袭、奇袭、迂回、包围、伏击、侧击等方式方法也增多了；同时，初步形成了骑战的思想理论和战法。

《吴子》中谈到"千乘万骑，兼之徒兵"，"分车列骑"，"车骑挑之"，这些说的都是车、骑、徒兵的配合运用。该书还讲了马匹的保养方法和车骑装备"鞍、勒、衔、辔"，同时还谈到了吴起以"兼车五百乘，骑三千匹，而破秦五十万众"的实例。这是古兵书中最早较多讲骑战的，并且带有总结经验和理论的性质。

《六韬》论述了骑兵的地位、作用和骑战之法，认为"骑者，军之伺候也，所以踵败军，绝粮道，击便寇也"；还结合地形，讲了骑、车、步卒作战能力的对比：平地之战，1骑当步卒8人，10骑当1车；险地之战，1骑当步卒4人，6骑当1车；并有"十骑败百人，百骑走千人"之说。骑兵的编制，5骑1长，10骑1吏，百骑1率，200骑1将。骑兵和车兵一样，被看作是

第二章 中国古代战争类型的演变

"军之武兵"，具有快速冲击力量。战骑的"十胜"、"九败"，内容比较丰富具体，讲的是10种情况下战胜之法和9种不利情况和地形条件下置敌"死地"，主要从战术角度总结。并强调发挥骑兵机动快捷的特点，"或驰而往，或驰而来"，"薄其前后，猎其左右"，"深入长驱，绝其粮路"，但要防险隘之地，敌之诱伏。

## 骑乘革命：马镫的发明

先秦时代，马多用于驾车，极少单骑。春秋末年才有贵族骑马的记载，然而直到南北朝以前，我国上层社会的男子出行时，讲究乘车而不提倡骑马。在一些比较隆重的场合，舍车骑马，甚至会被认为是失礼的举止。汉宣帝时，韦玄成以列侯身份侍祠惠帝庙，早晨入庙，因大雨泥泞，不驾驷马车而骑马至庙下，结果被掌管礼仪的部门告状，相关的数人皆受牵连被削去爵位。南朝偏安江南，骑马也不普遍。《颜氏家训·涉务篇》说："梁世士人夫皆尚褒衣博带，大冠高履，出则车舆，入则扶持。郊郭之内，无乘马者……建康令王复性既儒雅，未尝乘骑，见马嘶陆梁，莫不震慑。乃谓人曰：'正是虎，何故名为马乎？'其风俗如此。"颜氏的记载对于此等手无缚鸡之力的儒弱权贵们，不无讥讽，但也说明当时不尚骑乘。为什么汉代贵族不重视骑马呢？原因之一是由于马具的不完善。马具中相当关键的一件是马镫。公元3世纪以前，世界各地都没有真正的金属马镫，我国也不例外。由于没有马镫，骑乘的难度大。穿着宽大累赘的褒衣，戴着华丽繁复的大头冠，脚上是高底鞋，不用说骑马出门，就是上马都不容易，与乘车相比更显得寒碜狼狈。而且骑马的姿势又很类似当时被世俗认为极不礼貌的踞坐，在讲究儒雅风度的时代，不骑马是情理中的事。因而汉代除军事行动外，官员都乘车而不骑马。这种传统一直保持到马镫发明以后。在北魏的很多墓中，我们可以看到有身份的人出行，还是以乘坐牛车为主。山西大同雁北师院北魏墓2号和5号墓共出土10辆牛车。麦积山北周洞窟壁画也生动刻画了骠骑簇拥牛车出行的场景。

那么马镫是如何出现的呢？长沙金盆岭永宁二年（302年）墓釉陶骑俑的镫，表现了中国最早期镫的样子。在这个墓里出土的陶骑俑中，有的在马鞍左侧前缘系有三角形小镫，而马的右侧却没有装镫。乘马者的脚并没有踏在镫里，镫在足部的前上方，并且镫革很短，只有人腿部的一半长。由以上现象推测，可能这是供上马时踏足用的，骑好后就不再踏镫了，可以叫作"上马脚扣"。这种小镫，并不是真正的马镫，应该是马镫较原始的形态。1955年河南郑州南关发现的西晋陶马已经配垂直高桥鞍，但是并没有上马小镫。我国在先秦时代已有马鞍，但这时鞍上尚无明显的鞍桥。为了防止骑者坠马，在汉代，鞍桥逐渐加高。河北定县122号西汉墓中出土的《铜管错金银叹措图》上回身骑射老虎的勇士坐的正是这种鞍。至三国时，出现了"高桥鞍"。可是鞍桥的升高，加大了上马的难度。并且这时的高桥鞍，后鞍桥还略高于前鞍桥，所以上马比较困难。在这种情况下出现"上马脚扣"是比较自然的。在安阳孝民屯154号墓中出土了这种铜制的"上马脚扣"，年代约为4世纪中叶。朝阳十二台乡砖厂88M1也出土了11个铜质鎏金的，年代为4世纪初至4世纪中叶。其实这种"七马脚扣"有很久远的历史，就中国而论，在云南晋宁石寨山出土的贮贝器上的骑士也用这种"上马脚扣"。1992年云南江川县李家山69号墓出土集市贮贝器上的两个骑马人使用绳索脚扣。1965年，辽宁北票县西营子发掘了北燕冯素弗墓，开始获得了有关马镫的实物资料。冯素弗墓出土的镫，镫柄较短，镫体呈圆角三角形，镫柄较短。冯素弗死于太平七年，即公元415年。从考古发现看，我们能见到的最早的马镫存在于我国东北朝阳地区慕容鲜卑的马具组合中，迄今最早的马镫是辽宁省北票房身村北沟墓地8号墓出土的木芯包铜片马镫，这个马镫通高近30厘米，镫柄很长，柄端方形，柄上部有两个穿孔。根据墓中出土的中原魏晋器物，如酱釉小罐、宽边"位至三公"镜、铜钱等，该墓年代为公元3世纪中叶至4世纪初。稍晚的是朝阳袁台子东晋墓出土的马镫。这些马镫都是木芯外包嵌青铜片。正如研究马镫起源和传播的王铁英所说，北沟墓地8号墓出土的马镫不但形制完备，而且时代最早，经朝阳袁台子墓，再到冯素弗墓的出土品，大致显示出马镫由发生到初步成熟的发展过程。成熟的马镫的使用，标志着骑马用具的完备，使得骑兵的发展进入一个新的时期，使骑兵可以和战马很好地结合在一起，使复杂的战术动作和训练变得容易了。武士不但可以穿上笨重的铠甲，也可以把马的冲力转化到兵器上，为十六国到南北朝时期重甲骑兵——甲骑具装的发展，提供了技术方面的基础。

## 第二章 中国古代战争类型的演变

### 轻骑兵的兴起

农民起义的狂飙，摧垮了隋王朝，也给世族门阀地主以致命的打击。在摧毁佃客部曲荫户制的同时，也铲除了和这一制度联系在一起的部曲私兵。成千上万农民参加了起义军，"长稍侵天半，轮刀耀日光"，纵横驰骋在各地的战场上。由于这些农民起义军的成分特点，相应地影响到战术和战略的变化，大量的步兵野战，配合以轻装骑兵的突击，形成当时主要的战术。门阀世族地主所依靠的以披着沉重马具装的重装骑兵为核心的部队，被迫退出战争舞台，让位于由大量步兵和部分轻装骑兵组成的野战部队，战术也变得灵活机动。

这个变化反映在考古材料方面，就是充斥在南北朝乃至隋代墓葬里的甲骑具装俑，也随着部曲私兵的退出从历史舞台消逝了。贞观五年（631 年）葬的淮南靖王李寿墓和中宗即位后（705 年以后）改葬的懿德太子李重润墓里，都出土有彩绘贴金的甲骑具装俑，全是属于王室的仪仗。这一现象，不但反映出私兵部曲在唐代已被消除，而且也反映出与之相联系的以甲骑具装为军队核心的组织结构，转变成以一股农民为主要成分的军队，骑兵恢复了原来轻捷机动的特点。披具装铠的重装骑兵虽然是军队组成的一部分，但已失去南北朝以来的特殊地位了。唐代轻装骑兵兴起的另外一个原因是突厥的影响。唐代开国之君李渊在任太原留守时，见识了突厥骑兵"唯持骑射"、"风驰电卷"的威力，所以在他统帅的军队中，选出近一半能骑射的精兵给予突厥化的训练，除了骑射，连饮食居止都和突厥一样。起事后，李渊北连突厥，从始毕可汗那里得到一批突厥良马。同时，西突厥的特勤史大奈率部跟从，所以突厥轻骑突击、迂回掩袭等高度机动的战术使唐军所向披靡。李世民就是善于组织轻骑突击，打乱敌人的战斗部署，造成局部优势，进而夺取全局胜利的指挥官。李世民自己乘骑的战马，往往是不披具装的，著名的"昭陵六骏"可为证明。当时军中的主将李

马镫

世民的乘马不加具装，这又从另一个侧面表现了当时不披具装的轻装骑兵在军队中的地位。比较迟一些的标本，例如在新疆阿斯塔那206号高昌左卫大将军张雄墓（584—633年）中出土的彩绘骑马武士木俑，武士穿橘红色盔甲，足蹬靴，左手执缰，右手可能持兵器。永昌元年（689年）墓出土的披铠骑俑，所骑骏马是不加具装的。

敦煌莫高窟唐代洞窟的壁画里，有不少表现战争的画面，156窟所描绘的唐代晚期张议潮出行图中，有成队的武装骑兵，都是人披铠甲、马不披具装的形象。在《百马图》中可以看到对轻装战马的饲养和训练。这些材料，也是披具装的重装骑兵衰落的写照。中国的轻装骑兵可能还随着唐代在中亚的活动传到这一地区，在一个银盘上有骑着战马，身披中国式铠甲的部队攻城的场景。隋唐以后，掌握十八般兵器的轻装将军和挥舞火刀的骑兵成为战场上的骨干，他们和持盾举刀枪的步兵一起成为沙场主角。辽吸收了大量的中原文化，辽代的轻装骑兵继承了唐的传统，也是装备精良。辽的玉马具制作非常精美，达到马具制作的高峰。

## 历代对马的重视

为了发展骑兵的需要，我国历代都建立了"太仆"之类的专门机构管理大规模的国家养马场。如在西汉时，就在"太仆"之下建立了众多的养马官，仅"牧师诸苑三十六所，分置北边、西边，以郎为苑监，官奴婢三万人，分养马三十万匹"（《汉书·百官公卿表》颜注引《汉仪注》）。战马的多少往往直接影响着军力与国力的强弱。如在唐代，"初，用太仆少卿张万岁领群牧，自贞观（唐太宗年号），至麟德（唐高宗年号）四十年间，马七十万六千，置八坊、岐、豳、泾、宁间，地广千里"，时称"秦汉以来，信马最盛"（《新唐书·兵志》），故而唐代前期军力强盛，国威远扬。宋代却马政颓弊，国家养马既少，质量亦差。如宋神宗熙宁二年至五年（1069—1072年）之间，国家在大河南北各地所设12个养马的"监牧"平均仅能"岁出马1640匹，可给骑兵者只占264匹"（《宋史·兵志十二》）。虽然通过边境贸易还可买来部分战马，但远远不敷军用。王安石变法措施中专门有"保马"、"户马"等法，就是要求民间普遍养马，以供军用，结果仍无成效。故而整个宋代，战马不足，骑兵大减，在《宋史·兵志十二》中诸如"马不足"、"乏

第二章 中国古代战争类型的演变

马"、"马政不修"、"驹不蕃而死者益众"之类记载多有出现。在这种情况下，宋代不得不以步兵去对付辽、金、西夏、蒙古的骑兵。而辽、金、西夏、蒙古的骑兵则马源充足，甚至一人双马乃至三马。宋代在对外战争中几乎是屡战屡败，这是一个重要因素。而岳飞所以能在对金作战中取得胜利，则和他重视骑兵，尽力用缴获的战马组建骑兵分不开。如由岳云率领的岳家军主力"背嵬军"就有8000多骑兵，成为南宋各军中骑兵最多的一支劲旅。到了明清时期，吸取了过去的教训，特别重视战马的饲养，尤其是清代，初期的满蒙八旗几乎是清一色的骑兵。清初为了维护多民族国家的统一而进行的多次战争，如平定"三藩之乱"、平定准葛尔部葛尔丹和策妄阿拉布坦的叛乱、平定和硕特部罗卜藏丹津的叛乱、平定回部大小和卓木、张格尔的叛乱等大战中，所使用的兵力主要都是骑兵。为了保证战马的供应，清政府利用蒙古草原与西北地区草原已直属中央的有利条件，建立了大批牧场，"口外水草肥美，不费一饷，而羽牧日孳，云屯谷量"（《圣武记》卷11），这是清代前期和中期军队有较强实力的重要原因之一。

为了总结历代养马的得失，古代还出现了一些关于马政的专门著作，如宋代的王曙"为群牧判官，考集古今马政，为《群牧故事》6卷"（《宋史·王曙传》），可惜此书已佚。

有了马，并不等于有了战马，供战场驰突冲杀的战马还必须进行调教训练。早在《淮南子·说林训》中就已有"马先驯而后求良"的记载，《荀子·王霸》中还有"王良、造父者，善服驭者也"的记载。战国以前对战马的驯服主要是为了驯马驾车，战国以后则主要是为了骑乘作战。对于战马的训练，首先是要求马匹服从指挥，既能奔驰跳跃，又能闻令而止，在战场上保持队形，齐进齐止。其次是要训练马匹的视觉与听觉，使之反应灵敏，并且在任何环境中都能保持镇定而不致惊骇。凡是性情恶劣难驯的、反应迟钝的、体质羸弱的马匹，都不能作为战马配给战士。战马入伍后，还要选择奔跳速度相近的马匹编在一队，以免影响战斗行动的一致。《吴子兵法·治兵》中所讲的"戢（止息，此为控制之义）其耳目，无令惊骇；习其驰逐，闲（约束）其进止；人马相亲，然后可使"，可谓是我国最早的驯马要求。

战马入伍之后，就成为骑兵队伍中最宝贵的财富，必须在长期的战争生活中时刻注意对战马的饲养与使用，使之保持健壮的体力与良好的适应能力，随时随地都可以投入战斗。戚继光说："国之大事在戎，兵之驰骋在马。西北

57

原野，以马为命，所赖不亦重乎！但马之饥饱劳佚、湿燥疾病，有口无言，不能自白，必须在我领马官军，时其水草，适其性情，节其饥饱劳佚，加意调息。"这一番话，把保养战马的重要性讲得十分透彻。早在战国时，吴起还曾经指出很多具体事项："马必安其处所，适其水草，节其饥饱，冬则温厩，夏则凉庑"；"人马相近，然后可使"；"日暮道远，必数上下（时时下马步行），宁劳于人，慎无劳马，常令有余，备敌覆我。能明此者，横行天下"（《吴子兵法·治兵》）。就是说在使用战马时，绝不能使战马过于疲劳，宁肯骑手自己辛苦，也要使战马随时保持一定的余力，以防敌人对自己的突袭。如果不注意这一点，敌兵驰至，就只有坐以待毙了。

至于保养的具体要求，各种兵书中均有记载，如《通典》卷149引《卫公军令》规定，凡减截马料者与减截士兵口粮同罪，每营必须确定一名军官"专检校逐水草合群放牧"。又如《武经总要》卷6规定，"非时不得乘官马游猎"；"若借人乘用，并论如军律"；"应乘官马，非警急不得辄奔走，致马汗及打磨伤破，并论如军律"；"凡军行，十里一歇，仍刷口鼻，三十里一饮饲"。明代戚继光在《练兵实纪》中的有关规定最为详明具体。戚家军的战马均有档案，将马分为三等九级，每三月点验一次，按马的膘情定其等第的升降，并以此对饲养者进行赏罚。同时还宣布："马虽畜类，其效汗血之劳，战阵之间，为国家宣力，与官军无异，又为尔辈骑乘代劳，且最有功于尔也。死在出征地方，止许割耳蹄回报应该衙门，全体掩埋，不许开剥食用。如违者军法重治。"此外，还规定："临阵失马者斩。力战，马被伤杀者，不坐（即不因失马而问罪）。"由以上数条，即可见古代战将对于战马的重视与爱护。在古代农民起义军中亦是如此，如明末农民起义军对战马就尤为爱护，他们平时"所乘止骡，其马不轻骑，留为战用"。上了战场之后，"骑兵决战，一兵必二三马更番驰骤而不疲毙"（《平寇志》卷6）。这些措施，对明末农民军的高速流动作战，是一个重要的保证。

由于种种原因，人要得病，要受伤；马也要得病，要受伤。所以，一支骑兵队伍之中，还必须配备治疗马病的兽医（据《武经总要》卷6，"征马之职"中有"都头"一职，负责骑兵中的兽医事务）。我国古代有许多兽医的著作，如唐代李石编著的《司牧安骥集》和明代喻本元、喻本亨编著的《元亨疗马集》，其中都总结了很多治疗马病的经验。在《虎钤经》卷10和《武备志》卷146中，也记载了治疗战马的外伤和各种疾病的方剂，专供骑兵部队参考使用。

## 成吉思汗的骑战思想

成吉思汗（1162—1227），蒙古开国大汗，杰出的军事家、政治家。出身于蒙古乞颜部贵族世家。姓孛儿只斤氏，名铁木真。公元1206年，统一蒙古各部。在位期间多次发动对外征服战争，先后灭金、西辽、西夏，征服地域西达西亚、中欧的黑海海滨。他戎马生涯近50年，指挥数十次大战役，横扫欧亚，先后征服40余个部落和国家，其间许多作战的胜利都是靠以弱胜强、以少胜多取得的。由于当时蒙古尚无文字，成吉思汗没有留下军事著作。根据《蒙古秘史》、《元史》、《圣武亲征录》、《黑鞑事略》等史籍记载来看，成吉思汗的军事思想是比较丰富的，其中精骑突袭的进攻作战思想，颇有特点和价值。

成吉思汗雕塑像

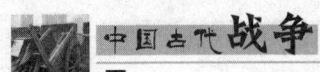

成吉思汗所处的时代是中国古代骑兵发展的鼎盛时期，他利用骑兵具有快速、机动的特点，进一步丰富和发展了中国古代的进攻作战思想，主要表现在以下几个方面。

### 1. 察敌情伪，专务乘乱

为了对敌人实施突然袭击，成吉思汗十分重视对敌情的了解和分析。在每次出征之前，都利用商人或派使察知敌方的内部情况，事先做好比较周密的准备。部队开进时，必先发精骑，分为若干个小分队，在主力部队的前后左右一二百里远处，侦探敌情和地形，随时上报，以便为主将正确选择进军路线、作战场地等提供根据。在临近敌阵时，成吉思汗则常常亲自"登高眺远，先相地势，查敌情伪，专务乘乱"。由于成吉思汗能够正确掌握敌情，因此，常常能达到攻其无备、出其不意的效果。

### 2. 轮番突击，四面合围

对敌发起进攻时，成吉思汗往往先派一部精骑突入敌阵，长驱直入；如遇到阻击，再派后续部队，轮番突击，直至四面合围，全歼敌人。《黑鞑事略》中有这样的记载："交锋之始，每以骑队径突敌阵，一冲即动，则不论众寡，长驱直入，敌虽十万，亦不能支；不动，则前队横过，次队再撞；再不能入，则后队如之。方其冲敌之时，乃迁延时刻，为布兵左右与后之计；兵既四合，则最后至者一声'姑诡'四面八方响应，齐力，一时具撞。"这种轮番突击、四面合围的战法，常常能冲破敌阵，击歼敌人。

### 3. 先打援，后攻点

成吉思汗在进攻敌人防守坚固的军事要点时，往往并不直接先行攻击，而是先以一部兵力屯于该要点，围而不攻，以大部分兵力进攻要点四周的支撑点，消灭支援的力量，使其要点变成无援的孤点，然后集中各路军于该点，迫敌求和，如敌不和则一举攻破之。

### 4. 迂回侧击

李世民曾说："每观敌阵，则知其强弱，常以吾弱当其强，强当其弱，彼乘吾弱，逐奔不过数十百步，吾乘其弱，必出其阵后反击之，无不溃败，所以取胜，多在此也。"成吉思汗在作战中也多次运用这一战法，并取得成功。

根据作战对象的变化，成吉思汗还提出了"摆如海子""攻如凿穿""追如鹫鸟"的作战思想。"摆如海子"，又称"鸦兵散星阵"，即当敌军进攻包围时，守军即将部队分成散兵队形，或以三、五骑为一组，或以十骑为一队，分散开去，以不被敌骑席卷。当敌军停止进攻时，守军则迅速集中兵力，攻击敌人。"攻如凿穿"，是说进攻敌人时，应如用凿子攻木一样，采取重点攻击、长驱直入为主，辅以侧后包抄的战法。点上攻击的目的在于打开突破口，以便分割包围，各个歼灭，同时为侧后迂回提供条件。"追如鹫鸟"，是指对败溃之敌的追击，要像鹫鸟捕物那样，迅速勇猛，力求速歼。

成吉思汗还善于运用诱击的战法，即首先让敌人进攻，然后在"退却"中伺机突然进行反击。对此，美国的佐克和海厄姆在《简明战争史》中这样写道："如果敌人善战，蒙古人就让其突破，然后用突然袭击的方法向敌军猛扑过来。"

《元史》说成吉思汗"深沉有大略，用兵如神"。当时曾亲眼目睹蒙军征战的南宋使节彭大雅在《黑鞑事略》中也认为，成吉思汗的作战方略"有古法之未言者"。现代英国资产阶级军事理论家利德尔·哈特在《战略论》中指出："蒙古人所进行的各次战争，无论作战的规模和艺术方面，在突然性和机动性方面，还是战略战术上采取间接路线的行动方面，不仅不会逊色于历史上的任何战争，甚至于还超过这些战争"。

成吉思汗在谋略思想和实践运用方面也有许多有价值的内容。如对金实行巩固后方、剪其羽翼、避强击弱、西攻东扰、相机围逼中都而夺取的方略。成吉思汗著名的假道南宋、迂回汴京的临终遗策，也颇具战略眼光。他说："金精兵在潼关，南据连山，北限大河，难以遽破。若假道于宋，宋金世仇，必能许我，则下兵唐、邓，直捣大梁。金急，弗能战，破之必矣。"窝阔台遵策而行取得成功。

成吉思汗的用兵思想，不仅在中国古代军事思想史上有其重要的地位，而且在世界军事史上也有一定影响。

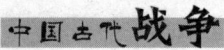

## 知识链接

### 考古发现的"天马"

通过引进优良马种，汉代马的素质得到了极大的提高。从考古发现中，我们今天还能看到当时马种得到改善的变化。根据鉴定和比较，秦兵马俑坑和牵引铜车的战马品种属于"河曲马"。"河曲马"是我国优良的马种，既可以骑乘，又可以牵引，主要产地在今甘肃、青海、四川等省份的某些地区。"河曲马"的特点是个小体圆，头型长，鼻梁狭，口裂长，鼻孔大，颈短尻圆，四肢粗壮，蹄广而低，前胸广而肌肉发达，背腰平阔而圆润。这些都充分显示了力气大、耐力强的良马特征。汉代初期大多使用这样的马。汉武帝引入西域"天马"后，马的面貌大为改观，这时的马头小而英俊，头长而弯曲，胸围宽厚，躯干粗实，四肢修长，臀尻圆壮，与现代土库曼斯坦的良马相似。

# 第三节 水军与水战

## 古代船舶的初创

木板船的出现，是造船史上一次划时代的飞跃，从此造船便摆脱了原木

第二章　中国古代战争类型的演变

整材的束缚，用同样长短的木料，即可以造出比独木舟容量增大数倍的舟船来。以后再经过不断地改进船体线型设计，就造出了适航性好，抗沉性强的各种船舶，为后人发展远洋航海，提供了安全可靠的运载工具。

从事物发展的一般规律来看，古今的发明如出一辙，起决定作用的是生产工具及其所体现的生产水平，所以当人类掌握了石斧和火以后，独木舟便被制造出来。到了金属工具出现的时候，木材可以剖解成木板，在原来的舟、筏基础上建成了木板船。在我国，夏代是进入奴隶社会的第一个王朝。1980年，我国考古界在河南省偃师县的二里头，找到了夏代遗址，发现了夏代的铸铜和冶炼作坊，发掘出大量的冶炼坩锅、陶范和青铜锛、凿。此外还在济南大辛庄，河北唐山的大城山发掘到夏代的青铜锯等木工艺工具。另据文献记载，这时也有了规、矩、准绳等这类的木工量具，标志着夏代由于金属工具的出现，进入了一个生产力大变革的历史新阶段，从此具备了建造木板船的生产条件。可以说，中国木板船出现的下限时间，大约是在夏代。

从"舟"的字形中，可以看到夏、商两代木板船的结构样式。舟字上有二或三条横线，表示当时木板船上纵横材料的安排方法，说明船上至少有两至三段加固船体横向强度的空梁，构成三至四个分段隔舱。根据造船工艺规范，船上的每一个隔舱结构，是由一根横梁，加上两舷每边的一根"企桡"和船底的一根底梁，构成一个框架，隔舱板就紧钉在这个框架上。这套组合构件，不论是对造船还是对航海，都是值得令人注目的大事。它不仅有分隔舱室和加固船体横向强度的作用，更重要的是它能使船体纵向舷板的接头钉附在框架上，使短板接成长板，用短材可以造出长船来。可见，夏商时期的造船技艺水平，已达到借增多舱室的办法建造大船的能力。

青铜锯

木板船出现以后，随之

而来的是如何解决对船的推进问题。最迟在商代已有风帆。又据《物原》记载，说是夏禹造帆。这种记载虽非可信，但却把风帆出现的时间与奴隶社会的形成联系在一起。从事物进化规律来说，风帆也像木帆船一样，是生产力发展到一定水平的产物，其出现年代约在夏、商之交。帆的出现，是人类对自然风力资源的开发，是船舶推进动力的一次大飞跃。它与木板船相结合，因风致远，推动着航海事业的活动范围日益向远海延伸。

自西周以来，人们对船舶装载量大又不费牛马之力的优越性，已有了充分的认识，因而推动了造船业较快地发展。但由于南北地理条件不同，到了春秋时期，在全国范围之内，船舶发展形成南强北弱的局面。虽然如此，但在《诗经·大雅·棫朴》中谈到周代中原地区的船舶时，还是说"淠彼泾舟，烝徒楫之"，从侧面反映西周时的北方造船技术，也突破了一叶扁舟的水平，有了多人撑驾的大船。并且出现了四船并联的维舟，双体并联的舫船和"造舟为梁"的浮桥船等多种专用的特型船舶。不过中原地区因受木材的限制，所造船舶的质量较比江南差，造船用材仅是就地所取的杨木或柳木，这种状况延至后世仍复如此，如《许国公奏议》上所说："北方平原万里，素也不产松杉，其船不过杨、柳木打造。江且难涉，况于航海。"说明中原地区的造船用材自古为难，所造的船舶，在强度和适航能力上，都远不及江南的优良。所以，当春秋战国吴、楚、越崛起于长江中、下游和东南沿海以后，他们夹江面海而居，造船能力和质量均比中原为强，并且很快地发展起来。江南的沿海及江河航道中舟帆相继，航运成为当地诸侯的政治、经济命脉。每个诸侯国为了确保航运畅通，或防御邻国袭击，都十分重视航道的保护和控制。当时，一部分船舶即转变成水上防御和攻击的战具。因此从江南战船的数量上，可以直接反映出当时的航运规模和造船能力。春秋战国时期的水上军事活动，经常是联合编队的大规模行动。例如在周贞定王元年（前468年），越国武装迁都琅邪，"发死士八千人，戈船三百艘"，自会稽出发，航海北上山东；秦惠王后元十七年（前308年），秦将"司马错率巴、蜀众十万，大舶船万艘，米六百万斛，浮江伐楚"。在当时，一次战役动员的船舰以千、百为数，足见江南与东南沿海各地的造船能力已相当可观。

## 汉唐船舶的发展

汉代以楼船最为著名。这是说汉代的船舶已不是一般的木板船，在构造上已经有了较为发达的上层建筑。具有发达的上层建筑的楼船，或作为水师的旗舰，或作为皇家的座船，少不了要加一些辉煌的装饰。如文献所载："治楼船厂高十余丈，旗帜加其上，甚壮。"甚至记有："又造十层赤楼帛兰船。"所谓帛兰，即以帛饰其兰栏。船有十层颇难令人置信，但在汉代发展了带有四层建筑的楼船，并且"旗帜加其上，甚壮"，则是可以理解。

汉刘熙所撰《释名》一书，讲到船的上层建筑并各有专名。从第二层算起叫作庐，第三层叫作飞庐，第四层叫作爵室。联系诸多文献的记载，可谓楼船具有多层上层建筑为言之不虚。

20世纪50年代以来，在广州、江陵、长沙等地，相继出土了汉代的陶质和木质的船舶模型，借助这些文物可以对汉代船舶有较深入的了解。

20世纪50年代，在长沙曾出土一只西汉时期的船模。据当时的发掘报告说，这只船模的船身是由一段整木雕成的，船形细长，头部较狭，尾部稍宽，中部最宽，船底呈圆弧形。在船头、船尾上又各接出一长方形的平板，总长1.54米。船头部稍高，尾部方阔，上部外侧最宽处为0.2米。在船身两侧和首尾平板上都有模拟的钉孔。两侧有较高的护舷板，左右共16只桨，为内河快速船型。尾有桨一只，用以代舵。现存中国历史博物馆。

唐帝国是当时世界上的强国。它经历了初年唐太宗（626—649年）的励精图治，出现了"贞观之治"的繁荣安定局面，社会经济迅速发展。到了唐玄宗（712—756年）时，出现了"开元盛世"，唐朝进入全盛时期。在农业手工业生产发展的基础上，国家富强，科学技术文化发展，对海外亚非各国的贸易及其他各种性质的海外交往也加强了，促进了造船和航海业的进一步发展。

唐朝有很多造船基地。如宣（今安徽宣城）、润（今江苏镇江）、常（今江苏常州）、苏（今江苏苏州）、湖（今浙江湖州）、杭（今浙江杭州）、越（今浙江绍兴）、台（今浙江临海）、婺（今浙江金华）、江（今江西九江）、洪（今江西南昌）、扬（今江苏扬州）等地。南方沿海的福州、泉州、广州，东方沿海的登州（今山东烟台）。这些造船基地没有造船工厂，能制造各种民船、海船、战舰等。贞观十八年（644年）太宗以高丽不听勿攻新罗谕告，决意兴兵击高丽，命洪、饶（今江西波阳）、江三州造船400艘以运军粮。命张亮率兵4万，战舰500艘自莱州泛海取平壤。唐肃宗、代宗时，理财家刘晏为诸道盐铁转运歇时，在扬子（今江苏仪征）设10个造船工场，置专知官督办造千石大船，说明唐时有极强的造船能力。每年建造的船只越来越多，仅明州（今浙江宁波市南）、温州两地就每年可造成各类船的工艺水平日益先进。大历贞元年间（766—805年）富商俞大娘有大船，这种船称"俞大娘"。俗话曰："水不载万。"意思是说大船不过载八九千石。然而"有俞大娘航船最大，居者养生送死嫁娶悉在期间。开巷为圃操驾之工数百。南至江西、北至淮南，岁一往来，其利甚溥，此则不啻载万也。洪鄂之水居颇多，与邑殆相半，凡大船必为富商所有"（唐释玄应《一切经音义》）。"不啻载万"，就是说差不多达到一万石的载重量了。"开巷为圃"是说船上可以种花果、蔬菜。驾驶船只的工人就有数百人之多，我们可以想象"俞大娘"航船规模之大，真像水上居民之乡了。

中国古代航海木帆种类很多，沙船、福船、广船在唐代都已成型。其中沙船是中国古老的船型中的一种。它的历史可追溯到遥远的年代，早在出土的独木舟及甲骨文字就可以看到它的平底、方头、方艄的特征。在山东日照等地有许多沙船，相传是越王勾践由会稽迁都琅邪时遗留下来的船型。这都有可说是沙船的前身了。据康熙《崇明县志》载，"崇明县乃唐（高祖李渊）武德间（618—626年）涌沙而成"。又载"沙船以出崇明沙面得名。太仓松江通州海门皆有宜于行沙防沙，可安然"坐在滩上。"江南沙船之往山东者，恃沙行，以寄泊，船因底平，少搁无碍"（《日知录集释》），所以又称"防沙平底船"，到明中叶后嘉靖初始统称沙船。它又有宽、大、扁、浅的特点，具有稳定性。为了提高航速，在中型沙船都采用多桅多帆。帆大多是密杆硬篷的长方形平衡纵帆。沙船多行于北洋航线，太湖一带渔民称沙船为"北洋船"，但在南方江西、安徽、湖南、湖北等地也有使用。江南的稻米、丝绸等多用沙船北运。

福船和广船以产地而得名，是适应中国南方海阔水深多岛屿地理环境的两种船型。利于破浪，多走南洋深水航线。

福船型首尖尾宽两头翘，尾封结构呈马蹄型，两舷边向外拱，有宽平的甲板，有连续的舱口，舷侧用对开原木厚板加固，强度较大。造船用材主要是就地取福建盛产的松、杉、樟、楠木。有些船的首或尾尖，舱是活水舱也叫浮力舱或防摇舱，随着船首或尾的上升或下降，活水舱中的水可流入或流出，减少船的摇摆，狭长的舵向前斜插，大桅上悬挂着用布制加筋的疏竿硬篷，帆型略呈三角形。

广船船型首尖体长，吃水较深，梁拱小，甲板脊弧不高，有较好的适航性能和较大的续航力，船体结构横向是以密距肋骨与隔舱板构成；纵向强度依靠龙骨制成。造成船的材料多采用荔枝木、樟木，还有一种产于广东的乌婪木。舵板上开有成排的菱形小孔，操纵省力，上悬布质硬帆。

福船、广船历史悠久，它是中国圆底或尖底首部尖削的独木舟发展而来，它们在唐代已发展成型并在运输、贸易中发挥重大的作用。

大运河沟通了南北水系，全国的航运事业也空前发展起来。当时的人说："天下诸津，舟航所聚，旁通巴、汉，前指闽、越，七泽十薮，三江五湖，控引河洛，兼包淮海。弘舸巨舰，千舳，交贸往还，昧旦永日。"

唐承隋制在水陆交通要道上约30里置一驿站，全国有水驿260所。水陆相兼驿86所，水驿备有船以供官吏往还和政府文书的传递。

## 古代水军的建置

水军作为统一政权下的一个兵种建置，是从汉代开始的。当汉武帝发动统一东南沿海的战争时，"内增七校，外有楼船，皆岁时讲肄，修武备"。这段记载中所说的"七校"，是指汉军中的中垒、屯骑、步兵等七个兵种。而"外有楼船"是说水军乃在七军之外，根据沿江海的地理条件和防务所需而设的，它属于汉代郡国兵制的地方常备军。像《汉兵志》所说的那样，在江淮以南多楼船士。这都是因地制宜在地方上设常驻兵种的实例。水军因有海上特殊作战条件的要求，平时要经过有计划的培养和训练，所以要"岁时讲肄"。这是既有固定的课目分时"讲"授，又有按时进行具体操驾技艺的练习（肄）。《文献通考·兵考》上说，汉代水军是"郡举五人教习战射"，"常以秋后讲肄课试"。虽然具体的培训办法尚无法考定，但可以说，我国有组织，有教练人员，有培训期限，又有讲授、实习和考核的大规模航海教育工作，最迟在汉代元鼎年间（前116—前111年），已经由汉朝政府作为一种训练法令推行开来。

史书对汉代水军称作"楼船"。这个名称实际包括两种含义。一是对战船的统称,二是对水军兵种的专称。例如,水兵称为楼船卒、楼船士,水军将校称为楼船将军,楼船校尉。《汉旧仪》记载汉代兵制,"民年二十三为正"兵,"水家为楼船,亦习战射行船","楼船年五十六,老衰,乃得免为民"。这里提到的"楼船"两字便不是指说战船,显然是指说水兵。前句是说既使船民入伍当水兵,也要受海上作战的训练;后句是说明水兵的退役年龄,足以说明"楼船"的这种特殊含义。此外,汉代水兵还有"黄头郎""棹卒"等别称。

汉代水军属于郡国兵,汉朝廷对水军向来不设常任官员。所以在汉史百官表中没有载列楼船官职,它是随战勤需要临时任命的。例如,散见于《史记》、《汉书》各传中,有伏波将军路博德、马援、楼船将军杨仆,段志,戈船将军归义越侯严,下濑将军归义越侯甲,横海将军韩说,横海校尉刘福等人,这些将军、校尉都是在每次战役中派任的。《后汉书·光武帝纪》载:"遣伏波将军马援,率楼船将军段志等击交趾。"由此可见,各将军的职权并非平行,其中伏波将军一级为最高水军统领官。按汉兵制规定"不立素将,无拥兵专制之虞"。因事立称,事毕撤官,兵归防地。例如,汉武帝任命朱买臣为会稽太守,"治楼船、备粮食、水战具,须诏书到,军与俱进"。又如,建元三年(前138年),汉武帝遣严助持节发会稽水军救东瓯,会稽太守因不见虎符拒不发兵。这些记载,都足以说明汉代水军为郡国之兵,由郡守掌理。遇战事,则由汉朝廷临时派遣官将持符节或诏书,统兵领船。所以汉代只有常备的水军,而无常设的水师官将。北宋建隆元年(960年)十一月,赵匡胤便命诸军习战舰于迎銮(今江苏仪征)。建隆二年(961年)正月,又亲临"造船务"校阅演习水战。建隆三年(962年)十月,再次校阅水军演习。乾德元年(963年),在汴京城南凿大池,名为讲武池,引入蔡水,造楼船百艘,选精兵编练水军,名"水虎捷",又名神卫水军。开宝七年,准备渡江灭南唐,在这一年之内,赵匡胤曾五次到讲武池检阅水军。开宝八年,渡江平灭了南唐后,但水军操练不辍。大中祥符六年(1013年),"选江南习水卒,于金明池按试战棹,立为虎翼军,七年改称虎翼水军",又令"江浙淮南诸州,亦准此选置"。此后,北宋各路厢军便相继建立了水军心。

南宋时以江防为边防,"水军之制,则有加于前"。建炎元年(1127年),"置水军七十七,将造舟江江淮",诏令在沿海及江淮各地招募善习舟楫的船民，于沿江海的要郡各置水兵一军，次要州郡则置中军。绍兴四年（1134年）7月，令江东安抚司招水兵1500人，同时在江、浙、荆、湖14郡各募水兵500共7000人，招兵备舰组建横江水军。绍兴五年（1135年），淘汰了三分之一老弱及不适任水军者，积极整编培训。逐渐增置，所建水军几乎遍及江南各地。

两宋的水兵，主要是来自沿江沿海的船民；第二部分是由陆军转建为水军的，如《宋史·兵志》所记："神卫水军见（现）管军员，先自奉节（军）补入，多不会舟楫。"即是由陆军全队转入水军的例子；第三部分，是以各州"断配刺隶"的刑徒拨充。但不论新兵来自什么途径，都必须经过训练。北宋初年，开讲武池练习水战，以实习操练为主，一直到咸平年间，仍沿"岁习不辍"的操练方式。到南宋绍熙元年（1190年），对水军教育训练有所改进，诏令"江上水军（每）岁春秋两教外，每月轮阅习"，规定各地驻守水军，每年分为春秋两期培训教育，和每月操练检阅。并命令"沿海水军准是"为则，仿照进行培训。从此，分期讲授与及时实习相结合的培训办法，成为南宋水军教育的定制。

## 威震四夷的明代水师

明成祖永乐八年至宣德八年（1405—1433年），前后28年的时间，三宝太监郑和率领庞大舰队下西洋，是我国古代航海和海军史上的伟大创举。这支舰队涉足于东南亚，南亚，航程远及阿拉伯及东非沿岸诸国。郑和船队约有大小船只200余艘，是一支执行特殊任务的混合船队。这些船只大致分为五类：第一类是宝船，大的长四十四丈四尺（142米），宽十八丈（57.6米），九桅十二帆；中等的长三十七丈（118米），宽十五丈（48米）。第二类是马船，又称快船，是大型快速水战与运输的军用船，《明会典》注明，"以备水军进征之用"。第三类是粮船，长二十八丈，宽十二丈，有七桅，明人罗懋登《三宝太监西洋记》记载，这种运载船是运输粮食和后勤物品的船，使船队沿途航行无补给匮乏之忧。第四类是坐船，这种船的功用是如"边营陆寨之帅幕也，号令之所以整齐者也"。这种大型战船，长二十四丈，宽九丈四尺，有六桅。第五类是战船，担任护航的舰船，长十八丈，宽六丈八尺，有五桅。此外，还有辅助船只若干，例如水船。郑和率领的远洋船队，能够历涉重洋，除了船只性能优良外，还在于有健全的机构建制。全体船员共27550名，分为五大部分：

1. 指挥部分：包括正、副使太监和少监、内监等，是掌握航行、外交、军事、贸易等重大行动决策和指挥的中枢首脑机构。

2. 航行事务部分：包括火长、舵工、班碇手、水手、民梢、阴阳宫、铁锚、木舱，搭材等航海与修理工等技术人员。

3. 外交、贸易部分：包括鸿胪寺序班（主持朝会宴享的仪式礼节）、通事（翻译）、教谕（对外宣传）、金人（起草文书）。

4. 后勤部分：包括户部郎中（掌管钱财和船队后勤供应）、买办、办事（采购物资）、书算手、医官医士等。

5. 护航部分：包括都指挥、指挥、千户、百户、旗校、勇士、力士、军力、余丁等武装军事人员。负责航行安全，抵御敌对武装和海盗的侵袭。武装护航人员，约占整个船队的73%，其中都指挥两名，千户144名，百户103名。

据《三宝太监西洋记》介绍，郑和船队在航行中，保持一定的编组队形，以免单船流散和多船碰撞。"每日行船，以四帅字号船为中帐；以宝船三十二只为中军营，环绕帐外；以坐船三百号，分前后左右四营环绕中军营外；以战船四十五号为前哨，出前营之前；以马船一百号实其后；以战船四十五号为左哨，列于左，人字一撇撇开去，如鸟舒左翼；以粮船六十号，从前哨尾起，斜曳开列到左哨头止；以马船一百号副于中；以战船四十五号为右哨，列于右，人字一捺捺开去，如鸟舒右翼，以粮船六十号从前尾哨尾起，斜曳开到右哨头止；又以马船一百二十号实于中；以战船四十五号为后哨，留分二队，如燕尾形；马船一百号当其前；以粮船六十号从左哨头起斜曳收到后哨头止，如人有左肋；又以马船一百号实于中；以粮船六十号从右哨头起斜曳收到后哨头止，如人有右肋；又以马船一百二十号实于中"。舰队在航行时的通信联络，"昼行认旗帜，夜行认灯笼，务使前后相继，左右相挽，不致疏虞"。如果遇到视线不良的天候时，则以音响进行联络。在郑和舰队航行中，是使用航海罗盘技术指向，但也运用了我国古代所习用的天文航海，依据天体位置辨别方向和距离。

当时，中国高超的航海技术，实令欧人震骇，瓦斯科·达·伽马去印度时，所率领的葡萄牙船队，仅由四艘快船组成。哥伦布去美洲只有三只帆船，而且只有88名水手。欧洲的船队与郑和船队相比，显然是远为逊色。

明万历二十年至二十五年（1592—1597年），日本太政大臣丰臣秀吉，为实现吞并中国和朝鲜的野心，两次发兵侵略朝鲜。明政府应朝鲜国王李昭的请求，两度支援朝鲜抗日。中朝联军协同作战，经过平壤、稷山等战，将日军压缩围困在朝鲜东南沿海的蔚山、泗州、顺天等地。万历二十六年（1598年）10月，联军水师获悉日军准备撤退，迅速调整部署，将水师2.6万人，战船800只，从古今岛移至左水营，占领猫岛，封锁光阳湾，控制露梁津海峡，决心围歼顺天的日军。日军曾多次企图突围，均被联军击败，向联军求和，遭拒绝后，又向泗州的日军求援。不久泗州日军在岛津义弘率领下，出兵万余，战船500余只，约同南海、固城等地的日军分头赴援。联军密切协同，以伏击、夹击和火攻，最后打败了日军，为抗日战争的胜利奠定了基础。

1661年，郑成功率领战船350多艘，进行了一次远程奔袭登陆作战，从荷兰殖民主义者手中，解放了我国神圣领土台湾。登陆作战中，郑成功的60艘快船组成环形阵势，以强大炮火压住敌规火力。同时，组织了几艘满载炸药和易燃品的小快船，冒着敌人的炮火，偷偷地疾驶向敌舰，把小船牢牢钉在敌舰旁，引发火以后，兵士们跳入海中。顷刻，小船上的炸药爆炸，烈焰冲天，荷军最大指挥舰"黑克托号"带着烟火沉入海底，其余荷舰吓得仓皇而逃，郑成功舰队胜利地登陆。经过追降赤嵌城，围攻台湾城等战斗，从而收复了台湾。

## 水战的攻防

在江河湖海中作战，自然条件与陆战差异很大，若要克敌制胜，除了一般的指挥艺术、临战勇怯、装备优劣、兵力多寡以及陆上特别是江湖两岸的配合等因素之外，自有其若干特殊的制胜因素。正如《圣武记》卷14所概括的："请言舟要（即水战的要领）：大胜小、坚胜脆、顺风胜逆风、顺流胜逆流，防浅、防火、防风、防凿、防铁锁。"这其中，以下几点又是十分重要的。

必须占据上游，这是在江河作战中十分重要的客观条件。好比陆战中的居高临下一般，占了上游就占了明显的优势，故而古代兵书中十分强调这一点，如"据上流以藉水力"（《草庐经略》卷11），"欲战者无迎水流"（《百战奇略·舟战》）之类。早在公元前525年楚国和吴国在江中作战时，楚国的司马子鱼就曾断言："我得上流，何故不吉？"后来果然打了胜仗（见《左传·昭公十七年》）。在战争中，能否处于江河的上游往往是在战前就决定了的。在春秋时期吴楚两国的多次战斗中，水战楚常胜，陆战吴常胜，就是因为楚国占据了大江的上游。此外，如秦的统一战争、西晋的统一战争、隋的统一战争和太平军从武昌东取南京的战争，都是从长江的上游顺江东下，以高屋建瓴之势取得胜利的。刘禹锡在《西塞山怀古》一诗中"王浚楼船下益州，金陵王气黯然收"的名句，正是描写了这种"据上流以藉水力"的气势。可是，在古代战争中也有一些有才能的主将，从自己处于下游的既定事实中想办法转为上游，变被动为主动，从而取得胜利的。宋金战争之中，韩世忠在长江布防遏制金兀术入侵江南之后的归路。金兀术在大江之中的水军既处于下游，驾船技术又远远不及宋军，情况极为被动，屡战屡败。此时，金兀术部下"有献谋者曰：'凿大渠接江口，则在世忠上流。'兀术一夕潜凿渠30里"。用开凿三十里大渠的办法使自己从下游转到上游，看来是十分费力之举，可是，金兵就靠这一点优势取得了主动。"次日风止，我军帆弱不能运，金人以舟纵火，矢下如雨……得绝江遁去"（《宋史·韩世忠传》）。金兀术就是这样逃回了江北。宋末，吕文焕与蒙古水军战于江中，"文焕居下流，乃泊舟两岸，而以中流之舟佯败而退。敌追之，两岸舟反在上流，出敌之背而夹击之，敌遂败"（《草庐经略》卷11）。这是在战斗中从下游劣势转为上游优势的又一成功的战例。

与必须占据上游相类的另一个重要客观条件是要居于上风位置，使自己的进攻方向处于顺风的地位。在水战中，顺风者较之逆风者有以下明显的优势：（1）便于帆船加快速度压制、冲击敌船；（2）便于使用火攻；（3）便于向敌船抛撒石灰之类粉尘，破坏敌方军士视力；（4）便于向敌方射箭。在历史上，借助风力破敌的战例甚多，诸葛亮"借东风"的故事几乎是家喻户晓的。虽然这是《三国演义》中有所渲染的故事，但赤壁之战中处于下游的孙、刘联军能在大江中战胜处于上游的曹军，的确得力于江中的东南风。据《资治通鉴·汉献帝建安十三年》载，大战开始时，"时东南风急，盖（指孙刘联军的大将黄盖）以十舰最著前，中江举帆，余船以次俱进……去北军二里余，同时发火，火烈风猛，船往如箭，烧尽北船，延及岸上营落。顷之，烟炎张天，人马烧溺死者甚众"。很明显，"东南风急"、"火烈风猛、船往如箭"，在这一战中所起的作用是十分重要的。又如，公元558年南朝陈军侯瑱部与梁军王琳部战于大江之中，王琳据上流东下，侯瑱引军入芜湖避其锐气，"时西南风忽至，琳谓得天道，将直取扬州。侯瑱等徐出芜湖，摄其后。比及兵交，西南风翻为瑱用。琳兵放火燧以掷船者，皆反烧其船。琳船舰溃乱，兵士投水死十二三，其余皆弃船上岸，为陈军所杀殆尽"（《北齐书·王琳传》）。这一仗，侯瑱兵力较弱，又居于下流，所以能胜，关键在于占据了西南风的上风。公元919年，五代时吴越王钱镠下属的钱传瓘部与刚即吴国王位的吴王杨隆下属的彭彦章部在大江中相遇，"吴船乘风而进，传瓘引舟避之，既过，自后随之。吴回船以战，传瓘使顺风扬灰，吴人不能开目……传瓘因纵火焚吴船，吴兵大败"（《资治通鉴·后梁均王贞明五年》）。这一战，又是从下流的劣势利用顺风而转为优势，用顺风撒灰、顺风纵火而取得胜利的一例。

水战中取胜的另一客观条件是战船的制造，一般来讲，大可胜小，坚可胜脆。如明代名将戚继光就说过："福船高大如城，非人力可驱，全仗风势。倭船自来矮小，如我之小苍船。故福船乘风下压，如车碾螳螂，斗船力而不斗人力，是以每每取胜。"

水战中要想取胜，还有一点与陆上不同，就是要设法掩饰与隐蔽自己。这是因为在陆地上地势有高低，四野有林木，可以掩蔽自己的军队。而水上一望无际，视野开阔，若不在河湾之中，基本上是所有船只、兵力都暴露无遗，所以，这就需要用人工进行掩饰。古代所用的方法主要有两种，一是在战船上多设生牛皮或铁甲之类的防护物以避对方的矢石，等于是筑一道防护墙，《水浒》中的"傍牌"，就是这类防护物。有时还用毛毯裹船作为保护，如宋金战争中，金主完颜亮于绍兴三十一年（1161年）南下时，就曾"以毯裹船载粮而来"，对防御矢石颇有作用。宋军主将刘锜只好选军中会潜泳者，即"善没者凿沉其舟"（《宋史·刘锜传》），方能取胜。二是在船上多张旗帜，既可以隐蔽自己的兵力，使敌方不明虚实；又可以给敌方一种气势逼人之感，使敌方望而生畏。到双方开战时，如林的旗帜又可以阻挡敌方射来的箭。古代兵书中所写的"水战之道"中，常有"张牛革以避矢石"、"多树旗帜以惑之"，这是从实战中总结出来的行之有效的防御措施。

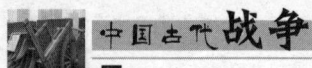

## 知识链接

### 第一支战船编队

　　中国古代船只用于战争的时间约为公元前11世纪,即商代末年周武王伐纣时。当时周武王与诸侯会师于孟津(今河南孟津县),统帅着兵甲4.5万人、战车300乘,浩浩荡荡地准备渡过黄河。为此,丞相姜尚监工赶制了47艘大战船,利用这些战船运载军兵车马。这支战船编队是我国历史上第一支战船编队,而第一个统帅水军的首领便是姜尚。

# 第三章

# 中国古代战争的手段与阵法

为了赢得一场战争的胜利,交战双方会想尽办法、采取各种各样的手段。这里面既有战争的策略,也包含着阴谋诡计。而阵法是古代战争中,一种基本的战斗队形,它是古代战争短兵接战的条件下,为了要求战场上统一的指挥和协同动作而产生的。

## 第一节
## 中国古代战争的攻防手段

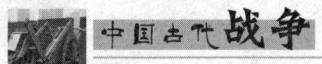

### 城市在战争中的重要位置

如果从我国已发现的最早的古城遗址，即1980年开始发掘的河南淮阳平粮台古城遗址算起，我们的祖先修筑城墙，已有4300多年的历史。从初期的用板筑的土墙，一直发展到高大的砖墙，在那封闭型的城墙之中，就是大大小小的政治经济中心，就是这一片土地上最重要的指挥中枢。在战争中，攻破、夺取这一个个政治经济中心，消灭敌方的指挥机关与军政首领，用以瓦解敌方的抵抗，这方面的意义是十分明显的。特别是国都与省会，本身就是国家政权与地方政权的象征，攻下了这些城市，就等于摧毁了敌方的政权，而坚守住某个重要的城市，则表示着某一部分政治权力的存在，这方面的意义更是不言而喻的。除此之外，进攻或防守城市还有着军事斗争上的特殊意义。

从战略眼光来看，城市往往都是有关全局或一个地区的战略要地，或控制着交通之要冲，或控制着一大片地区的经济命脉，成为常说的"兵家必争之地"，起着整个战局支撑点的作用。所以，对于一座城市的攻守来说，不仅具有一次战役的意义，还具有重要的战略上的意义。例如，位于辽西走廊的山海关，背负燕山，面临渤海，加上周围欢喜岭等地的防御工事，控制着从东北进入华北的狭长的通道，是华北与东北之间任何战争的兵家必争之地。位于陕豫交界处的潼关，左临黄河大曲折的大弯，右靠华山，既是出入关中平原的通道，又是长安东面的屏障，还控制着陕晋之间最重要的黄河渡口风

第三章 中国古代战争的手段与阵法

陵渡，数千年来一直是西北与中原之间历代战争的兵家必争之地。在战争中，这些城市在哪一方手中，哪一方就在这一战区取得了控制权。这一类城市的战略地位是十分明显的。下面我们再举几个例子：

陕西的汉中，并不是一个很大的城市，但它处于川、陕、鄂的交通要冲，要从北面进入四川，不取得汉中是不太可能的，而要守住四川的北大门，则必须保住汉中，"若无汉中，则无蜀矣"。宋代大将张浚称："汉中实形势之地，前控六路之师，后据潇川之粟，左通荆襄之财，右出秦陇之马，号令中原，必基于此。"无论是三国时蜀魏交兵，还是南宋时金与元的对峙，都在这里展开了长期而激烈的争夺战。

湖北西部的襄阳（今与樊城合称襄樊），也并非通都大邑，可是它位于汉水中游，是鄂、豫、川、陕四省的交通要冲，要从中原南下，或要从关中进入江汉平原，都不能不取襄阳，史称为"西接巴蜀，南控楚，北襟河洛"，"每有战事"，就必然"烽火旌垒相望"。三国时，魏、蜀、吴三方都曾多次争夺过襄阳，大将关羽也就是死于此地。西晋初，大举伐吴，分为六路出兵，由大都督贾充节制，而贾充的指挥部就驻于襄阳。东晋时桓温的三次北伐，其前进基地有两次都在襄阳。所以李纲说："六朝之所以能保有江左者，以强兵巨镇尽在淮南、荆襄间。"南宋抗金时，岳飞仍是"屯襄阳以窥中原"，认为"襄阳等六郡，为恢复中原之基本"。元军南下攻南宋时，长达六年的襄樊保卫战是双方誓死力争的大战，而襄阳守将吕文焕的降元，则成为宋元战争的重要转折点之一。到了明代，襄阳又曾成为明军镇压全国农民起义军的前线指挥中心，大学士兼兵部尚书杨嗣昌就驻节于此督师。故而当张献忠攻下襄阳时，杨嗣昌只得自杀。而明军在中原的力量也就从此急转直下，败局已定。

除了进攻之外，对于指挥艺术高明的将帅来说，在城市的防守中，以城市为依托，也可以大量歼敌或大量牵制敌军。

公元23年，王莽与赤眉、绿林农民起义军在昆阳（今河南叶县）地区展开大战。王莽派王寻、王邑征集了各路军队达42万，而农民军只有八九千人，不得不集中在昆阳城内，坚守昆阳，将王莽军全部吸引在昆阳城下。同时派刘秀等人夜中冲出包围，到定陵（今河南舞阳）一带组织力量。王莽军以10万之众将昆阳"围之数十重，列营百数，云车十余丈"，曾用地道、冲车等多种办法攻城，均被农民军击退。由于久攻不下，王莽军锐气大减，"吏士皆厌伏"。当刘秀组织的"敢死者三千人"从外部进攻时，城内农民军立即杀出，里应外合，"中外合势，震呼动天地，莽兵大溃，走者相腾践，奔殪百余里间"。这就是著名的昆阳大战，1万多农民军在昆阳城下击败敌军10万。这一仗之所以取胜，关键在于昆阳的坚守挫折了敌军的士气，并使敌军久久被拖滞在昆阳，变主动为被动，而农民军再从外线组织兵力，里外夹攻，变被动为主动，故而创造了我国战争史上罕见的大胜利。

城市在战争中还有一个重要作用，就是作为战争的后勤基地，粮食、衣物、武器、钱财基本上都聚藏在城市之中。正如《尉缭子·守权》所说："豪杰雄俊，坚甲利兵，劲弩强矢，尽在郭中，乃收窖廪毁折而入保。"就是说，战争一打响，各种人才、兵器都在城中，郊野的粮食储备等也都被聚集于城中。所以，从物资供应这一方面来说，城市就是各种军事行动的主要支撑点。守住了城市，不仅保住了自己军队的物资供应来源，而且也就大大削弱了敌军在这一地区的物资供应来源（特别是在进行了坚壁清野的地区）。而攻克了敌方的城市，也就摧毁了敌方的物资供应来源，并将敌方的各种物资变为自己的供应来源。可以说，古代战争中对每个较大城市的攻与守都含有上述的目的在内。

正因为城市的攻守在古代战争中有以上这些重要作用，所以城市的攻守往往成为古代战争的焦点，一系列城市的攻守战也就成为古代战争的主线。

这里有必要交代几句的是，在《孙子兵法》的《作战》篇中，孙子是不主张攻城的。他说："攻城则力屈。"一方面，这是因为春秋时期兵器、工具的落后与经济力量的不足，使得攻坚战比较难打，在敌方的深沟高垒面前，往往久攻不下，粮草不济，只得退兵。所以孙子不重攻城。而到了战国时期，经济与兵力的发展，使得攻城成为可能，于是，一系列的攻城战就一个接一个地展开了。另一方面的原因，也可以说是更重要的原因，是因为春秋以前和春秋时期的城市本来就不多，而且不大，两国之间的或两族之间的战争一般都是野战，所以也都不重攻城。就是说，这是城市本身在当时的政治、经济生活中的地位所决定的。直到春秋初期，各国还是不重筑城的，还认为"都，城过百雉（高一丈、长三丈谓之一雉），国之害也"。这种情况在春秋时期逐渐发生变化，到战国时期情况就发生了很大的变化。如《战国策·赵策三》所说："古者，四海之内，分为万国，城虽大，无过三百丈者，人虽众，无过三千家者……今千丈之城、万家之邑相望也。"所以，我国古代战争中重视城市的攻守，是从战国时期才开始的。

## 第三章 中国古代战争的手段与阵法

### 奇特的突击手段： 坑道战

坑道战又称地道战，是一种特殊的攻防手段，通常是进攻部队用以隐蔽接近敌人，而采取的出奇制胜战法；是劣势装备的部队利用地形隐蔽自己，抗击优势之敌的有效手段。所以，自古以来就为军事家们所重视。

我国是坑道战的发祥地，坑道史实之丰富，誉为全球之冠。在中国坑道史中，记载着公元前722年，郑庄公掘地见母的趣谈。据《左传·郑伯克段于鄢》一文载，郑庄公的母亲姜氏，宠爱次子共叔段，并支持他发动武装叛乱。郑庄公镇压了叛乱后，深恨其母姜氏，便将她软禁在河南临颍，发誓说："不及黄泉，无相见也！"后来，在管理疆界的官员颍考权的劝说下，便"阙地及泉，隧而相见"。这里的隧，就是构筑一条坑道，作为母子见面的地方。在隧道中，郑庄公赋诗说："大隧之中，其乐也融融。"姜氏赋诗说："大隧之外，其乐也洩洩。"从此母子和好如初，构筑隧道却成了调解郑庄公的家庭纠纷媒介。

我国历史上利用坑道进行攻坚的战例很多。值得提出的，是在反坑道斗争中，积累了丰富的经验。当反击坑道挖在进攻坑道的下面，或者相互平行时，除了用鼓烟的方法去熏进攻者外，还在里面掺辣椒粉、石灰粉等含刺激性的物质，把进攻的部队窒息在坑道里面；当反击坑道挖在进攻坑道的上面时，便将煮开了的污水、大便或油，灌入进攻的坑道里面，用以烫伤和干扰对方，也有的将水灌入把进攻者淹死。

西汉末年（23年），绿林军与汉军在河南昆阳一仗，就曾多次运用坑道战向守军进攻，使汉军吃了不少苦头。三国时期，用坑道攻坚的战例就更多了。公元198年，曹刘联军战胜吕布，就是成功的一例。当时，吕布盘踞邳县，联军久攻不下，后来联军利用坑道攻坚，在城墙上打开缺口，又沿邳县挖长壕，引沂水、泗水灌城，终于迫使吕布投降。在著名的官渡之战中，袁绍也曾以坑道战攻击曹军的土垒，曹军则在阵地周围挖横堑，暴露了敌军的坑道，致使袁绍的企图没有得逞。

**坑道战遗址**

79

以上是属于野战性质的，至于采用坑道攻坚攻打城池的战例也很多，比较有名的是诸葛亮二出祁山攻打陈仓（宝鸡）的战例。陈仓城位于汉中通向渭河平原的交通要道上，是越过大散关后魏国的第一道门户，为魏蜀必争之地。当时，诸葛亮采取以攻为守的战术。魏太和二年（228年），魏将郝昭、王生率部前往陈仓设防，阻击蜀军的进攻。第二年，诸葛亮乘曹魏遣兵南下，关中空虚的时候，亲率数万部队进逼陈仓，将这座城池围个水泄不通。首先，派郝昭的同乡茂祥前去劝降，遭到郝昭的拒绝。接着，采用冲车攻城，郝昭命令部队将石磨从城上坠下，把冲车砸得粉碎。诸葛亮又采用填平城壕，命令部队爬城，魏军在城内筑起一道重城抗拒。一连二十几天，蜀军轮番攻击，陈仓城仍屹立不动。最后，诸葛亮令部队挖坑道，企图由坑道潜入城内，郝昭这时便在城内挖横堑截击，使得蜀军又告失败。蜀军在粮草不济的情况下，被迫退回汉中休整。

　　晋朝以前，坑道战以进攻一方运用较多，防守的一方即或运用，也只是以其堵截敌方的坑道，依托坑道反击的战例不多。到晋代，坑道战的运用有了新的发展。主要体现在防守一方将坑道战作为一种化被动为主动，变城上死守为地下作战或出击的新战术。晋武帝泰始九年（273年），我国北方两个少数民族前秦与后秦争夺关中。后秦帝姚苌亲率部队围攻邠州（今陕西彬县），前秦太守苟辅誓死守卫。后秦军"为土山、地道"，苟辅"亦于内为之"。双方在地下展开了拉锯式的激烈争夺。结果，后秦军败退，仅在土山和地道中被杀死的有一万余人。公元410年，东晋权臣刘裕率军攻打南燕（山东益县），南燕征房将军公孙五楼曾在城内挖坑道，令部队从坑道中出击，打败了围城的晋军。公元423年，魏宋虎牢（河南汜水）之战，宋将毛祖德率部挖掘6条地道，组织400人的突击队，通过坑道袭击围城魏军的背后，大败魏军。这一组地道，覆盖层约17米余，而且要从城内绕到敌后，工程是十分浩大的，这次成功的奇袭，付出了很大的代价。魏军吃了宋军的苦头，并不罢休，不久再次包围虎牢城（河南汜水），宋军紧闭城门，相持200余天。魏军攻外城，宋军便加大城池的纵深，在城内又筑三道城墙进行防御。最后魏军从城外挖坑道至城内，正好与城内的水井连通，从而汲取井水，使城内地下水源涸竭。宋军由于断水，人马渴乏，战斗力大减，虎牢城终于失陷，毛祖德被俘。这种利用地道"泄井"的战术，在古代战史中极为罕见。

　　南北朝时期，东魏出兵攻打西魏的玉壁（山西稷山县西南），就将坑道挖

## 第三章 中国古代战争的手段与阵法

到玉壁城内。西魏守将韦孝宽令士卒在城内掘长壕截击东魏的坑道，并在壕外积柴贮火，待东魏坑道与壕相交时，用风车将烟火鼓入坑道中，把坑道内的东魏部队连熏带烧，弄得焦头烂额。侯景之乱时，侯景率军围攻梁朝的台城（今南京），当以火车和其他攻城器械攻城失败后，便在城外筑土山，造楼栅，居高临下用弓弩射击守城部队，梁朝材官（步兵将领）吴京命令守军从城内挖坑道至土山下，使土山陷崩，又造飞桥掷雉尾炬，终于使侯景战败而退。

公元618年，瓦岗军首领徐世勣率部固守河南仓城，隋军宇文化及率部围攻。起义军在城内挖掘地道到城外，从地道中主动出击，使隋军大败。隋以后各代，运用地道战积极防御的作战方法屡有发展。

唐代平定安史之乱时，唐将李光弼坚守太原，史思明率10万军队攻城，当时守城的唐军不满10万，李光弼一面命令部队在城外挖掘壕沟，并扼守城外要点，固守城防；一面命令开挖铜矿的铸钱工匠"凿穿地道"到城外。史思明用冲梯和堆土山攻城，唐军则用地道迎击，史军刚一接近城池，就被潜伏在地道中的唐军杀捕。唐军又将地道挖到史思明的营垒中，由于地道的覆盖层很薄，便用木材支撑地道，"光弼遣人诈与贼约，刻日出降"，史军喜出望外，不加防备。到了预定出降的时候，李光弼派出诈降的部队，史军在营垒中蜂拥而出纳降，"俄而营中地陷，死者千余人"，顿时一片混乱，唐军"鼓噪乘之，俘斩万计"。这是古代战争中挖地道、出奇兵、以寡击众、以弱胜强的著名战例。后来，李光弼在围攻怀州时，曾挖地道令部将郝廷玉从地道潜入，"得其军号，登陴大呼，王师乘城"。公元756年，唐将张巡驻守雍丘城，叛军安禄山率部攻城，激战百余日，相持不下。张巡遂派人挖地道，令精兵500人从地道中出击，夜袭叛军。焚其营寨，大破叛军，雍丘之围始解。

除了在战争中，攻防双方普遍采用坑道战术外，还将坑道用于贮藏军用物资。为了战争的需要，隋、唐两代在河南构筑了许多地下粮仓。含嘉仓位于河南洛阳城北，建于隋大业元年（605年），唐代继续使用。这座规模庞大的粮仓，面积42万平方米，四周筑有城墙。仓城内有圆形窖穴250余座，窖穴口径8～18米，深6～12米，口大底小，圆壁斜下内收，窖底坚硬，经火烘烤，其上纵横铺木板两层，周围砌木板，均经过油漆、防潮、防腐处理，至今尚可看到已经炭化了的粟米。

12世纪初，女真入侵中原，战乱频仍，这时出现了用于屯聚、防守、出击多种用途的坑道。南宋绍兴年间，郑允刚《西征道里记》里，记载了陕西武功县的地道网概况，"穿洞之法，初若掘井，深三丈，即旁穿之。自此，高低横斜无势。低处深或四五十丈，高处去平地不远，烟水不及。凡洞中土，皆自初穿井中出之。土尽洞成，复筑塞其井，却别入窍。去窍丈许，为仰门，陈劲弩，攻者遇箭即毙，如是者重重，时于半里余斜穿气道，谓之哨眼。哨眼或因墙角与夫悬崖积水之旁，人不能知。其下系牛马、置硙磨，积粟凿井，无不可者。土久弥坚，如石室"。这种巨大地道网的口部位置选择，伪装巧妙、结构坚固，且具有完善的战斗设施和生活设施，使人不得不赞叹古代劳动人民的创造才能。

地下粮仓遗址

## 不容忽视的伪装

我国古代的军事家们都很重视伪装，主张采取各种措施来隐蔽部队的行动，从而取得战争的胜利。《孙子·计篇》上说："兵者，诡道也。故能而示之不能，用而示之不用，近而示之远，远而示之近。"《九地篇》上说："将军之事，静以幽，正以治。能愚士卒之耳目，使之无知。易其事，革其谋，使人无识。"也就是说，打仗用兵，必须真真假假，虚虚实实，隐蔽自己，迷惑敌人，使敌人不易揣测，从而出奇制胜，以小的代价换取大的胜利。正如毛泽东同志所说："错觉和不意，可以丧失优势和主动。因而有计划地造成敌人的错觉，给以不意的攻击，是造成优势和夺取主动的方法"。

远在公元前632年前，晋楚城濮（今山东鄄城西南）之战时，晋军就曾巧妙地用伪装手段获得胜利。下军副将胥臣用虎皮蒙在马身上，冲向楚右翼军，吓得楚右翼军溃不成阵。上军主将狐毛在车上插上指挥大旗，向后移动，佯作主将后退。另一晋将栾枝在阵后把树枝吊在车尾上，来回拖曳，扬起灰尘。楚左翼军以为晋军已在败退，立刻发起冲锋，结果被晋军拦腰夹攻，损失惨重。历史上像这样用假象迷惑敌人的战例还有很多。

公元前341年的齐魏马陵之战，也是一个运用假象迷惑敌人的成功战例。

# 第三章　中国古代战争的手段与阵法

齐国军师孙膑用减灶的伪装方法，诱使魏军深入。齐军和魏军一交锋便后退，撤退的第一天造炉灶 10 万，第二天减到 5 万，第三天减到 3 万。魏军统帅庞涓了解到齐军炉灶减少的数目，误认为齐军贪生怕死，三天之内就逃亡过半，欣喜若狂，只带少数人马日夜兼程并进。走到狭窄的马陵道（今河北大名东南），中了齐军的埋伏，防备不及，全军覆没。

公元前 284 年的齐燕即墨之战，开始齐国屡战不利，连失 70 余城，后来齐将田单使用"火牛阵"，在牛角上绑扎尖刀，牛身上涂上各种花色斑纹，或披上五彩花布，牛尾燃点着灌满油脂的芦苇，牛受惊直奔燕营，并派 5000 精兵披头散发手持刀枪随后掩杀，燕军见"火牛"冲来，便四散溃逃，燕将骑劫被杀，齐军转败为胜。三国时，张飞在长坂坡智退曹兵，也是采用的类似办法。当时，张飞带领 20 多个骑兵，赶到长坂坡迎接赵子龙。他看到桥东有一片树林，便心生一计，令 20 多个骑兵，砍下树枝，拴在马尾上，在树林里来回奔跑。张飞自己手持丈八蛇矛，勒马立于桥头，向西面张望。但见赵子龙怀抱阿斗，匹马单枪，杀出重围，望桥这边跑来。后面杀声震天，无数曹兵紧紧追赶。张飞就说，"子龙快走，追兵由我抵挡。"待曹军赶到桥边，见张飞倒竖虎须，圆睁环眼，手持蛇矛，立于桥上，威风凛凛，又见桥东树丛中，尘土飞扬，疑有伏兵，便径自退兵。

东汉安帝元初二年（225 年），羌人侵犯武都，安帝派虞诩为武都太守，出兵抵抗。到了陈仓，被羌人大军所阻。虞诩暗自打量：敌众我寡，不能硬拼。于是，想出一计，令士兵暂不前进，扬言向朝廷请求增兵，待大军到后才出兵。过了几天，令士兵把原来一个灶煮的饭，都改为两个灶煮饭。第二天，又改为四个灶煮饭。羌人看见烟火越来越多，以为汉军大兵已到，唯恐被围，便不战而退。古代运用伪装的另一手段，是采取声东击西的办法。据《史记·淮阴侯列传》记载，公元前 206 年，韩信攻打项羽时，韩信表面上修筑栈道回军，以分散楚军的注意力，暗中却率大军东出陈仓（今宝鸡），突然袭击项羽。这就是历史上有名的"明修栈道，暗渡陈仓"的故事。但也有运用同样的战术，却得到相反的结果。三国时，魏将邓艾驻军自水北岸（今四川松潘县东北），蜀将姜维命令廖化进军白水南岸，并扎下营寨，而姜维却率主力撤离白水阵地准备偷袭洮阳城（今甘肃岷县西），以截断魏军的后路。但姜维这一伪装行动却被邓艾识破，于是，邓艾便立即率军从小路回军洮阳城。姜维之所以未能得逞，原因是没有声东就忙于击西，因此"暗渡陈仓"之计

83

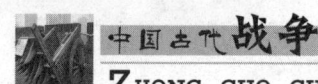

失败了。

  古代军事家利用地形、地物和气候条件来隐蔽地实施各种军事行动，也是很普遍的。众所周知的"孔明草船借箭"就是一例。孔明利用漫天大雾，调拨几十只裹上草的快船，来到曹营附近，擂鼓呐喊，曹操以为"重雾迷江，彼军忽至，必有埋伏"，不敢轻举妄动，只令"水军弓弩手乱箭射之"。就这样，孔明毫不费力气在船两边的束草上，拨得10余万支箭，这是后人在《三国演义》中的描写。在实战中确有不少这种战例。公元756年，安禄山的部队曾先后两次围攻雍丘城（河南杞县），开始，安军以百门炮攻城，守将张巡立木栅拒之。安军登城，守军以束草灌油，焚而投之，敌无法登城。经过三个多月的激战，城中箭支用尽，于是，张巡利用起雾的天候，束草人诱敌射之，就这样轻而易举地获得数十万支箭，同时派出轻骑500夜袭敌营，张巡率军出击，遂解雍丘之围。据《金史》记载，南宋时金国大将完颜蒲刺率领10万骑兵将六合城围了个水泄不通，守城将领毕再遇认为，众寡悬殊，开城迎战，不是良策。于是，在城上满布弓箭手，待金兵一靠近城墙，便万箭齐发；以打乱敌人的攻势。这样守了几天，城中箭支消耗殆尽，孤城受围，既无法向友邻借箭，又来不及制造。经过巧思，他命令部下准备好伞盖（皇帝或大官出巡时，仪仗队所打的一种平顶大伞），待深夜三更以后，将伞盖拿到城上慢慢地移动。完颜蒲刺看到伞盖以为毕再遇出来巡视城防，当即派出大批弓箭手悄悄地摸到城下，追着伞盖射箭。一时箭如飞蝗，直到天明伞盖才不见了。毕再遇就是这样利用"草船借箭"的办法，轻而易举地获得了20多万支箭。以后他用向敌人借来的箭，击败了敌人的进攻，赢得了战争的胜利。

## 知识链接

### 两面合击战术的产生

  中国古代早期进行的战斗，讲究正面对敌，双方排成一定阵势交战。但是在春秋时期，随着战争的发展，一些复杂的战术不断产生。两面夹击战术，就是在春秋时期出现的。

公元前718年，郑庄公为报被卫国入侵之仇，出兵攻打卫国，兵锋直指卫国都城朝歌今河南省鹤壁。卫国向周边诸侯求救，南燕派兵救援卫国。

春秋时期有两个燕国：一个是周武王的功臣召公奭的封地，国君为姬姓，在今天的北京市附近，称为北燕，也就是后来"战国七雄"中的燕国；另一个燕国在今天的河南延津附近，西周之前就已经存在，国君为姞姓，称南燕。

南燕和卫国军队一起对抗郑军。郑庄公一方面继续以主力部队在正面和敌人周旋，另一方面命令大夫曼伯和子元去制地（就是后来的战略要地虎牢关）调集军队，绕到南燕军队的后面发动攻势。南燕军队没有想到后方会遭到攻击，惊慌之下被郑军打得大败。郑国的两面夹击战术，取得了很好的效果。史称此次战役为"北制之战"，这是我国有明确历史记载的第一次采用两面夹击战术的战例。

北制之战只是两面合击战术的一次尝试，在以后的战争中，两面合击战术与各种欺敌、诱敌的战术相结合，在战场上得到了广泛的应用。

## 第二节
## 中国古代的阵法

### 古代阵法概述

在冷兵器时期，主要的武器有戈、矛、刀、戟和弓箭。它决定了古代战

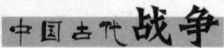

争只能是兵对兵、将对将的白刃格斗。这就迫使交战双方，不得不研究适应当时近战武器条件下的战术动作，进攻部署和防御配置。尤其是为数众多的部队，展开在辽阔的战场上，千军万马没有统一的号令和协调动作，的确是难以取胜的。因此，列阵作战，就成为古代最基本的作战方式。列阵，就要讲究阵法。所谓阵法，实际上就是战斗队形。包括行军队形、进攻布置、防御配置、战术动作、以及实施机动等内容，也就是说，阵法所研究的范畴，极其广泛，大到考虑整个战役行动，小到确定单兵的战术动作。

《左传》记载，晋国大夫魏舒在与狄军的遭遇战中，由于战地险隘，战车无法展开，便以甲士和步兵混合编组，组成了世界上第一个步兵方阵。这个方阵，由五个互相掩护的小方阵组成，前面的方阵（前拒）是为诱敌而设，后面按前、后、左、右四阵配置，中间是空的。魏舒方阵的基本单元是由五伍25人组成的小方阵，其中包括15名重步兵和10名轻步兵。据考证，阵中的25名士兵以五列纵队排成一个长短兵器相互配合的有纵深的横队，其正面和纵深均为7.2米。像这样的步兵方阵，早在西周就曾出现，仅作为战车的附体活动在战场上，直到春秋中期，才在战场上独立存在。

古代阵法名称之多，实在是不胜枚举，姜太公的"九军八阵"，周公的"农兵阵"，诸葛亮的"八阵图"，李卫公的"六花阵"，辽人的"拐子马阵"，戚继光的"鸳鸯阵"，等等。这些阵法，军队基本上是作环形部署的方阵和圆

戈

阵。这些方阵或圆阵，极大部分是在开阔地中战斗、野营或担任卫戍任务的驻军中采用。

由于我国古代军事家们莫不精通《易经》，他们把《易经》上的阴阳变化，推演成兵法上的刚柔、奇正、进退和攻守。太公的三才五行阵，三才即天、地、人，五行即直、锐、曲、方、圆。被后世所传颂的诸葛亮"功盖三分国，名成八阵图"。八阵图中有天、地、风、云、龙、虎、蛇、鸟，以及八八六十四卦之类的名词，真使人眼花缭乱，神秘莫测。说穿了其实并不深邃稀奇，天地风云，龙虎蛇鸟，有时用八卦乾坤巽坎，兑震艮离代表，这些不过是配置在各个方向上的部队代号；八八六十四卦是代表大小各种战斗队形。八阵图是把军队配置在八个方向上，一共包括 64 个小阵。每个方向的部队按八卦中的一个卦部署。在八卦中，乾（☰）、坤（☷）两卦是基础，乾为阳，坤为阴，用于军事上即是阳性战法与阴性战法，或称刚性战法（正兵战）与柔性战法（奇兵战）。以阴阳两爻排列组合，有☱兑卦，☲离卦，☳震卦，☴巽卦，☵坎卦，☶艮卦。以八卦重新排列组合即有六十四卦。为什么古代军事家们以八卦的形式来编组部署呢？我们认为，不能单纯理解古人由于迷信思想作祟，实际上这样编组战斗队形在作战时，具有一定的优越性。如按（☰）乾卦的形状编组战斗队形，在进攻中，可以推演为分进合击或循环战，在防御中即为纵深配置。按（☷）坤卦的形状，进攻中可以推演为两翼包围或钳形战术。《三略》曰：柔能克刚，弱能制胜。笔者认为，自古以来一切有才能的军事家都主张奇正结合出奇兵以制胜，以小的代价夺取更大的胜利。"兵有奇变，不在众寡"，就是这个道理。今天部队的武器装备与古代不同，作战方式与过去大不一样，但这些战术概念在外延和内涵上是稳定的，古今中外，都是运用这些战术。也就是说，过去打仗讲究分进合击和纵深配置，又考虑两翼包围和袋形战术，今天打仗依然要考虑这些问题。其他如围攻、强攻、佯攻、助攻、偷袭和伏击，以及穿插分割、迂回包围、坚守防御、运动防御、攻势防御、声东击西和围城打援等，读者当可自明，不一一细述。当然，尽管战术上很考究，但没有善于驾驭的主将还是避免不了要吃败仗。诸葛亮说："有制之兵，无能之将，不可以败；无制之兵，有能之将，不可以胜。"作为千军万马的统帅，在战场上就要机智灵活地运用这些变化无穷的战术，不能墨守成规，一成不变。该果断处置的就要当机立断，情况不明时就要慎重，切莫鲁莽行事。《六韬》说："用兵之害犹豫最大，三军之灾莫过狐疑。"这些话，很值得人们玩味，有一定道理。

宋代曾公亮在《武经总要》中所介绍的雁行阵、车轮阵、方阵、牡阵、衡方阵、罘置阵、牝阵、圆阵，也是八卦的意思，不过战斗队形的配置与八阵图稍有不同，雁行阵即是用70个小方阵布置。据曾公亮说，雁行阵便于从两翼包围敌人，特别是对方若作方阵部署，攻者用雁行阵就易于取胜。综上所述，八阵图可能是一般情况下（驻军）所采取的战斗队形。因为，在冷兵器时代，骑兵是主要的突击力量，今将骑兵放在战斗队形的纵深，显然是一种防御布置。在正式战斗时，骑兵则需分别配属到步兵的战斗队形中，到底是分割配属，还是集中使用，那就要看当时的敌情、地形和指挥员的指挥艺术了。正如南宋名将岳飞说的"阵而后战，兵法之常，运用之妙，存乎一心"。虽然没有明显地标出步骑兵，但从《武经总要》的介绍可知，骑兵即以集中使用，配置在战斗队形的中央，可见这是一种在战斗过程的阵法。

"鸳鸯阵"是明嘉靖三十四年（1555年），戚继光由北方调到倭患深重的浙江前线，根据江南多山岭沼泽，道路曲折窄狭，兵力不易展开的地形特点，并针对倭寇善设伏，猛冲锋，擅长短兵相接的惯技，创造出的一种前所未有的战术。

"鸳鸯阵"战术，首先是基于这样一种战斗队形，以12人为一作战单位。最前一人是队长，以后分成两行，头二人持牌，次二人持狼筅，次四人持长枪，再次二人持短刀，末一人为炊事兵，据《纪效新书》记载，在战斗开始时，倭寇进至100步以内，放火器，进至60步以内，弓弩手发箭，接着列鸳鸯阵冲杀。以鸳鸯阵法进攻时，二牌手执牌并列前进，牌手待敌长枪将及身，即投标枪击敌，继之取腰刀砍杀。狼筅手各跟一牌手身后，以防护牌手和掩护本队前进。长枪手每二人分别照顾一牌、一筅，如长枪进刺不中，短兵手杀上救应。这样，在决定战斗胜负的几十米以内，将各种兵器综合于一个战斗小组中，使之互相配合，长短迭用，互相掩护，能攻能守，这一充分发挥人和武器作用的战术思想，是戚继光以前未曾有过的卓越创造。

鸳鸯阵还可以因地因敌而变化队形，主要的一种是变为三才阵。这种阵法，是将战斗队形由纵队变为横队。队长居中，左右为二狼筅，外侧各有二枪加一牌，后面则为二短兵。还有一种变为小三才阵，狼筅居中，两枪夹护，两旁一牌一短兵，一个鸳鸯阵变为两个"小三才阵"。至于何时变化队形，变成什么样的队形，都有严格规定。

第三章 中国古代战争的手段与阵法

应当说明，牌、狼筅都是当时的常规兵器。牌类似盾，用以防长枪、重矢；狼筅是就地取材，用长毛竹做成，长一丈五六尺，节密枝坚，杪加利刃，便成了抗倭的利器。这些都不是戚继光的发明，然而将其综合在一个战斗小组内，以己之长，攻敌之短，却是戚继光根据敌情、我情、地形，"审时度势"的"一种恰当处置"，真是"运用之妙，存乎一心"。正由于戚继光这种基于客观情况，审时度势的才能，所以戚家军在当时的御倭战争中发挥了极大的威力，从而赢得了"戚家军名闻天下"的声誉。

## 阵的类型

在我国丰富的军事典籍中，所记载的各种排珍布阵的阵法的种类很多。但如果从其队形排列上划分，大致可以分为两种形式：一种是方阵，另一种是圆阵。就像《李卫公问对》一书中所说，阵法变化，"皆起于度量方圆也"。

方阵是一种进攻型的阵式，呈方形或长方形，这是古代阵法的基本形式。因为古代军队中各级建制单位都有自己的行伍队列，排列整齐时总是呈方形或长方形。另外军队作战的基本配置一般都是中军与左、右两军的组合，这自然也就形成一个横列的长方形阵式。出土于殷墟的甲骨文中记载殷代的军队编制是"王作三师，右、中、左"，《左传·桓公五年》中记载春秋时郑国的军队出征是"曼伯为右拒，祭仲为左拒，高梁弥以中军奉公"。这些都表明了最初的军队阵法都是呈横列式方阵队形。而且，所谓"左拒"、"右拒"，也就是"左矩"、"右矩"，就是两边的呈矩形的方阵。此外，先秦文献中有多处关于方阵的直接记载，如"万人以为方阵"、"方阵并功（通攻），云何能御"、"方阵而行"等。这种方阵在我国古代长期使用，如《后汉书·袁绍传》中记载：公孙瓒"兵三万，列为方阵，分突骑万匹，翼军左右，其锋甚锐"。《隋书·杨素传》中记载："诸将与虏战，每虑胡骑奔突，皆以戎车步骑相参，舆鹿角为方阵，骑在其内"。只是后来名称日益翻新，队形更为复杂不只是使用方阵之名而已。例如著名的"八阵"，据研究就属于一种方阵。

圆阵是一种防御型的阵式。这是因为，每当敌军向自己进攻时，为了尽量减少敌军的攻击面，将防御线尽力减小，就必须将原来的疏散队形收缩为密集的队形，尽可能团成一个有机的防御体系，这样就可以防备任何方向的敌人进攻。如果有高冈等可作为背后的依托，一般都摆为半圆形的"偃月营"阵式。除此之外，凡在平地，就都采取密集的圆阵。

圆阵用于防守，这在古代战争中可以见到若干实例。如项羽兵败于垓下（今安徽灵壁南）之后，只剩下28骑。为了准备最后的防御，项羽就"为圆阵"，即结成一个小的圆阵。又如北魏时的左将军杨播在一次南征时，被敌军围困于淮河南岸，杨播"乃为圆阵以御之"。又如北魏末年，高欢起兵伐尔朱兆，双方在邺城（今河南临漳）相遇，高欢"时马不满二千，步兵不至三万，众寡不敢，乃于韩陵为圆阵，连牛驴以塞归道"。很明显，这是完全防御性的阵势。

方阵与圆阵是阵式的基本类型，此外还有曲、直、锐三种类型，合称五阵。战场上情况千变万化，阵式当然有所变化，方阵加以收缩即可成为圆阵，圆阵加以展开即可成为方阵，也可以内圆外方，外圆内方。例如李靖六花阵，就是"参综古法，步、骑与车三者相兼而用，以车曰驻队，步曰战锋，居前为正；骑曰战队，又曰荡，居后为奇，遂名为六花七军阵也……随其地势，去其中营，而变为曲、直、方、圆、锐五图，而名之曰六花曲阵也、六花直阵也、六花方阵也、六花圆阵也、六花锐阵也。若遇险阻，仍甩七军，向背得法，作偃月营"。古人常说"阵无定形"，就是指的这种由于客观条件发生变化，而相应在阵式上出现的变化。

关于阵的形态，如果从作战方法上分类，还可以分为立阵和坐阵两类。

立阵就是采取立姿作战的战斗队形，坐阵就是采取坐姿作战的战斗队形。关于前者很容易理解。关于后者，即以坐姿投入战斗，就不大好理解了，因为坐阵在秦汉以后已经很少使用，大家都比较陌生。可是在先秦文献中，坐阵是经常出现的，例如：《商君书·赏刑》载，"武王与纣战于牧野（今河南淇县西南）之中……士卒坐阵"；《左传·桓公十二年》载，"楚伐绞（今湖北郧县西北）……楚人坐其北门"；《左传·宣公十二年》载，"赵旃夜至于楚军，席子军门之外"，此之"席"为动词，即席地而坐；《左传·昭公二十八年》载，吴国公子光欲杀吴王僚，"王使甲（即甲士）坐于道及其门"。由以上几个具体的战例可知，先秦时作战有"坐阵"，临战前也可采取坐姿。

古代战争中的坐姿，是在部队出现了"乱"、"恐"、"危"等情况下采取的，也就是在从进攻转为防守之时采取的。在临阵之前，在诱敌作战之时，也可采取坐姿。这样，我们就可以大致明白，坐姿，或由坐姿而形成的坐阵，是一种用于防御的阵法。

谈到这里，有必要解释一下，古代的"坐"与今天的"坐"是不相同的。隋唐以前，我国室内的用具并无桌椅，人们均席地而坐、凭几而息，这和在日本、朝鲜至今尚可见到的古老生活习俗相似。当时的坐，并不如今天这样的臀部着地，而是双膝着地，两脚后置，臀部放在脚后跟之上，即所谓"以尻着踵而安者为坐"。只要将臀部抬起，就成为跪，腿一伸直，就成为立。这种坐，是古人在生活中最常见的一种姿势，很多事都以这种姿势进行。隋唐以后，跪与坐的姿势才与今天相似。

知道了坐姿在战斗中的上述作用，对于古代军事训练中必须有练"坐"的科目，也就不会感到意外了。如《史记·孙子吴起列传》中记孙子练兵的要求就有"左、右、前、后、跪、起皆中规矩绳墨，无敢出声"，这里的"跪"，也就是指坐。而《周礼·夏官·大司马》中的训练内容是"以教坐、作、进、退、疾、徐之节"，第一项就是"坐刀"。《吴子兵法·治兵》中说得更清楚，"圆而方之，坐而起之"，就是说，从圆阵转为方阵，即由防御转为进攻，就要由坐姿转为立姿，由此亦可见坐阵是与防御相联系的。

## 阵的运用

阵法是古代战争中常用的布置与使用兵力的方法，任何一种高明的阵法也必然是军事家们在多次作战中得到的经验总结。如何运用前代兵家留下的各种阵法，也就成了古代将官所面临的重要课题。

### 1. 布阵的基本要求

古代的阵法有若干种，可以根据每次作战的具体情况采用何种阵法。但无论如何布阵，阵式如何变化，总有一定的基本要求。

早在《司马法·定爵》中，就有十分精练的概括："因地，因敌，令阵"；"凡阵：行唯疏，战唯密，兵唯杂"。就是说，首先是要根据地形与敌情决定采取何种阵法，而在布阵时又要注意行列疏散，交战时兵力宜密集，兵器的配备宜多样。以上几点可以说是布阵的基本要求。

行列宜疏散，是说在士兵之间、行列与行列之间不能太密，要有一定的间隔距离，各种兵器方能施展，队形才有可能变化。一般来讲，"每步兵一人，占地两步；骑兵一人，占地四步"。除了从兵士的位、行、列这种关系来看之外，从全军来看，整体的布置也应有一定的距离。一个完整阵式往往可分为阵头、阵腹、阵翼、阵尾几个部分。阵头是全阵的前锋或前卫队，阵腹是全阵的主力或总预备队，阵翼是用以掩护中央主力和对敌军实施迂回或突袭的机动兵力，阵尾是全阵后方或侧后方的警戒部队。这几部分之间，"阵头不宜远过，阵尾必识变更，阵腹最须实整，阵翼务使轻凌"。这样，全阵就能机动灵活，可离可聚，不致成为数万乃至数十万臃肿不堪的人群。

兵力宜密集，是指作战时能形成一支整体的打击力量，是靠有机的整体战斗力而不是靠单兵攻杀的战斗力。这其中包括各兵种的密切配合，也包括各营各队、各小阵之间的联系支援、左右照应、内外配合。只有如我们已介绍过的那样，阵中有阵，队中有队，才能达到一阵被破，诸阵尚全，一阵被攻，诸阵相救。也只有这样，才能在战场上根据需要而进行战术的集中、分散、填补与转移。

至于"兵唯杂"，就是要如鸳鸯阵那样配合各种功能的武器，这在使用多种武器的古代，是任何阵法都必须考虑的。

## 2. 阵无定形

布阵有法，有时还有图，任何一个高明的指挥员都应认真学习前辈军事家的阵法、阵图，研究和继承前辈军事家的宝贵经验，这是问题的一方面。可是，又绝不能以教条主义的态度去生搬硬套前辈军事家的阵法、阵图，这是问题的另一方面。正如《武经总要》卷8所说的："废阵形而用兵者，败将也；执阵形而求胜者，愚将也。"

《司马法·定爵》有句名言："阵，巧也。"这是学习与运用阵法的精髓。我国古代名将岳飞初率军从宗泽作战时，宗泽授给他阵图，他说："阵而后战，兵法之常；运用之妙，存乎一心。"岳飞可谓掌握了运用阵法的精髓。

所谓阵法的"巧"、"妙"，就是要根据具体情况对阵法进行灵活运用，不能强执一图，机械执行。古代兵家从来强调一个"变"字，《孙子兵法》有《九变》篇，《吴子兵法》有《应变》篇，而"变化无常"这一成语，正见之于《淮南子》的《兵略训》。关于阵法的灵活运用，《阵纪》卷3有一段话说得很好：各种阵法，"皆参古法今而作，其用变取胜，各有神异，在学者变通之耳。能将握步根本，练之精，出之熟，变之神，自可驱步卒横行而无

## 第三章 中国古代战争的手段与阵法

敌也。故善作阵者，无一定之形，必以地之广、狭、险、易，即据方、圆、曲、直、锐而因之可也，又从敌之众、寡、强、弱、治、乱而因之可也"。就是说阵无定形，要以"变"取胜，"变"的根据一是地形，二是敌情。如以地形而论，"地窄只用一伍，地广便用十伍、百伍、千伍、万伍亦可也；地窄只用战队，地广则加翼队、包队、伏队、应队亦可也"。

无论是将帅学习古代阵法，还是让士兵操演阵法，重点都在于掌握阵法的基本要求，熟悉某一阵法的主要特点，并在此基础上掌握各种应变能力。《草庐经略》卷1认为，无论是古代著名的八卦阵、六花阵、五行阵等，"今虽可用，而亦不可拘"。应当多学熟练的是临阵的各种基本功与应变能力。如果不是这样，而只是"侈谈古阵"，"区区以古阵法以求胜"，就是"拘泥"、"胶柱鼓瑟"的"愚将"。这种看法无疑是正确的。

明代戚继光很讲究阵图，他说："数年屡战，一切号令行伍，俱如图款，毫不更易，是以每战必全捷，而我兵不损"。这是针对应当按阵图行事这一方面而言的。他又说，如果一味"如图临阵"，那就是"刻舟求剑"。他认为，"善用兵者，因敌情转化……亦因兵情转化，岂有一定之习哉！善用形者，亦因地形措战，岂有一定之阵哉"。这样，他就将既要讲究阵图，又要临阵变通的道理讲得比较全面了。

### 3. 阵的操练

阵法是对整个作战部队的布置，列阵作战是为了发挥全部队的集团战斗力，正如《淮南子·道应训》所说："兵阵战而胜敌者，此庶民之力也。"这就是要求全部队兵士上阵之后，动作协调，紧密配合，千万人都按共同的目标与意图投入战斗，做到孙子所要求的"人既专一，则勇者不得独进，怯者不得独退"。做到尉缭

**戚继光雕塑**

子所要求的"金鼓所指则百人尽斗,陷行乱阵则千人尽斗,复军杀将则万人齐刃,天下莫能当其战矣"。

要达到上述要求,就必须组织部队对阵法进行操练。练习的主要内容是"离合聚散之法,坐作进退之令"。如果不这样训练,上了战场,各种阵法就无从谈起,即所谓"士不素习,当阵惶惑,将不素习,临阵暗变"。所以古代军事家对于阵法的操练极为重视。我们在前面引用过《司马法·严位》中的一段名言:"凡战,非阵之难,使人可阵难;非使可阵难,使人可用难;非知之难,行之难。"就是说,研究与布置阵法并非难事,困难是在于使部队都能理解阵法,都能按阵法的要求去办。这段话曾得到后世很多军事家的高度重视,如戚继光就说过类似的话:"列阵无难,使人各识我阵为难;人之各识我阵亦未为难,使人能用我阵为难。所谓非知之难,行之难也。"

为了达到使人人可为阵的要求,在部队中就必须加强阵法的训练,古代称为"教阵"。《虎钤经》卷9说:"欲士伍应变之精熟,在日月教习之。不能教阵者,是举其师伍与敌也。"教阵之时,事实上是把部队的单兵技术、队列变化、协作配合等训练科目与阵法的训练结合起来进行的,是一种综合性训练。如《武经总要》卷8所分析的:"便击刺之利,习广纵之势,见敌而无奔北扰乱之祸,拱揖指挥无不服从者,岂不由索所习哉?索习之法非形势不可,是以孙武云纷纷纭纭斗乱而不可乱,混混沌沌形圆而不可破。不用阵法,其孰能与于此乎!"也正由于"阵"与"练"密不可分,所以在《武备志》中是把两者合在一个大类中论述,称为"阵练制"的茅元仪认为"阵而不练,则土偶之须眉耳。练而不阵,犹驱虎豹入市,徒以走众"。

对部队进行阵法训练,在我国有着悠久的传统。早在周代,对周族成年男子进行普遍的军训时,就已经是"中春,教振旅,司马以旗致民,平列阵,如战之阵,以教坐作、进退、疾徐、疏数之节"。在先秦兵书《尉缭子》中,专门有讲训练的《兵教》一篇,则是把整个的部队训练都包含在阵法的训练之中,认为"兵之教令"就是"分营居阵",即按编制摆开阵式进行训练。这种主张,基本上为历代兵家所沿袭。对于阵法的操练,各种阵法的具体要求不同,但却有若干共同的基本功夫,要多练的正是这种基本功夫与应变能力,其大致要求是:"阵师于野,部阵要整齐,队伍要分明,毋喧哗,毋越次,毋参差不齐,毋自行自止。或纵或横,使目视旌旗之变,耳听金鼓之声,手工(此谓熟练)击刺之方,脚习步趋之法。能圆而方，能坐而起，能行而止，能左而右，能分而合，能结而解，每变皆熟，而阵法于是乎在矣。"

## 阵的迷雾

对于古代的阵法，我们在上面已经从几个方面进行了讨论。可是必须指出，上面的讨论，是从古代各方面材料中选择了我们认为是基本可信的材料来讨论的。古代文献中还有另一些材料，将阵法同迷信结合在一起，将阵法写得不可捉摸，玄之又玄。读者在《三国演义》、《水浒传》等优秀的古典小说中尚且可以见到，至于《封神演义》等书中的这类描写就更多了。除小说之外，在《神机制敌太白阴经》、《虎钤经》等常见兵书中也有这类描写。所有这些，就给古代的阵法穿上了一层神秘的外衣，至今还有一定的影响。这种情况的出现是容易理解的。

先秦时期，阵法的运用才开始，对阵法的研究与总结也不多。《孙子兵法》和《吴子兵法》都基本不谈阵法，而几种研究与记载阵法的书籍在汉以后陆续失传（包括1973年才出土，已失传多年的《孙膑兵法》在内）。在《汉书·艺文志》中，著录兵书53种，其中有图的就有14种，共有图43卷，这些附图的兵书，大多应当与阵法有关。可是，经过了700多年之后，在《隋书·经籍志》中，共著录兵书109种（本为133种，内有博奕之书24种，应除去），其谈阵图或附图的兵书仅存4种。加之阵法是将帅们率军杀敌、建立功业的重要本领，知之者一般也不外传。基于这两方面的原因，就容易使后人只知使用阵法可以取胜的史实，却难知如何使用阵法才能取胜的详情，这就逐渐增加了对阵法的神秘感。于是，自唐宋以来，对阵法的穿凿附会的解释、迷信色彩的渲染、伪托古人的编造，就陆续出现了。明代军事家何良臣对此有一段较为深刻的论述："阴符家每好穿凿，或假知兵之名而妄作阵图，为害深矣。豪杰之士，固宜识之。如风后（传说中黄帝时的人物）之握机阵者，唐人所作，独孤及附会而托之也。穰苴（即司马穰苴）之握奇营者，元人许洞之所作也。孙武之方阵、圆阵、牝阵、牡阵、雁行阵、罘罝阵、车轮阵、冲方阵、常山阵者，皆唐人裴绪所作。嗣而王氏分配八阵，李筌附之，而有天覆、地载、风扬、云垂、龙飞、虎翼、鸟翔、蛇蟠之名……复加之以符咒，诡凿甚矣。"唐宋以后各种神乎其神的"九宫八卦阵"、"太乙三才阵"、"河洛四象阵"、"四门斗底阵"之类，就是这样穿凿附会与胡乱编造而成的。

从不少材料看来，唐代对古阵法就已不甚明白，附会之说日渐流行。唐高宗曾特意向群臣询问："兵家有三阵，何谓耶？"朝中群臣都无言以对，只有号称博学的员半千回答说："臣闻古者，星宿孤虚，天阵也；山凡向背，地阵也；偏伍弥缝，人阵也。臣谓不然。夫师以义出，沛若时雨得天之时，为天阵；足食约费，且耕且战，得地之利，为地阵；举三军士如子弟从父兄，得人老和，为人阵。舍是则何以战？"很明显，这一番言论违背了"古者"的真意，而且距实际情况越来越远。这件事充分说明，唐高宗时的群臣对古代的阵法基本上都是不懂的。不久，李筌就伪托风后之名伪造了一部《握机（又作握奇）经》，再写了一部真伪混杂、混入了大量星卜杂占等迷信成分的《神机制敌太白阴经》。李筌在这部书中论述阵法时，已有不少误说，故而曾公亮在《武经总要》卷7中批驳李筌关于阵法的论述："自胶其柱而谓瑟无五音，其愚而妄，决矣！"可是，曾公亮自己对阵法也搞不太清楚，不得不承认："阵图所存者，惟唐人李筌有八阵图，而其说难以依据。"所以，曾公亮在《武经总要》中一方面批驳李筌之谬，可另一方面却又抄袭了不少李筌的误说。

北宋时期，曾就古代兵法、阵法问题进行过不少讨论，可并未弄清楚古代的阵法，也未取得一致意见。宋神宗经过几年讨论之后，仍不得不认为，"分数不齐，前后抵牾，难为施用"，"武人将佐多不能通其意"。又说："朕尝览近日臣僚所献阵图，皆妄相眩惑，无一可取。果如其说，则两敌相遇，必须遣使预约战日，择宽平之地，夷阜塞壑，诛草伐木，如射圃教场，方可尽其法尔。以理推之，其不可用决矣。"

很明显，宋代对古代阵法已经分不清楚，已经产生出许多误解了。

在著名的兵书《李卫公问对》卷上中，通过唐太宗与李靖的对话，对于著名的"八阵"的演变，有着相当敏锐的分析。唐太宗问李靖"所谓'天地风云，龙虎鸟蛇'，这八阵是什么意思？李靖明确回答说："传之者误也。"李靖认为，所谓八阵本是一个阵的八种变化，天地风云之类本是不同图案的旗帜之名，后世就误传为有所谓天阵、地阵、风阵、云阵之类的八阵，即"后世误传，诡设物象，何止八而已乎"，这类误传甚多，并不仅是八阵，其实并无什么神秘在其中。为什么要以天地风云之类作为旗帜的图案、旗帜的名称，

# 第三章 中国古代战争的手段与阵法

这也并不难理解。《武经七书直解》有这样的解释："天地者，本乎旗之号；风云者，本乎幡之名。天取其高而能覆，地取其厚而能载，故以为旗之号，使为将者，亦法天地之所以高厚焉。风取其动作之象，云取其卷舒之势，故以为幡之名，使为将者，亦效风云之所以变化焉，非二阵似乎风云也……其以天地风云，龙虎鸟蛇分为八阵，乃后世人误传之耳。"这类解释是否完全符合历史事实，目前还无法断定。但是，八阵就是这样一步步地被误传、被附会、被神化，以致"异端如林，学者执四奇四正、龙虎鸟蛇之文，驰骋私意，巧词凿论，率皆逞其妄，丧其真，八阵之意愈乱而不可考"。不过这种演变的脉络却是明白可见的。当然，不仅是八阵，其他的阵法也大多被加上神秘色彩，"易以旌旗之名，诡以神将之临，重以五行之月，饰以五方之色，淆以吉凶之门"。所以，我们在唐宋以后的一些书籍中见到若干加上阴阳五行的迷信色彩，甚至有鬼神出没的"阵法"，也就不会感到奇怪了。

## 知识链接

### 车阵战是怎么回事

春秋时期，诸侯国之间的战争多用马车作战，双方往往排成整齐的车阵，然后交战。例如，公元前707年，郑国与"王师"、蔡、卫、陈等国交战，郑用左拒（方阵）来抵挡蔡、卫，用右拒来抵挡陈，用中军排列成"鱼丽之阵"来抵挡"王师"。又如公元前550年齐庄公伐卫，顺道伐晋，曾把军队编为六个队，有先驱（前锋军）、申驱（次前军）、贰广（庄公的禁卫队）、启（左翼）、胠（右翼）、大殿（后军）等阵列。

这种整齐的车阵，一经交战，战败的车阵一乱，就很难整顿队伍、重新排列车阵继续作战，所以胜负很快就能决定。春秋时的大战，如城濮之战、邲之战、鞌之战胜负都在一天之内就见分晓，鄢陵之战两天决定胜负；吴国攻入楚国，从柏举一战长驱直入楚都郢，前后也不过10天。

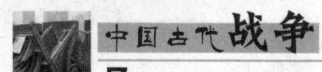

从周代史料看，战车乘法为每车载甲士三名，按左、中、右排列。左方甲士持弓，主射，是一车之长，称"车左"，又名"甲首"；右方甲士执戈（或矛），主击刺，并有为战车排除障碍之责，称"车右"，又名"参乘"；居中的是驾驭战车的御者。车上一般还备有若干有柄的格斗兵器，如戈、殳、戟、酋矛、夷矛等，插放在战车两侧，供甲士在作战中使用。主将之车，乘法比较特殊，主将居中，御者居左。此外还有四人共乘之法，叫"驷乘"，但这属临时搭载性质，并非正式编制通例。每乘战车所隶属的步卒，据我国古代著名兵书《司马法》记载，春秋以前为22人，其中包括7名车下甲士和15名步卒，连同3名车上甲士，共计25人，为一步两兵，配合战车协同作战。

# 第四章

## 中国古代著名战争

在中国几千年的历史上,发生过数不胜数的战争。这其中,有维护统一的战争,有统治阶级因内部冲突而爆发的战争,有抵御外来侵略的战争……战争对人类历史的进程产生着巨大的影响。

# 第一节
# 先秦及秦汉时期的战争

## 宋襄公败绩泓水

泓水之战的交战双方是宋国和楚国，时间在公元前638年。这次战争中有一个重要角色，即中国历史上有名的仁义之君宋襄公。

宋襄公名字叫兹甫，是宋国国君桓公的正妻所生的儿子，旧时称为嫡子，他因此很早就被立为太子。兹甫有一个哥哥叫目夷，目夷和兹甫不是同一个母亲生的，而是同父异母。目夷的母亲是桓公的妾，在旧时目夷属于庶出，所以兹甫叫他这位哥哥为庶兄。公元前651年，宋桓公病危。兹甫多次请求父亲把君位传给目夷，目夷也向宋桓公说："兹甫连君位都要推让，这是最大的仁义，我的品德哪能和他相比。况且，他原本就是太子，理所当然应该是他承继君位"。兄弟俩你推我让，直到第二年春天宋桓公病死以后，兹甫又谦让了好一阵，然后才当了国君，就是宋襄公。在那个时代，一般人都十分看重荣华富贵，而兹甫居然一再推让君位，这自然极为少见。大家由此都认为宋襄公太仁义了，一致称赞他。宋襄公听到别人称赞自己，觉得目夷不肯接受他让出的君位，确实也够仁义的。于是，他就让目夷做他的助手，兄弟俩一起治理宋国。

到了公元前643年，即宋襄公即位的第八个年头，齐国因桓公病死而发生了内乱。齐桓公的五个

宋襄公雕塑

儿子可谓不仁不义，太子昭在争夺君位的较量中失利，逃到了宋国，寻求宋襄公的支持。宋襄公认为支持太子昭复国是义不容辞的事，符合他的"仁义"标准。于是，他联合了几国的诸侯，一起出兵平定了齐国的内乱，把太子昭扶上了国君的宝座，太子昭便成了齐孝公。这齐国原本是东方大国，在诸侯国中的威望是最高的。齐桓公在世的时候，曾经多次召集诸侯，主持盟会，是春秋时期的第一个霸主。而现在，齐国的内乱居然是由宋襄公平定的，国君也是靠宋襄公的扶持才得以上台的，无形之中，宋襄公的"国际地位"一下子上升了不少。这时，他心里就开始想学学齐桓公，尝尝当霸主的风光滋味。

要当霸主不能靠自封，必须有一些诸侯国的拥戴才行，这一点宋襄公心里是挺明白的。于是，他就学着齐桓公的样，准备召集一些诸侯举行盟会，借主持盟会来奠定自己的霸主地位。宋襄公很有自知之明，他知道凭自己的实力和面子，恐怕还请不动大国诸侯，就邀请了几位小国诸侯来开会。谁料想，这些小国诸侯也不合作，鄫国诸侯缺席不到，滕国诸侯姗姗来迟，曹国诸侯会开了一半，就竟然退场回了国。宋襄公恼羞成怒，想一想这"仁义"是太斯文了，连这些小国都不听号令，看来还得动武才行。他把滕侯扣押起来，把鄫侯杀掉祭了睢水神，又大兵压境征服了曹国。接下来，宋襄公要当霸主，就得和大国较量了。

宋襄公当政的时候，诸侯国中要数齐、秦、晋、楚为大。齐国经过内乱，国力今不如昔，已经是自顾不暇，没有力量参与国际事务。秦国在西边，即今甘肃天水一带；晋国在西北，即今山西太原一带。这两个大国离中原都有一定距离，一时还妨碍不了宋襄公称霸的大事，唯有楚国，占着长江中游和汉水流域一带，疆域辽阔，而且不断向黄河流域扩张。宋襄公一眼认定：楚国是他称霸的唯一一只拦路虎。

这个时候，楚国的国君是楚成王。楚成王也很有雄心，这时的楚国国力也很强盛，乃至于宋国的周边国家，像鲁（今山东曲阜一带）、郑（今河南新郑一带）、蔡（今河南上蔡一带）、陈（今河南开封一带）等，都被迫和楚国订立有盟约，对楚国唯命是从。宋襄公一想，这倒省事了，只要能将楚国拉拢过来，它那些盟国不是也就会跟着过来，自己的霸主地位不是自然成就了吗？宋襄公把联络楚国的想法告诉了目夷，目夷却有自己的看法：第一，宋国还不具备称霸的条件，急于求成，恐怕事与愿违，会招来祸患；第二，楚

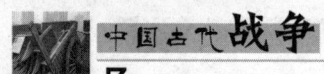

成王雄心勃勃，城府很深，工于心计，可能是宋襄公无法战胜的一个对手。宋襄公认为目夷的顾虑也太多了，他坚持己见，目夷也就不再坚持了。

公元前639年春天，宋襄公约请楚成王、齐孝公在鹿上（今安徽阜南南）会晤。在会上，宋襄公提出请楚成王邀请楚国的盟国出席下一次诸侯大会。没想到，楚成王居然爽快地答应了，这下可把宋襄公给乐坏了。

怀着按捺不住的喜悦终于等到了秋天，宋襄公带着目夷等一批文官兴高采烈地到盂（今河南睢县）去大会诸侯。楚成王等如约前来，郑、蔡等五国诸侯也都到齐了。宋襄公好不快活，心想会议既然是由自己发起的，当然自己就是盟主了，于是便得意扬扬地坐上了盟主的席位。还没等宋襄公坐稳，随着楚成王的一声号令，会场里竟涌进来一群楚兵，蜂拥而上，把宋襄公从盟主的坐席上给揪了起来，转瞬之间，宋襄公便成了囚犯。趁着会场上一片混乱，目夷跑出来，跳上马车，疾驶回国，以应付突发事变。

楚成王果然押着宋襄公，带领着楚军长驱直入，前来攻打宋国都城商丘（今河南商丘）。目夷早有提防，迎头痛击，楚军竟攻不破城池。楚成王此次攻城，原想不过是顺手牵羊，因宋国国君已捉在手中，再灭宋国岂不是便宜事一桩？所以事前并没做充分准备，碰了个硬钉子。一见强攻没能见效，楚成王只好改用讹诈的手段。他恐吓宋军，如不投降就杀掉宋襄公。目夷等人识破了他的诡计，干脆回答："我们已另立国君，悉听尊便。总之我们不投降"。楚成王觉得宋襄公再也没有利用价值了。杀了他吧，反倒让宋国人记仇，倒不如放了这个废物，送个顺水人情。就这样，楚成王凯旋后，宋襄公才又被目夷等一帮臣民接回国来。

## 退避三舍： 城濮之战

晋文公重耳在位时，以超人的胸怀广纳贤士，使晋国的实力越来越强。

有一天，宋国大司马公孙固送来告急文书，说宋城被楚兵包围，请晋国速速出兵解围。晋文公收到告急文书有些犯难，当年逃难时，宋楚两国都给予了很大的帮助，如今宋国被围，正是报答的时候，而围攻宋国的又恰恰是楚国，怎么办呢？

晋文公召集众臣商议对策。先轸说："晋国如今大业初成，正是需要在诸侯中树立威信的时候，所以一定要帮助宋国解围。"狐偃同意先轸的观点，也了解文公的难处，于是给文公出了个主意："曹、卫两国都已归附楚国，卫国还与楚国联姻，当年逃难时，曹、卫两国的国君都对主上很无礼。晋国可以以此为由讨伐两国，两国被围，楚国必然出兵相助，宋国的围也就解了。"晋文公依计而行。

楚将成得臣攻打宋都睢阳（今河南省商丘县南）胜利在望，突然接到楚成王命令，要他带一部分军队解曹、卫之围。成得臣冷笑一声说："当初听我的话杀了重耳，哪会有今天的麻烦。"接着，让信使给楚成王回话：攻下宋城，再发兵支援曹、卫两国"。只因这一怠慢，曹、卫的都城被晋国攻破。

这时，成得臣又接到楚成王一道命令："与晋国能和则和，不可轻易作战。"成得臣生就一副倔脾气，他原本没瞧起晋国，见曹、卫两国被攻破，心里不服，决心恢复曹、卫，打败晋军。

楚将宛春对成得臣说，对付晋国我们不必硬拼，接着献上一计："晋国表面救宋，实际是为了建立霸业。我们派人对晋文公说。如果晋国撤出曹、卫两国，我们就撤出宋国，然后再把我们这个想法暗里通知宋国，晋国若不答应，不但曹、卫两国怨恨他，宋国也会怨恨他。如果答应了，这三个国家都会感激我们，于晋国也没什么好处。"成得臣一听，心里非常高兴。当即派宛春出使晋国。

楚使宛春的到来，着实给晋国出了个难题。虽然宛春一开口，诡计就被识破，可一时又想不出应付的办法。

还是先轸打破了僵局，他说："我们可以暗中告诉曹、卫，如果他们同意与楚国断交，我们就恢复他们的国家。然后再扣留宛春，成得臣脾气暴躁有勇无谋，他必然会倾全力与我们作战。宋国的围解了，曹、卫也不会怨恨我们。"晋文公来取了先轸的计策。

成得臣听说宛春被扣留，气得暴跳如雷，接着又收到了曹、卫的绝交信，更是怒火中烧，当即从宋国撤兵，准备同晋国决一死战。斗越椒见成得臣要违背楚成王的命令，便与成得臣商量等他奏请国君后再说，成得臣勉强同意。斗越椒急急火火地回都城见楚成王，结果斗越椒前脚刚走，成得臣后脚便发兵至晋军驻地附近。

晋军众将领见楚军压境，纷纷摩拳擦掌，准备迎敌。谁料晋文公同狐偃商议一会儿后下令："大军后退90里！"众将哗然。狐偃解释道："成得臣虽然无理，但当年楚王于我们主公有恩，我们不能忘了楚王的好处。"

当年晋文公在楚国逃难时，经常与楚王结伴外出打猎，赛箭法、比武艺，相处得非常融洽。一次宴会中，楚成王开玩笑似的问重耳："假如有一天你当了晋国国君，怎么报答我呀？"重耳很温和地回答："假如我能当国君，会努力让晋楚两国友好相处。如果两国发生了战争，不得不刀枪相见，我当退避三舍（1舍是30里），以报答楚君的大恩。"

成得臣听到此话心里很不舒服，认为此人将来必定成为楚国的大患，便暗示楚君杀掉重耳，楚成王不以为然。

于是晋军后退三舍之地，在城濮（今山东范县临濮集一带）驻扎下来。

晋军后退，成得臣面上有光，本可见好就收，既不劳民伤财，又不担心违君的罪名，怎奈他一心要战，便率军追到城濮，并向晋文公下了一个语言轻慢的战书，大意是：您就站在战车的横木上看我怎样逗您的武士们玩吧！狐偃看了战书对文公说，成得臣傲气十足，必吃败仗。

晋文公回了一封不卑不亢的信，打发走楚国的使臣，开始认真备战。他大胆起用年轻将领先轸做主帅。先轸也表现出突出的军事才能。他在训兵时特别交代："平时作战，击鼓进军，击锣收兵，而这次作战击鼓收兵，击锣进军。"他在摸清楚军实际情况后，将晋军分为上、中、下三军，分别对待楚军左、中、右三军；又暗中拨一支精兵绕到楚军背后埋伏好，只等楚军败退时，夺取他的大寨；魏犨率兵到空桑埋伏，截击楚国败兵；舟之侨准备船只在南河等待，以便将缴获的军械粮草运走；赵衰保护晋文公上有莘山观战。

成得臣此次出兵联合了陈、蔡、申、息等国，他见晋国只有宋国相助，认为他们不堪一击，所以并未做什么部署，只等着看晋军怎样全军覆没了。

两军开战不久，晋军佯败逃跑，陈、蔡军队穷追不舍。忽听一声锣响，陈、蔡军队以为晋军要收兵，追得更加起劲，谁知伴随锣声，冲出一队战车，驾车的马身上都披着虎皮。陈、蔡军马大惊，四处狂奔，把楚军后队也冲乱了，晋军乘机杀出。楚军右师大败，楚将斗勃中箭逃跑。

晋军士兵扮成陈、蔡士兵向成得臣报告，右师大获全胜，晋军被击垮，已全线溃逃，成得臣晋下军主将粟枝，派斗宜申率左军追击。

见楚左军杀来，让士兵在战车后面拴上树枝，在路上奔跑，飘起阵阵尘土，远远看去，就像全军溃逃卷起的烟尘。楚军不知道是晋军请君入瓮的计策，结果楚军大败。

成得臣只知楚军大获全胜，马上就可以活捉晋文公，谁知先轸率三路军马杀来，他才知道两军溃败，慌忙下令撤兵。无奈为时已晚，士兵十之七八成为俘虏。正在成得臣绝望之时，他15岁的儿子成大心杀出一条血路将他救走。

成得臣逃回营寨，见粮草、军械已被晋军所收，只得继续往后山逃跑。谁知刚到空桑，魏犨又率军杀出，将楚军团团围住。成得臣走投无路，准备拼死挣扎，正在这时，晋文公派人传令："放楚军回国，以报楚王当年之恩"。

成得臣回国后，听说楚成王正为他违命出兵惨败而归的事生气，而且没有原谅他的意思便自刎而死。楚成王并不想处死他，但要阻拦已来不及了。

晋文公凭借城濮之战的大获全胜，顺利地成为诸侯的霸主。

## 桂陵、马陵之战

齐国与魏国是战国初期的两个大国，但是齐国却有曾被魏国打败的记录。

齐威王在位时，魏国起兵攻打赵国，包围了赵国的首都邯郸。赵王派使者来向齐国求援。齐威王虽然很想趁机攻打魏国，但也不敢轻率从事。于是，齐威王立即召来各位大臣，商量救赵办法。大家一致认为，如果魏国打败了赵国，魏国的力量会因此大增，对齐国将非常不利；再说齐国与赵国原本就是一向友好的国家，齐国如果见危不救，从道义上也是讲不过去的。齐威王听了大臣们的意见，决定出兵救援邯郸。

为了牵制魏军兵力，齐国说服卫国和宋国组成联军去攻打魏国的襄陵（今河南睢县西）。随后齐威王又任命孙膑为大将，统率齐军救赵。但孙膑认为自己不宜担当此任，他说："承蒙大王看重。但我是个受过刑的人，恐怕敌人耻笑，对指挥作战不利。还是请大王另选他人，我可以在一旁出出主意，找机会报答大王。"齐威王听后，觉得孙膑言之有理，于是改令田忌为大将，孙膑为军师，坐在有篷盖的车里暗中运筹。齐军一切准备就绪，开始向赵国出发。

此时，魏军正对邯郸城发动更为猛烈的围攻，而派到魏国去攻打襄陵的宋、卫两国联军又力量不够，不足以威胁魏国后方而使邯郸城下的魏军回防。田忌看到这种情况，决定立即率军直逼邯郸解围。这时，孙膑对田忌说："要解开一团乱麻，不能用力乱扯；要制止一场斗殴，也不能插手帮打。解乱结要从松动处下手，劝斗殴需要气势和力量来制止，这样办，问题才会迎刃而解。如今，魏军在外，赵军在内，互相已经拼杀很久了。在城外的魏军精锐部队必然已经疲乏，而在城内的赵军同样也体力不支。将军不如现在率军偷袭魏国的都城大梁，占领魏国的交通要塞，攻击魏国防守空虚的地方，逼迫魏军放弃邯郸而回师营救大梁。这正是我们所要的一举两得的效果，一方面解救了被围攻的赵国，另一方面还能打败疲惫不堪回师大梁的魏军。"

田忌非常赞同孙膑的主张，于是改变进攻邯郸的计划，率军直逼魏国的大梁。一时齐军和宋军、卫军在魏国境内遥相呼应，对大梁形成了极为沉重的压力。

此时的邯郸终因势单力薄，寡不敌众，被魏军攻破了，但魏军也为此付出了很大的代价，人困马乏。这时，齐军南下攻打大梁的消息传到了邯郸。刚攻下邯郸城的魏军来不及休整，庞涓就下令全军回师，救援大梁。魏军本来就因为久攻邯郸而疲惫不堪，再加上几百里的急行军，更是累得喘不过气来，士气大减。当魏军行至桂陵（今河南长垣县西北）的时候，便与田忌、孙膑所率的齐军相遇。齐军守株待兔，以逸待劳，以静制动，初次交锋，士气正旺，魏军哪里还有还击之力！一阵拼杀下来，魏军大败，庞涓只率得残部退回大梁。战争的结局，果真如孙膑所预测的那样，齐军一举两得，获得了桂陵之战的全面胜利。

魏军虽在桂陵之战中严重失利，但是并未因此而一蹶不振，而仍具有蔚为可观的实力。13年后（前341年），魏国又挟持赵国挑起了侵略韩国的战争。韩国位于魏国的西南，是战国七雄中比较弱小的一个。韩国自然不是魏的对手，危急中遣使奉书向齐国求救。

齐威王一如当年那样，召集大臣商议此事。邹忌依然充当反对派，他说："魏国韩国相斗，不管鹿死谁手，双方实力都要受到损伤，这对齐国没有什么坏处。"他主张隔岸观火，不出兵救韩。

而田忌则主张发兵救韩，他说："不出兵救援韩国，韩国就会屈服于魏国。从而导致魏国势力的进一步壮大，将形成对我们齐国更为不利的局面，不如及早出兵营救。"

齐威王征求孙膑的意见，孙膑便胸有成竹地谈了自己的看法：他既不同意不救，也不赞成早救，而是主张"深结韩之亲，而晚承魏之弊"。他说："韩魏两个国家的战争才刚刚开始，它们双方的军事力量都还没什么大的损伤，这时出兵相救等于我们代替韩国承担抵御魏国的强劲攻势，又好像我们是听从韩国的调遣。况且魏国有倾其国力不惜代价不败韩国决不罢休的来势，韩国眼睁睁地看着自己将沦陷敌国，肯定遣使求救于我国。"

接着，孙膑向齐威王进献了具体的战略措施："现在，我们应当私下里许诺韩国，出兵相救，跟它结交深密的感情，但却不必马上出兵。韩国有了我们的救援指望，必定增强战斗信念；魏国军队遭遇了韩国的拼命抵抗，实力也一定会有相当大的消耗。等形成了这种两败俱伤的局面，我们再举兵赴战，打败魏国可以说是稳操胜算！这样，不仅能够轻而易举地享受很重要的军事利益，而且更能在山东各国享有很高的威望。"

齐威王按照孙膑的谋略秘密召见了韩国使臣，表示齐国不会辜负韩国的期待，将出兵救援，希望韩国在援军开赴战场之前全力抵抗。

齐国承诺救助，韩国深受鼓舞，反侵略战争的士气更加高涨，连续五次发起对魏国军队的猛烈反攻。虽然五战五败，但却使魏国军队遭到了重创，付出了不小的军事代价。渐渐地，韩国也支撑不住了。

韩国使臣又一次来到齐国，只好把自己的国家托付给齐国，请求赶快出兵。

齐威王见时机成熟，决定出兵救韩。

像13年前的围魏救赵一样，齐威王仍拜孙膑为军师，任命田忌为主将，田婴为副将。

田忌根据孙膑"批亢捣虚"的战略思想，再次设下了"围魏救赵"之计。

田忌按照军师孙膑的谋划，统领大军直接向魏国都城大梁进发。

魏将庞涓得到齐军将偷袭后方的消息，立刻放弃了攻韩的一系列战略部署，撤军回国。这时，齐国的军队已开出国门。长驱直入踏上魏国土地了。

孙膑已经掌握了庞涓回师迎敌的情报，于是对田忌说："魏国的军队一向自以为强悍勇敢，根本瞧不起我们齐国军队，齐国因而被称为胆小懦弱，善于作战的将领应该利用这种情势，因势利导。兵法上说，以急行军赶路百里去争夺战胜之利，部队肯定会疲惫劳顿，连他们的主将也有被折损的危险；以急行军五十里争利，不过能有半数兵力赶到目的地。而今，庞涓轻装急进，日夜兼程，恨不得一口吃掉我们，这是兵家大忌。"

田忌认为孙膑的分析非常正确。问孙膑："那么，当此关头，我们该怎样对付劳师袭远的庞涓呢?"

"将计就计,我们故意装出胆怯懦弱的样子,骄纵庞涓,蛊惑敌人军心,诱使他轻敌冒进。"接着,孙膑又定出了具体的实施计划:"现在,我军立刻掉头撤退。撤退过程中,第一天宿营时筑起可供10万人马烧饭用的炊灶,第二天减少到5万灶,第三天减为3万灶,给敌人造成我军兵士不断逃亡的错觉,进一步助长他轻敌麻痹的情绪。"

果然,庞涓尾随齐军三天,紧追不舍,发现齐军宿营用餐的炊灶一天比一天少,起初密密麻麻10万炊灶,三天后稀稀落落不过3万灶坑。他得意扬扬地说:"我早就知道齐军是些胆小怕死的可怜虫,进入我们魏国才三天,士卒就逃亡过半了!"

庞涓得意忘形,以为洗雪桂陵战败耻辱的时刻到来了。根据自己的判断,他立刻命令丢弃步兵和辎重,只带领了一支精选的劲健轻骑部队,以一天赶两天路程的速度拼命追赶齐军。

齐军这时已退至本国境内,孙膑计算庞涓的行程,当晚应当抵达马陵(今河北省大名县东南)。马陵路狭道窄,是条蜿蜒于高丘中的小路,两旁林木丛生,布满天然险阻,是设置伏兵袭击敌人的上选之地。再加上漆黑一团的夜色,也是出奇制胜的最佳天时。

孙膑决定选在此地此时消灭庞涓。他让田忌命令士兵砍倒路旁的树木阻塞庞涓的去路,并选择了一棵特别高挺的大树。砍削去一大块树皮,在光滑的树干上写了"庞涓死于此树之下"几个大字。

孙膑亲自挑选了一万名善射的弓箭手,埋伏在道路两旁,吩咐他们:"一旦看到火光,就万箭齐发!"

当晚,庞涓果然赶到了这棵大树下。阴沉漆黑的夜空,他影影绰绰地看到树干上模模糊糊的一行字迹,但没有看清楚到底写的是什么,便命令士兵点亮火把,照明看字。

只见上面写着:"庞涓死于此树之下"八个大字。

庞涓还没来得及做出任何反应,齐军便万弩齐发,给魏军以迅雷不及掩耳的打击,魏军顿时惊恐失措,大败溃乱。庞涓智穷力竭,眼见败局已定,遂愤愧自杀。齐军乘胜追击,又连续大破魏军,前后歼敌10万余人,并俘虏了魏军主帅太子申。

齐国在桂陵之战,尤其是随后的马陵之战中的大获全胜,从根本上削弱

了魏国的军事实力。从此，魏国一步步走下坡路，失去了中原的霸权。而齐国则挟战胜之威，力量迅速发展，成为当时数一数二的强大国家。孙膑在此战中避实击虚，创造了"围魏救赵"的战法，成了两千多年来常用的军事手段。也从此名扬天下，他的兵法著作也流传后世。

## 楚汉成皋之战

楚汉成皋之战，起于楚汉2年（前205年）5月，迄于楚汉4年（前203年）8月，前后历时2年零3个月。

刘邦自彭城惨败以后，深感兵强将勇的楚军不是轻而易举就能战胜的。为了改变楚强汉弱的不利形势，他采纳张良等人的意见，退据地势险要又有充足储粮的荥阳、成皋（荥阳西北）一线，在政治上争取同项羽有矛盾的英布和彭越，重用韩信，在军事上制定了正面相持、敌后袭扰和南北两翼牵制楚军的作战方针。

项羽这时已认识到刘邦是他的主要敌人，所以决定不给刘邦喘息的时间，又亲率大军追至荥阳。刘邦得到留守关中的萧何发来的援兵，韩信也率部前来会合，于是挑选了一些精锐骑兵阻击楚军，暂时挡住了项羽的攻势。项羽根据敌我形势的变化，也决定改变战略，与齐、赵约和，派人拉拢英布，准备与英布合力西进关中，捣毁刘邦的战略基地。

刘邦在荥阳站稳脚跟后，为了巩固后方，于6月回到关中，彻底剿灭韩邯的残余势力，并派兵加强临晋关、函谷关、峣关、武关等地的守备，转运关中地区的粮食和兵员不断支援前线。8月，刘邦见后方部署已定，又返回荥阳、成皋，指挥作战。这时，刘邦派往九江的信使，已劝说英布背楚附汉，但在彭城战后背汉附楚的魏王豹，却拒绝再回到刘邦阵营。刘邦于是派韩信北征魏王豹，以解除其对荥阳、成皋前线和关中的威胁。

项羽雕像

楚汉2年（前205年）12月，项羽开始大举攻击荥阳，迅速切断汉军运粮的甬道，使防守荥阳、成皋的汉军在补给上发生困难。刘邦为了缓兵，请求议和，提出"割荥阳以西者为汉，以东者为楚"。项羽听从范增的意见，拒绝议和，越发加紧了对荥阳的进攻。刘邦见议和不成，于是采用陈平的计谋，让人带上大量黄金，赴楚施行离间，散布谣言说，楚将钟离昧、龙且、周殷等人因未能分封为王，都想与汉勾结，背叛项羽，范增对项羽也有二心。项羽果然中计，怀疑部属。周殷因惧怕被杀，索性叛楚附汉。范增被削夺权力后，含愤离去，病死在途中。

刘邦采取上述措施，虽然起到了一定的破坏作用，但正面所受的压力仍然很大。楚汉3年（前204年）5月，项羽进攻荥阳益急，荥阳危在旦夕。刘邦留御史大夫周苛守卫荥阳，让将军纪信伪装成自己，夜间溜出荥阳东门，扬言城中粮尽，汉王出降。楚军纷纷跑来观看，皆呼万岁。刘邦则乘机率数十名骑兵从西门出城，逃至成皋。等项羽知道受骗，追至成皋，刘邦已逃回关中。项羽遂下令烧死冒充刘邦的纪信，攻下成皋。此时，虽然荥阳孤城仍由周苛等困守，汉荥阳、成皋核心防线实际上已为项羽所突破。

刘邦回到关中后，收集关中之兵，想再次东出收复成皋。有位叫辕生的献计："汉军与楚军在荥阳相拒数载，汉军常遭危困。愿大王东出武关，项羽必然引兵南走。大王避开项羽的攻势，不要与其作战，同时可使荥阳、成皋间且得休息。等韩信平定赵地和联结燕、齐之后，大王复走荥阳。这样，楚军所要防备之处增多，力量必然分散，汉军却得到休息，再与之交战，一定能打败他们。"刘邦采纳了这一意见，改取机动作战，率兵出武关，流动于宛（今河南省南阳市）、叶（今河南省叶县）之间，又使英布率九江兵在楚军南翼摆开攻击的架势。这样，项羽果然仅留少量兵力扼守成皋，而自率主力向南，企图在宛、叶歼灭汉军。刘邦一面苦苦抵御，一面命彭越突袭彭城附近，大破楚军项声、薛公部，杀死薛公。楚军后方遭此严重威胁，使项羽不得不掉过头来反击彭越。刘邦乘机率大军会合英布的九江兵，猛扑楚军控制下的成皋，一举将其收复。

项羽东进击退彭越后，又于6月回师西线，攻破荥阳，进围成皋。刘邦与夏侯婴从成皋北门逃出，北渡黄河，到修武（今河南省获嘉县东）韩信、张耳所率的赵军营中。刘邦在此调兵遣将，增援汉军控制下的巩县（今河南省巩县西南），以阻止项羽继续向西突破。

# 第四章 中国古代著名战争

8月,刘邦为挽救荥阳、成皋核心防线的危局,在修武高垒深堑以谋固守的同时,加强敌后活动,使彭越袭击楚军后方,派将军刘贾、卢绾率2万人渡白马津(今河南省滑县北)深入楚地,协助彭越破坏楚军补给线。彭越连拔睢阳(今河南省商丘县南)、外黄等17城,刘贾、卢绾则极力搜求楚军仓库,予以焚烧,仅一个月后,已造成楚军后方的严重混乱。9月,项羽不得不停止攻势,再次率军东攻彭越。项羽留大司马曹咎与塞王司马欣共守成皋,临行前指示他们:"汉王来挑战,慎勿与战,不要让他们往东即可。我15日内必能平定彭越,还回到这里。"这一次,项羽又一次击退彭越,将17城收复,却未能消灭彭越的游军。这支游军仍在染、楚之间积极活动,威胁楚军的后方。

楚汉3年(前204年)10月,刘邦见项羽主力又去东击彭越,想乘机重整荥阳、成皋间的防线,但由于曹咎、司马欣据守成皋,难以攻拔,所以又想放弃成皋,退守巩县,洛阳。谋士郦食其深知成皋战略地位的重要,对刘邦说:"做帝王的人以民为天,而民以食为天。敖仓是天下粮食的转输中心,其下藏粟甚多。项羽攻克荥阳后,不坚守敖仓,便引兵向东,只派部分兵力扼守成皋,这真是上天在资助我们。现在,留在这里的楚军很容易击破,大王却想放弃进攻的机会,实在是不明智。况且两雄不俱立,楚汉长期相持不决,百姓骚动,海内摇荡,农夫不种田了,农妇不织布了,就是因为天下归谁所有尚未确定,愿大王立即进兵,收取荥阳,控制住敖仓的粮食。阻塞住成皋的险要,然后夺占飞狐口,扼守白马津,向各地诸侯显示我们所据的战略形势,知道天下应该归谁。"刘邦认为他讲得很有道理,立即引军渡河,向成皋楚军挑战。曹咎最初还遵照项羽的告诫,坚守不出,但终于经不起汉军连日辱骂,一怒之下率军出击。当楚军正在渡汜水时,汉军乘其半渡发动攻击,大破楚军,曹咎与司马欣均自刎于汜水之上。汉军夺取成皋,扼守广武山,并在荥阳以东包围了楚将钟离眛。

项羽听说成皋失守,急忙由睢阳率部回来救援。汉军依据险要地形,坚守不战,楚

刘邦画像

111

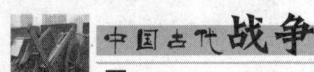

军几次东奔西驰,极为疲劳。这时,由于韩信已攻占齐都临淄,从东、北两面形成了对楚军夹击的形势,项羽不得不也屯军广武山上,隔着一条广武涧与汉军形成对峙。双方对峙到楚汉4年(前203年)8月,楚军粮食匮乏,彭越的游军又不断袭扰楚军后方,项羽感到形势严重,被迫与刘邦订立和约,"中分天下",把鸿沟以西的地方划归汉,鸿沟以东的地方划归楚。

楚汉成皋之战,为以弱胜强的典型战例。刘邦自彭城战败后吸取教训,转攻为守,退保荥阳、成皋这一战略要地,这就护卫了战略后方关中和巴蜀,使汉军在人力物力上得到源源不断的补充,能够坚持长期的战争。在战争全局上,刘邦能及时采纳张良、韩信、郦食其等人的建议,制定出正面坚持、敌后袭扰、南北两翼牵制楚军的作战方针。这一方针,使强大的楚军陷于多面作战的困境,使汉军实力得到保存和发展,逐渐由劣势转为优势,由被动转为主动,最后取得有决定性意义的胜利。项羽则既不善于争取同盟势力,又不能团结内部,而且不注意战略基地的建立。在作战指导上,他也缺乏战略头脑,没有通盘的考虑和打算,没有主要的打击方向,东奔西跑,一味应付。故而,虽然打了许多胜仗,在战略上却是失策的,终于导致敌我形势发生重大变化。

## 知识链接

### "神箭"退敌

东汉初年,汉将耿恭(字伯宗,陕西扶风茂陵人)在金蒲城(在今新疆巴里坤湖附近)以不足千人的兵力抵抗来犯的大队匈奴。匈奴军不仅人数多于汉军,而且都是强悍的骑兵,很不易对付。耿恭知道光靠死拼硬打是制伏不了这些强敌的,必须以计取胜。

于是,他命令士兵把毒药涂在箭头上,派人到匈奴军中散布流言说:"天神保佑汉军,赐予神箭,被神箭射中者必有意想不到的灾祸。"匈奴将

领当然不信这一套，下令大军猛烈攻城。耿恭指挥士兵开弓放箭，一时间，箭如雨下，攻城的匈奴官兵纷纷中箭倒地，伤亡惨重。匈奴将领只好下令停止进攻，让人把伤员抬回营中。

当匈奴伤兵回到营房时，奇怪的事情发生了：凡是中箭的匈奴官兵的伤口，都发生红肿、溃烂，痛痒难忍。这下可把他们吓坏了，再联想到"汉军有神箭"的传言，更加恐慌不安。说来也巧，当晚天空突然黑云密布，雷鸣电闪，大大增加了军营里的恐怖气氛。匈奴兵纷纷议论认为汉军真有神明保佑，作战士气大大低落。耿恭抓住这个良机，率军乘雨出击，冲入敌营，把敌人打得落花流水，最终取得了以寡击众的战斗胜利。

# 第二节
# 魏晋至明清期的战争

## 以弱胜强：官渡之战

从初平三年至兴平二年（192—195年），中原局势发生了一系列的变化。在长安，司徒王允和中郎将吕布等密谋杀死了董卓，接着董卓的部将李傕、郭汜举兵叛乱。结果王允被杀，吕布东逃。后来，李傕、郭汜发生火拼，互相屠杀，而汉献帝作为一尊傀儡皇帝，被这些军阀争来抢去。

当初，废除少帝刘辩，立陈留王刘协为帝，本不是袁绍的意思。等献帝和百官逃出长安，来到黄河以东，袁绍还派颍川郭图去朝见汉献帝。郭图就劝说袁绍迎天子到邺城，袁绍不从。等到曹操迎天子到许都，收河南地，关中都归附了，袁绍这才后悔了。他试图让曹操把献帝送到邺城，曹操一口拒绝了。为了安抚袁绍，曹操任命袁绍为太尉，改封邺侯。太尉虽贵，但地位在大将军之下，袁绍深感屈辱，上表不受封拜。建安二年（197年），曹操派孔融出使邺城，拜袁绍为大将军，以缓和矛盾。

此后几年，袁绍继续致力于讨伐公孙瓒。建安三年（198年），袁绍亲领大军围攻易京，公孙瓒大败。至此，袁绍占据了幽州，兼并了公孙瓒的军队。

袁绍有三子：长子袁谭、次子袁熙、三子袁尚。他宠爱后妻刘氏，对刘氏所生的袁尚特别偏爱，有意以袁尚为嗣，因此以长子袁谭为青州刺史。沮授劝诫说："年纪相当应选择贤者为嗣，德行又相当要用占卜来决定，这是自古以来的原则。将军如果不能改变决定，祸乱就要从这件事上发生了"。袁绍则说："我是准备让几个儿子各据一州，考察他们的才能"。攻克幽州以后，以次子袁熙为幽州刺史，以外甥高干为并州刺史，只留袁尚在身边。

袁绍占据冀、青、幽、并四州，拥有几十万军队。他任命沈配、逢纪统军事。田丰、荀谌、许攸为谋主，颜良、文醜为将帅，挑选精锐步兵10万，骑兵万人，要征伐曹操的许都。

之前，曹操派刘备到徐州抵挡袁术的进攻。袁术甫一病死，刘备就杀了曹操任命的徐州刺史车胄，背叛曹操，策应袁绍。袁绍也派了一支骑兵来支援刘备。曹操派部将刘岱、王忠讨伐刘备，不能取胜。

建安五年（200年）曹操为消弭后患，领兵攻打刘备。此时，谋士田丰对袁绍说："曹操东击刘备，一时不容易罢兵，明公如能举兵袭击他的后方，一定可以取胜"。但袁绍却拒绝了这个建议。曹操率兵来攻打徐州，

曹操画像

## 第四章 中国古代著名战争

刘备大败，只好投奔了袁绍。

待曹操击败刘备，还军官渡之后，袁绍才匆促决定出兵。2月，袁绍率领大军抵黎阳，派颜良进攻白马，和曹操的部将刘延展开激战。沮授又劝谏袁绍，说："颜良性情急躁，虽然作战勇敢但不能独领大任。"袁绍不听，结果曹操救刘延，与颜良交战，斩杀之，迁徙民众撤向官渡。

袁绍准备挥师渡河，追赶曹军。袁绍渡河后，驻屯在延津南面。他派出刘备、文醜挑战，被曹军打败，大将文醜被斩。再战，又折两员战将和许多人马，袁军中大为震骇。曹军退守官渡后，袁军集结在阳武。沮授忍不住，又对袁绍说："北军人多，但英勇善战不如南军；南军粮少，物资储备不如北军。南军利于速战，北军利于缓兵。所以我军应打持久战，拖延时日。"袁绍仍然不听，命令部队逐渐逼近官渡，紧靠曹军扎营，军营东西绵延数十里。

9月，两军会战，曹军初战失利，躲进营垒中坚守不出。袁绍修筑望楼，堆起土山，从高处发箭射击曹营。箭如雨下，曹营中的将士只得蒙着盾牌走路，士气大大降低。曹操命令工匠们制造了一种石车，将袁军的望楼一个个摧毁，袁军都惊恐地把这种车叫"霹雳车"。袁绍又暗凿通往曹营的地道，准备通过地道偷袭曹营。曹军则在营中挖掘长沟进行防御，同时派出精兵劫击袁绍的运粮车队，烧毁了袁军的粮食。

曹军与袁军相持了100多天，曹操领地内的老百姓困苦不堪，很多人背叛曹军，响应袁军。眼看曹军难以支持，恰巧袁绍派部将淳于琼带领万余人押运粮食，囤积在袁军大营以北的四十里的故市、乌巢（今河南延津东南）。沮授特意提醒说："可增派蒋奇领一支人马在淳于琼外侧，防备曹操偷袭。"被袁绍拒绝。而谋士许攸则提出趁曹操倾军而出，派轻骑奔袭许都，袁绍也没有听从。许攸愤而投奔曹操。在许攸的谋划下，曹操亲自领赴乌巢，袭击淳于琼。

当曹操奔袭乌巢之时，袁军部将张郃主张救淳于琼，他对袁绍说："曹操亲自出马，必然得手，那么事情就无可挽回了。"郭图出主意说："不如现在发兵去进攻曹军大营。"袁绍认为郭图说得对，只要攻破曹营，曹操就穷途末路了。于是派高览、张郃率领重兵攻击曹营，而只派一支轻骑救援乌巢。高览、张郃攻营不下，乌巢大败的消息已经传来了，二将无心恋战，向曹军投降。袁绍全军大乱，一下子全垮了。慌忙之中，袁绍及长子袁谭约800骑，渡河至黎阳北岸。

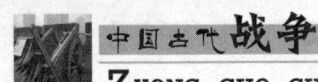

曹操把袁军投降的士兵全部活埋。沮授在乱军中没能和袁绍一起渡河，被曹军押解到曹操那里，曹操非常优待他。但他还是想去找袁绍，曹操杀之。

官渡之战，袁绍损失七八万人，武器、辎重、图书、珍宝无数。此役为曹操统一北方奠定了基础。

建安七年（202年），袁绍发病而死。

袁绍之子袁谭、袁尚在袁绍死后争权相攻，被曹操各个击破。建安十年（205年），袁谭被杀，袁尚与二兄袁熙逃亡辽西乌丸。建安十二年（207年），曹操北定乌丸，袁尚、袁熙败走辽东，被公孙康所杀。袁氏势力彻底覆没了。

袁术也是东汉末年的大军阀，是袁绍的堂弟，出身高门望族，在董卓之乱之后，他趁乱占据了扬州，横征暴敛，还自己当起了皇帝。

袁术称帝后，曹操、刘备、吕布、孙策四路人马杀向寿春城，大败袁术。袁术可怜巴巴地到灊山去投奔他的老部下，没想到人家拒绝接纳他。袁术忧惧恐怖，不知道哪里才是出路，就打算把皇帝称号送给袁绍，投奔在青州的侄子袁谭。哪知半路发病，袁术找人想要点蜂蜜，却又找不到，袁术大叫道："袁术至于到这个地步吗？"遂吐血身亡。

## 以少胜多： 赤壁之战

曹操打败乌桓、平定北方之后，公元208年，他掉过头来率军南下，攻打荆州。刘表这时已死，儿子刘琮懦弱无能，不战而降，使得曹操顺顺当当地占领荆、襄四郡，并收编了荆州的30万军队。这时的曹操兵精粮足，其势锐不可挡，号称80万，并要一鼓作气把刘备和孙权这两个强硬政治对手消灭掉。

曹操先是在当阳长坂坡打败刘备，接着占领了江陵，继续沿着长江向东挺进，进逼刘备最后的据点——夏口。

诸葛亮见形势危急，对刘备说："形势紧急，我们只有向孙权求救这一条路可走了。"刘备也觉得只能如此，便派诸葛亮到江东，劝说孙权同刘备联合，共同对抗曹操。

就在这时候，曹操向孙权下了战书。孙权与江东将士都很惧怕。孙权召集部下商议对策，以张昭为首的一些人极力劝孙权投降，只有鲁肃一人主张

抵抗，和孙权的想法一致。大将周瑜此时去了鄱阳，孙权派人召他回来，想听过他的意见后再做决定。

正当东吴犹疑未决之时，诸葛亮从夏口来了。诸葛亮舌战群儒，帮助孙权分析了曹军的情况，指明了联合抗曹才是唯一的出路，孙权的疑虑焦急暂时缓解了一些。

匆忙赶回来的周瑜，来见孙权，文武百官都被重新召集来商议对策。周瑜慷慨激昂地说："曹操虽然平定了北方，但进行水战并不一定能取胜，而关西的韩遂、马超也是曹操后方的威胁。曹军不用战马而是用船只来和我们较量，这是弃长用短。现在天气潮冷，战马没有草料，曹操强迫北方中原士兵千里迢迢到江南水乡，水土不服，必定会发生疫病。这些都是用兵的大忌。我请求率三万精兵，进驻夏口，保证为将军打败曹操。"

周瑜的这番话与诸葛亮说的不谋而合，孙权听后，终于下定决心。他从座位上起身，神情严肃地扫视一遍众人，拔出佩剑，"咔嚓"一声，将面前的几案砍去一角，厉声道："谁要再提投降曹操，就同这几案一样。"

周瑜知道孙权担心曹操兵力太强，仍有些放心不下，当天晚上又见孙权，对他说："我已经探听清楚，曹操号称80万大军，不过是虚张声势，实际上不过30万，其中还有不少是收编荆州的士兵，不一定真心为他卖命，曹军虽多，并不可怕，将军不必担心。"

孙权拍着周瑜的背，高兴地说："公瑾（周瑜字），你这些话，很合我的心意。张昭等人只是为自己考虑，我非常失望。只有你和鲁肃跟我的想法一样，这是上天让你们二人来帮助我呀。我已经挑选出3万精兵，船只、武器、粮草都已准备妥当。你和鲁肃、程普带领军队先出发，我继续调拨人马，运送粮草，来接应你。如果你能对付得了曹操，当然最好；如果失败，你就回来，让我亲自和曹操决一胜负。"

第二天，孙权任命周瑜为左都督，程普为右都督，鲁肃为赞军校尉，率领3万精兵同刘备的军队联合，准备与曹操进行

孙权故里

决战。

孙、刘联军出其不意，双方进行初次交锋，曹军先锋吃了败仗，曹军退兵在长江北岸的乌林，与驻扎在南岸的孙刘联军隔江对峙。

九江名士蒋干和周瑜过去有过交往，主动请求过江说服周瑜来降。曹操便派他前去劝说。

周瑜一见蒋干，便知道他的来意。他请蒋干随他观看吴军营寨、仓库和军械，然后说："大丈夫在世，遇到知己之主，情同骨肉，言听计从，祸福相共，即使苏秦、张仪二人再生，也休想说服我，难道你能说得动我吗？"

蒋干听了，只是笑，插不进一句话。直到最后，他也没说上一句劝降的话。他回到曹操那里，把周瑜称赞一番，并说周瑜并不是言辞所能打动的那种人。

此时，曹军营中疫病流行，北方来的士兵不惯乘船，大多晕船呕吐。有人给曹操献计，用铁索把战船互相连接，并在上面铺上木板，就可以减轻战船在水上的颠簸，利于士兵行动。正为此事犯愁的曹操听了，非常高兴，赶紧吩咐手下人施行。果然，用铁索连好的战船稳如平地。

皓月当空，江水如镜。曹操立在船头，回顾沿江排列连在一起的千只战船，整装待发；遥望江南，想到即将完成统一大业，他心中不禁豪情勃发，横槊赋诗，畅抒心志。

东吴得知曹操的做法后，急速召集战将商议破敌之策。老将黄盖说："敌众我寡，难以和他们长期相持。现在曹军把战船连接起来，我们正可用火攻的办法打败他们"。周瑜表示赞同，并决定让黄盖具体实施这一计划。

黄盖派人给曹操送了一封信，说要脱离东吴，投降曹操。曹操以为东吴将士害怕了，就信以为真，等着黄盖来投降。

黄盖让士兵准备了10艘大船，船上装满干柴，浇上油，外面用毡布罩好，插上旗帜，另外又准备了一批轻快的小船。

一切准备就绪。天遂所愿，又在这隆冬季节刮起了东南风，黄盖大喜。当夜，他带领士兵登上10艘大船出发，那些轻快小船紧随其后。船到江心，黄盖命令扯起风帆，10只大船如离弦之箭，飞速向曹军大营驶去，船上士兵齐声高喊："黄盖来投降了！"曹营官兵闻声，纷纷出来观看。这时，黄盖命令把10只大船上的柴草一齐点着，然后跳上后面的小船，解开系绳，飞速向南划了回去。10只大船突然变成了10个大火球，它们顺着风势，直向曹营战

舰冲去。曹营官兵惊得魂飞魄散,四散逃命,连在一起的战舰根本无法分开,大火借着风势蔓延开来,曹营水寨化成了火海。风强火猛,曹军乱成一团。熊熊火焰映红了江面和江岸峭壁,张辽等人驾小船慌忙接曹操逃走。不一会儿,满江火滚,喊声震天。左边是韩当、蒋钦两支军队从赤壁西边杀来;右边是周泰、陈武两军从赤壁东边杀来;正中是周瑜、程普、徐盛大队船只一齐到来。一时间,曹营大乱,片刻间,死伤大半,其余纷纷逃命,互相践踏而死的人不计其数。此次赤壁大战,曹操大败。

赤壁之战后,中国统一过程暂告中断,三足鼎立局面已露端倪,周瑜则声威大震,名扬天下。

## 风起云涌的隋末农民起义

隋末农民起义,起于隋大业7年(611年)王薄举事,止于唐武德7年(624年)辅公佑败死,前后历时14年。

隋炀帝即位之后,由于一味"负其富强之资,思逞无厌之欲,"不断对外用兵,弄得国内民不聊生,危机四伏。隋大业7年(611年),当隋炀帝第一次做东征高丽的准备时,山东一带黄河泛滥,百姓颠沛流离。邹平(今山东省邹平县西北)人王薄,领导农民首先发难,占领长白山(今山东省章丘县东)。同年,漳南(今山东省恩县西北)人窦建德和孙安祖,平原(今山东省平原县)人刘霸道,清河(今山东省夏津县)人张金称,蓓县(今河北省景县)人高士达等,亦聚众反隋。农民起义爆发的导火线,就是隋王朝对兵役和徭役的狂派滥征。但隋炀帝并未从中吸取教训,一面派兵残酷镇压农民起义军,一面又第二次东征高丽。这样,因逃避兵役而起义的农民日渐增多。隋大业9年(613年),济阴(今山东省曹县西北)人孟海公,齐郡(今山东省济南市)人孟让,北海(今山东省益都县)人郭方预,河间(今河北省河间县)人格谦,渤海(今山东省阳信县西南)人孙宣雅,平原人郝孝德,又相继而起,各部起义军少则数万人,多则10余万人,无不攻州夺县。这时,隋炀帝仍一心征讨高丽,将山东一带的农民起义军视如草芥,全不在意。同年6月,礼部尚书杨玄感也在黎阳(今河南省浚县东北)反隋,农民起义则突破山东地区,开始在黄河南北以及江南、岭南、淮南、吴中各地蓬勃发展起来。余杭(今浙江省杭州市)人刘元进,梁郡(今河南省商丘县)人韩相国，吴郡（今江苏省苏州市）人朱燮、扶风郡（今陕西省凤翔县）人向海明，临济（今山东省高苑县）人辅公佑、下邳（今江苏省邳县东）人苗海潮、东海（今江苏省东海县）人彭孝才，信安（今广东省高要县）人陈瑱等，各自聚众向隋军进攻。农民起义在斗争中，逐渐汇合为三支规模宏大的武装力量，这就是翟让领导的河南瓦岗军，窦建德领导的河北起义军和杜伏威、辅公佑领导的江淮起义军。

翟让领导的瓦岗军，是隋末农民起义中力量最强的一支。翟让于隋大业7年（611年）在瓦岗寨（今河南省滑县南）起义后，单雄信、徐世勣、邴元真、李密、王伯当等先后率部投奔，使其队伍迅速壮大。大业12年（1616年）10月，翟让击灭隋将张须陀于荥阳。隋炀帝命裴仁基为河南讨捕大使，镇守虎牢，防卫东都洛阳。次年2月，李密向翟让建议："今东都空虚，越王杨侗难以控制局面，士民离心，可以攻取"。翟让遂派部将裴叔方去洛阳窥探虚实。越王杨侗得到这个消息，一面加强守御，一面遣使向正巡幸江都（今江苏省扬州市）的隋炀帝报告。李密劝翟让先发制人，立即攻夺位于洛阳以东的巩县的兴洛仓，然后在此赈济穷民，传檄四方。翟让采纳了此策。这年3月，李密率精兵7000出阳城（今河南省登封县东南），北逾方山（今河南省汜水县东南），夜袭兴洛仓，一举将其占领。越王杨侗派虎贲郎将刘长恭和光禄少卿房崱率步骑2.5万前去讨伐，请河南讨捕大使裴仁基率所部自汜水夹击李密。这时，翟让也率大军赶至兴洛仓，与李密分兵扼守石子河东岸（今河南省巩县东南）和横岭下（今嵩山北麓）。刘长恭等渡洛水攻击翟让，翟让接战失利，李密率部驰援，大败隋军。此次战后，翟让自认才干在李密之下，将最高指挥权交给李密。李密遂自称魏公，建元永平。各地农民起义军闻讯，纷纷赶来归附。瓦岗军迅速扩大到40万人，李密一面派房彦藻率部向东攻取安陆（今湖北省安陆县）、汝南（今河南省汝朔县）、淮安（今河南省泌阳县）、济阳（今山东省曹县）等地，一面袭击东都洛阳。至隋大业14年（618年）9月，李密在连续四次进攻东都之后，终于被隋将王世充击败，只好往关中投奔李渊。

隋大业13年（617年）正月，窦建德在乐寿（今河北省献县）亦建立农民政权，自称长乐王，后改称夏王。当时，躲在江都的隋炀帝派右翊卫将军薛世雄率精兵3万，企图先扑灭窦建德这支反隋主力，然后南下消灭瓦岗军。窦建德在七里井（今河北省河间县）重创薛世雄，给摇摇欲坠的隋王朝以沉

重打击。不久，窦建德又歼灭隋军宇文化及部，为最后推翻隋王朝做出了贡献。窦建德后为李渊之子李世民擒斩。

杜伏威、辅公佑领导的江淮起义军，于隋大业13年（617年）在历阳（今安徽省和县）建立农民政权。后来，杜伏威投靠李渊。辅公佑坚决反对，与李唐政权进行了英勇的斗争，直至唐武德七年（624年）兵败被杀。

隋末农民起义的结果，首先是灭亡了隋王朝。隋大业14年（618年）3月，已成孤家寡人的隋炀帝，在江都被右屯卫将军宇文化及缢死，隋朝宣告灭亡。隋末农民起义军虽然纷纷建立政权，但哪一个也没有存在长久，最后相继被在太原起兵的李渊父子消灭，中国历史从此进入了唐朝。

## 于谦保卫北京城

明英宗正统十四年（1449年）2月，蒙古瓦剌部首领也先派使者到北京进贡，请求通婚。明朝翻译官马云、马青和指挥吴良私自答应了他。于是，也先特地前来贡马，作为聘礼。明廷大臣问道："皇上并未许婚，为何送聘礼？"也先一听，又羞又恼，悻悻而去。

同年7月，也先率军攻打大同。边报传来，太监王振劝明英宗陛下御驾亲征。明英宗当时就同意了。

明英宗决定御驾亲征后，命王振为统帅。当时粮草还未准备充分，50万大军就仓促出发了。一路上，天大雨滂沱，道路泥泞，行军缓慢。

也先命令人马佯败，企图将明军引入重围。王振以为瓦剌军害怕明军，忙下令追击瓦剌军。也先果断下令，从两侧包围明军！明军遭到瓦剌军伏击，伤亡惨重。明英宗以为败局已定，急忙下令撤退。

明军撤到土木堡时，天色已近黄昏。大臣们建议说："请陛下令大军再前行20里，到怀来城里等待援军吧。"王振驳斥道："糊涂！尚有千辆辎重未到，岂能抛弃？必须在

于谦墓

土木堡等待!"明英宗同意了。

也先深怕明军进驻怀来,据城固守,遂下令穷追。在明军抵达土木堡的第二天,也先就追了上来,包围了土木堡。明英宗几次突围不成,被也先生擒。明军闻英宗做了俘虏,立即溃不成军。

消息传到北京,皇太后和皇后急得直哭,忙从内库拿出大量金银珍宝、绫罗绸缎,偷偷派太监带上去寻找瓦剌军,想把英宗赎回来,北京城里到处是溃退下来的残兵败将。京城里人心惶惶,城里留下的人马不多,瓦剌军来了怎么抵挡呢?

为了安定人心,皇太后宣布由郕王朱祁钰监国,大臣徐有贞说:"瓦剌兵强马壮,我们抵挡不住,不如迁都到南方去,暂时避一下。"

兵部侍郎于谦严肃地向皇太后和郕王说:"主张逃跑的应该斩首。京城是国家根本,如果朝廷一撤,人心一散,大局就不可收拾了。我们要记取南宋的教训啊!"

于谦的主张得到许多大臣的支持,皇太后决定叫于谦指挥军民守城。

于谦是明朝著名的民族英雄,浙江钱塘(今杭州)人。他自幼就有远大的志向。他的祖父收藏了一幅文天祥的画像,于谦十分钦佩文天祥,总把那幅画像挂在书桌边激励自己。他还在画像上题词,表示一定要向文天祥学习。长大以后,他考中进士,做了几任地方官。他一向严格执法,廉洁奉公,成了全国闻名的大清官。后来,他升任河南巡抚,奖励生产,赈灾济贫,爱民如子。

王振专权时,朝廷上贪污成风,地方官进京办事总要先送白银贿赂上司,只有于谦从来不送礼。有人劝他说:"你不肯送金银财宝,难道不能带点土特产去?"于谦甩了甩两只袖子笑着说:"只有清风"。他还写了一首诗,表明自己的态度,诗的后面两句咏道:"清风两袖朝天去,免得闾阎话短长"。后句的意思是说免得被人说长道短,"闾阎"是"里巷"之意。这就是成语"两袖清风"的由来。

这一回,在京城面临危急的时刻,于谦毅然担起守城重任。他一面调兵遣将,加强京城和附近关隘的防御兵力;一面整顿内部,逮捕了一批和瓦剌有联系的人。

有一天,朱祁钰上朝,于谦要求宣布王振的罪状,朱祁钰不敢做主。宦官马顺是王振的同党,就吆喝着想把大臣赶走。这下激怒了大臣,有个大臣冲上去揪住马顺,大伙围上来,一阵拳打脚踢,把马顺打死了。

朱祁钰见朝堂大乱,想躲进内宫,于谦拦住他说:"王振是这次战争失败的罪魁祸首,不惩办不能平民愤。只有宣布王振的罪状并治罪,大臣才能心安,百姓才能协力守城。"

朱祁钰听了于谦的建议下令抄了王振的家,惩办了王振的同党。这样,人心才渐渐安定下来。

也先生俘明英宗后,没有把他杀死,而是挟持英宗,把他当人质,不断骚扰边境。

于谦认为国家没有皇帝不行,人心容易涣散,于是请皇太后正式宣布朱祁钰为皇帝,明英宗改称太上皇。皇太后准奏,于是朱祁钰即位,史称明代宗,又叫景帝。

也先见明朝决心抵抗,就以送明英宗回朝为借口,大举进犯北京。

正统十四年(1449年)10月,瓦剌军打到北京城下,在西直门外扎下大营。于谦立刻召集将领商量对策。大将石亨认为明军兵力太弱,主张把军队撤进城里,然后关上城门。日子一久,也许瓦剌会自动退兵。

于谦说:"敌人这样嚣张,如果我们示弱,只会助长他们的气焰。我们一定要主动出兵,给敌人以迎头痛击。"

于谦分派将领带兵出城,在九门外摆开阵势。

于谦亲自率领一支人马驻守德胜门外,叫城里的守将把城门全部关起来,表示有进无退的决心。他还下了一道军令:将领上阵,丢了队伍带头后退的,斩将领;士兵不听将领指挥,临阵脱逃的,由后队将士督斩。

这时,各地的明军已接到于谦的命令,也陆续赶到北京救援,城外的明军增加到22万人。

10月11日,瓦剌军逼近北京。也先将军队布置在西直门以西。于谦果断地派兵迎击,夺回被俘军民1000多人。同时,于谦又派人率兵在深夜袭击敌营,以疲惫敌军。

10月13日,瓦剌军乘风雨大作,进攻德胜门。于谦命大将石亨在城外民房内埋伏好勇士,然后派遣小股骑兵佯败诱敌。也先果然中计,亲率大批部队穷追不舍。等也先的军队进入埋伏圈后,于谦一声令下,明军纷纷一跃而起,痛击敌人。只见神机营火器齐发,火箭飞蝗般射向敌军。明军前后夹击,也先部队大败而归。在这一次战斗中,瓦剌军受到沉重打击,也先的弟弟孛罗、平章卯那孩等人也中炮而死。

## 中国古代战争

10月14日，瓦剌军又改攻彰义门。于谦命守军将城外街巷堵塞，在重要地带埋伏神铳手、短枪手，又派兵在彰义门外迎战。明军前队用火器轰击敌军，后队由弓弩压阵，击退了瓦剌军的进攻。

各地百姓被于谦组织起来抗击瓦剌军，也先在进攻北京的过程中到处遭到军民的抵抗和袭击。也先屡败，唯恐后路被切断，便于15日深夜挟持英宗由良乡向紫荆关撤退。经过5天的激战，于谦守住了北京，保住了明朝。

11月8日，瓦剌军全部退出塞外。慑于明军凌厉的攻势，次年8月，也先释放英宗回国，恢复了与明朝的臣属关系。

### 郑成功收复台湾

1624年，荷兰殖民主义者侵占了我国台湾南部地区，修筑了热兰遮、赤嵌楼两要塞；后来，他们进一步侵占了整个台湾。

荷兰殖民者在台湾开办学堂，传播文化教育，建立教堂，强迫台湾人民学荷兰语，交人头税，还把一些人抓到监牢，有的卖到爪哇为奴。这激起了台湾人民的强烈反抗，17世纪中期，郭怀一领导台湾人民大起义，大败荷兰军。荷兰殖民者调集大军镇压，杀死4000多名战士。

清初，在东南沿海坚持抗清的郑成功决心从荷兰人手中收复宝岛台湾。

一天，郑成功忽听有人报："荷兰人的通事（翻译）何廷斌逃回厦门。"他觉得这是天赐良机。他立即召见了何廷斌。何廷斌介绍了台湾人民渴望收复失地的情绪和荷兰军的部署情况，并献出一本军事地图册。何极力劝说郑成功进军台湾。郑成功认为他的话有道理，最后下决心收复台湾作为反清基地。

1661年3月30日，郑成功率领他的军队由金门料罗湾出发，去赶跑盘踞在台湾岛上的荷兰殖民者。

郑成功雕塑

## 第四章 中国古代著名战争

郑成功率战船于4月2日进逼台湾鹿耳门港口。鹿耳门港门狭窄，暗礁淤滩，星罗棋布，水又很浅，大船很难通过。因此，荷兰人并未在此设防。郑成功因侦知地理、潮落情报，赶在大潮时即出入意料地通过鹿耳门登陆。郑家军从天而降，使荷兰人措手不及，慌忙应战。郑成功指挥的将士兵丁英勇善战，凶猛大胆。

郑成功以60艘战船包围荷军四艘战船，集中火力扫射，击伤致沉三艘，一艘仓皇逃走。郑成功率兵乘胜追击，包围了赤嵌城，切断了荷兰军与台湾城的联系。

荷兰军的贝尔德上尉，带着300名水兵和200名洋枪队离开了热兰遮。他乘上"白鹭号"领港船，一马当先驶在前头，后面跟着的是"玛丽亚号"联络船。再后面跟的是300名水兵，分乘三艘大船，一路耀武扬威向北驶进。

这时，郑成功已从望远镜中看到了他们。但是，郑成功按兵不动，只待贝尔德上尉的船队进入他弓箭和枪炮的射程之内。贝尔德上尉乘坐的"白鹭号"是条大船，吃水太深，不能靠岸。他亲自带着200百名洋枪队转乘小船首先登陆。他命令，洋枪队在岸上整装列队，以三列横队前进。

贝尔德上尉连马都不骑，挥着战刀跑在队伍的前头命令士兵："瞄准！开枪！"于是第一列打出了一排子弹，赶紧退到后面装枪，第二列上来，又打出一排子弹，又退到后面装枪，换上第三列。这样循环开枪，把郑成功的阵地炸得卷起一层层烟雾。郑成功指挥弓箭手和盾牌兵，采用了三面包抄的队形，突然蜂拥而上。中军的铁甲兵，一排排行军炮在敌人阵地上炸开，震得贝尔德两耳欲聋。他的士兵被打得连滚带爬地往后逃跑。紧接着，郑成功的弓箭手、鸟枪队三面包围了贝尔德的军队。

贝尔德上尉见势不好，下令撤退，抢先跳入海中，高山族有志青年启奴里见状纵身跃入水中，与贝尔德展开了一场水中大战。贝尔德的水性和体力均不如启奴里好，最后贝尔德被启奴里用腰刀砍死于水中。赤嵌城里的敌兵又几次出击，却每战必败，只好投降。

荷兰殖民主义者吓破了胆，龟缩在台湾、赤嵌两座城池里，不敢出来作战，以待援兵。郑军在城外挖壕、设障、安置大炮，准备长期围困下去，直到荷军投降。由于城内无粮、无水、无援，4月初，赤嵌守将描难实叮宣布投降。荷兰总督揆一写信表示愿送白银10万两，请求郑成功罢兵，放弃台湾城。郑成功严辞拒绝这一无理要求，斩钉截铁地指出："台湾一向是中国的土

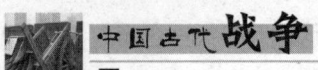

地，必须归还！"几个月后，一支由几艘兵船组成的荷兰舰队开来支援，热兰遮的荷兰军也出来反击。但郑家军大败荷兰军，荷军一艘船被击毁，一艘船被烧掉，两艘被缴，其余狼狈而逃。热兰遮的荷兰军退缩城内，再不敢出战。第二年2月2日，揆一觉得难以据守下去，无奈向郑成功递交了投降书。至此，荷兰殖民主义者侵占我国台湾长达38年（从1624年到1662年）的历史，宣告结束。

郑成功为恢复台湾、建设台湾呕心沥血，积劳成疾，年仅39岁时病逝于台湾。为纪念这位民族英雄，台湾各族人民在全省建郑成功庙五六十座，其中延平郡王祠（开山王庙）最为著名。

1683年，清军进入台湾，郑成功后代归顺清朝。次年，清政府设置"台湾府"，隶属于福建省。

## 知识链接

### 木杆竹竿救城

据史书记载，五代十国时期，天祐五年（908年），淮南吴王杨隆演遣步军都指挥周本率派兵包围苏州，推着洞屋攻城。吴越国苏州守将孙琰命令士兵在城墙上竖起一根大木杆，木杆顶端安上滑轮，穿上一根粗绳子，绳子的一端绑有铁锥。守兵从城墙上往下奋力投掷铁锥，将洞屋屋顶击破，然后使劲拉绳子，利用滑轮的作用将屋顶揭开，攻城的敌人便统统暴露无遗。如果敌人开炮（那时的炮弹是石头），就张网阻挡，这令淮南军无计可施。

吴越王派兵来救援苏州，由于只有一条水路可以通往城内，于是淮南兵用缀上铜铃的大网悬挂在水中，鱼鳖游过都会弄得铃声大作。都虞侯司马福想潜入城中，他就故意先用竹竿触动大网，敌人听到铃声，立即收网，拉起来察看，司马福乘机潜水过网，在水中潜藏了三天，才进了苏州城。他与守军取得联系，使城中的号令与援兵相呼应，约定内外夹击反攻。结果，大败淮南兵，遂解苏州城之围。

# 第五章

# 中国古代战争人物

翻开中国封建历史的长卷,任何一个朝代的更迭都无法避免干戈与纷争,都无法远离硝烟和战乱。战争是最有效的征服方式,也是英雄的诞生方式,他们在这片天空和大地上刻下了自己的名字。

# 第一节
# 先秦及秦汉时期著名战争人物

## 兵圣：孙武

孙武，春秋末期吴国名将，字长卿，齐国乐安（今山东博兴北，一说惠民）人，生卒年不详。孙武本姓田，因其祖父齐大夫田书伐莒（今山东莒县）有功，齐景公赐姓孙。后因齐国内乱，孙武出奔吴国。经吴国重臣伍员（即伍子胥）推荐，向吴王阖闾进呈所著《兵法》13篇，被重用为将。当时吴、楚争霸，孙武与伍员等辅助阖闾制定并实施自强其力、伺机而动、分兵轮番袭楚的方略，使楚疲于奔命，国力耗损。周敬王十四年（前506年），阖闾采纳孙武建议，乘楚国兵疲松懈之机攻入楚都郢（今湖北江陵西北），楚国因此丧失了争霸力量。吴国"西破强楚，北威齐、晋，南服越人"，以一隅之地而称霸，孙武起了重要作用。孙武著有《孙子兵法》一书，对后世产生了广泛而深刻的影响。

孙武的祖父和父亲都是齐国高官。贵族家庭给孙武提供了优越的学习环境，孙武得以阅读古代军事典籍《军政》，了解黄帝战胜四帝的作战经验以及伊尹、姜尚、管仲的用兵史实，加上当时战乱频仍，兼并激烈，

孙武雕像

他的祖父、父亲都是善于带兵作战的将领，这对少年孙武军事方面的培养是非常有利的。

当时的齐国，内部矛盾重重，危机四伏。孙武对这种内部斗争极其反感，不愿纠缠其中，萌发了远奔他乡、另谋出路以施展自己才能的想法。是时南方的吴国自寿梦称王以来，不断向中原学习，以求摆脱楚国控制，富国强兵。孙武认定吴国是他施展才能的地方，于是，大约在齐景公三十一年（前517年）前后，孙武从山东逃奔到吴国。此时孙武正值18岁的青春年华，此后他一生的事业都在吴国展开。

孙武来到吴国后，在吴都（今苏州市）郊外结识了从楚国而来的伍子胥，两人谈得十分投机，于是结为密友。这时吴国的局势正处于动荡不安之中，两人便避隐深居，伺机而发。

齐景公三十三年（前515年），吴国公子光以专诸为刺客，袭杀吴王僚和公子庆忌，然后自立为王，称阖闾。阖闾是个胸怀大志的人，即位后就礼贤下士，注重搜求各种人才，立志要使吴国更加强盛，向长江中游发展，灭楚称雄。这时，已任吴国大臣的伍子胥向吴王阖闾推荐了正在隐居的孙武，称赞孙武是个能安邦定国的盖世奇才，吴王不信，伍子胥便反复推荐，吴王这才答应接见孙武。

周敬王四年（前516年），吴王阖闾亲自召见孙武。孙武见了阖闾，便把自己所写的《孙子兵法》13篇一篇一篇地呈给阖闾看。阖闾每看一篇，都拍案叫绝。吴王打算试试孙武的用兵能力，就说："先生所著兵法13篇，我都拜读过了，那里面所谈，甚是精妙，不知您的理论可不可以拿来实地操练一下？"孙武答道："当然可以。"阖闾又说："可以就近调我宫里的妇女来演练吗？"孙武回答："可以。"于是吴王调出宫女180人交给孙武操练。接下来就演出了那场著名的"三令五申"的好戏。

孙武将宫女编成两队，并以吴王两个宠姬分任两队队长，然后要她们全体持戟，准备操练。孙武向她们把号令交代清楚，又"三令而五申之"。接着击鼓传令，宫女们觉得好玩，都捧腹大笑，场面乱作一团。孙武很严肃地说："约束不明，号令不熟，这是将领的过错。"又三令五申地交代，再次击鼓传令，宫女们还是不听号令，大笑不止。孙武说："纪律不清楚，号令不熟悉，这是将领的过错；这些既已交代明白，却不依号令去做，这就是下级军官的错了。"于是下令斩了两位队长。这可急坏了台上观看的吴王，忙派人传命，放了这两位妃子。孙武却说:"将在军,君命有所不受。"坚持杀了两个队长,又换了两人为队长。重新击鼓发令,这下宫女们左右前后跪起,都合乎规定和要求了。这时,孙武派人向吴王报告:"队伍已操练整齐,大王可以下来看看!这样的队伍,无论君王怎样使用它,即便是赴汤蹈火,也是可以的。"吴王失去爱妃,痛心不已,不想下去看。孙武说:"看来吴王只是喜爱兵法上的词句,并不想真正去运用它。"阖闾终究不是一个庸王,虽不高兴,但也知道孙武确是一位既能著书立说,又能统兵作战的军事奇才,于是封孙武为将军,令他日夜练兵,准备伐楚。

周敬王十四年(前506年),吴国伐楚准备已经完成,吴王遂拜孙武为主将,率3万精兵大举攻楚,直捣楚国都城郢都(今湖北江陵西北)。当时吴军要由今天的苏州进到江陵附近,进行千余里深远的战略奔袭。孙武等人协助阖闾制定了一条出乎楚国意料的进军路线,即从淮河逆流西上,然后在淮汭(今河南潢川西北)舍舟登陆,再乘楚军北部边境守备薄弱的空隙,从著名的义阳三关(即武阳关、九里关、平靖关)直插汉水。吴军按照这一进军路线,顺利地到达汉水,进抵楚国腹地。楚军措手不及,被迫在柏举(今湖北麻城)仓促应战。楚军大败,吴军乘胜追击,11天行军700里,五战五捷,一举攻陷楚都郢,楚昭王弃城仓惶南逃。柏举之战成为我国战争史上以3万人胜20万人的快速取胜的光辉战例。战国时期军事家尉缭子赞道:"有提3万之众,而天下莫当者谁?曰武子也。"

周敬王三十六年(前484年),孙武再次显露出其杰出的军事才能,辅佐吴王夫差(阖闾的儿子)在艾陵之战中战胜齐国,从而使吴国国威大振,在两年后的黄池会盟中取代晋国成为霸主。司马迁在《史记·孙子吴起列传》中指出:"(吴国)西破强楚,入郢;北威齐、晋,显名诸侯,孙子与有力焉!"

孙武后来的命运如何,至今还是个谜。一种说法是,孙武辅佐吴王夫差建立霸业后,深知"飞鸟尽,良弓藏;狡兔死,走狗烹"的道理,遂退隐林泉,从事著述以余终年。另一种说法是,他重返齐国,在家乡隐居授徒。

孙武被后人尊崇为"兵圣"、"兵家之祖"和"兵家之师",除了他战功显赫外,更主要的是他留给后世一部不朽的军事名著——《孙子兵法》。该书有13篇,仅5000余字,但对中国军事学术的发展产生了巨大而深远的影响。历代兵学家、军事家无不从中汲取养料。《孙子兵法》在世界上也久负盛名。8世纪传入日本,18世纪传入欧洲。现今已翻译成29种文字在世界上广为流传。

## 几灭齐国的乐毅

乐毅，战国后期赵国人，是战国初年魏文侯手下的名将乐羊的后代。乐羊为魏攻伐中山国有功，魏文侯将灵寿（今河北灵寿县）封给乐羊，乐氏遂世代定居于灵寿。中山复国后，赵武灵王再次灭掉中山国，灵寿就属于赵地。乐毅出身于世代将门之家，成为战国后期的著名将领。

乐毅自幼习武好兵，熟读军法，赵国人把他推荐给赵武灵王。赵国北部边境和匈奴族相接。匈奴族是居于北方草原地带的我国古代的少数民族，当时正处于奴隶制度的发展时期，匈奴贵族经常率骑兵侵扰内地，抢掠子女和财产，给赵国的北部地区造成了很大威胁。赵武灵王看到匈奴人骑在马上，动作灵便，打仗时往来如飞，流动性大，战斗力强，而赵国的军队还是车兵和步兵的混合编制，士兵身穿宽袍大袖的衣服和笨重盔甲，行动不便，战斗力不强，决心学习"胡服骑射"，发展骑兵。乐毅协助赵武灵王进行了以"胡服骑射"为中心内容的军事改革，练就了一支勇敢善战的强大的骑兵队伍，赵国很快地强盛起来。但不久之后，赵国发生内乱，赵武灵王被围困在沙丘（今河北省平乡县东）宫中三个月饿死，赵国中衰，乐毅不得不离开赵国来到魏国。魏国没有很好地重用乐毅。正在这时，北方弱小的燕国发生了新旧势力之间的激烈斗争。燕王哙想实行改革，他自己礼贤下士，治政俭约朴素，并把君位让给相国子之，把300石俸禄以上的大官的官印全部收回，另由子之任命。子之任国君后进行了一些改革，却引起了燕国贵族的反对，以太子平为首的一批贵族发动了反对子之的叛乱，为子之所镇压。正想对外扩张势力的齐宣王便乘燕国内乱之机派大军进攻燕国，攻破了燕国的国都，杀害了子之，燕国人民受到齐军的蹂躏，燕国几乎处于亡国的境地。齐国退兵后，燕国更加衰落，燕国的公子职在赵国的协助下回到燕国，被燕人立为燕昭王。燕昭王怨恨齐国，决心招纳贤才，改革政治，振兴祖国，向齐国报仇。他在易山（今河北易县）旁边盖了一座高台，里面堆了黄金，作为招揽人才的费用。这座台称为黄金台，成为燕昭王接纳宾客、贤才的地方。当各国贤才纷纷来到燕国的时候，乐毅作为魏昭王的使臣也来到了燕国，受到燕昭王隆重热情的接待。乐毅非常感动，就留在燕国当官，燕昭王任命他为亚卿。乐毅运用自己的军事才能，为燕昭王训练军队，加强武备，使燕国逐渐强大起来。

在乐毅辅佐燕昭王时，齐国在齐湣王的统治下南败楚国，西败三晋，并协助赵国灭了中山国，又兼并了宋国，齐国的国土扩大1000多里，并一度和秦昭王并称为东帝、西帝。东方诸侯国家纷纷讨好齐国，齐国达到历史上最兴盛的时候。但是，齐湣王骄妄暴虐，齐国人民承担了繁重的军役和赋税，受到了很大的苦难。当燕昭王把伐齐报仇的想法请教乐毅的时候，乐毅说："齐国在历史上一向是霸国，地大人众，一国独攻是困难的。如大王一定要去伐齐，不妨约合赵国、楚国、魏国，四国一起出兵才好！"于是燕昭王派乐毅和其他使节分别出使，约合了赵惠文王和楚国、魏国，还派人去秦国说服秦王一起伐齐。当时诸侯国都怨恨齐湣王的暴虐，都非常愿意和燕国联合起来攻伐齐国。公元前284年，燕昭王任命乐毅为上将军，赵惠文王也授给乐毅以相国印，乐毅率领燕国倾国之兵和赵、秦、魏、韩等国军队，攻伐齐国。楚国也乘机单独出兵，想瓜分齐国。

乐毅率领的各国联军在济西和齐军交战，齐将触子害怕五国联军强大，刚接战就下令退兵，自己只身乘车先溜走了，齐军阵势大乱。乐毅乘势猛攻，齐军大败，齐将达子统率残兵再战，又在秦周（齐都临淄雍门以西）被乐毅击败，达子战死。乐毅利用齐国北线兵力空虚的机会，遣还秦、韩两师，分魏师攻占旧宋国地，分赵师攻取河间（今河北省献县东），自己率燕国大军长驱进击，一举攻入齐国的国都临淄。燕昭王听到这个消息，高兴至极，亲自赶到济水边上，亲切地慰劳、犒赏燕军将士，并把昌国城（今山东淄川县东北）封给了乐毅，称他为昌国君，叫他留守齐境，继续攻占还在坚守着的齐国城镇。齐湣王逃亡到卫国，又回齐国的莒（今山东莒县），被想同燕国一起瓜分齐国的楚将淖齿杀死，楚国乘机收复了过去为宋国所攻取的淮北地，魏国攻取了大部分宋地，赵国攻取了济水以西的很多土地，鲁国也攻取了齐国的徐州（今山东微山县东北），齐国的大部分地区，则在乐毅率领的燕军的控制之下。

乐毅占领齐都后，禁止燕军侵掠，废去了齐湣王时的暴政，减免了赋敛，拉拢齐国的贵族，争取到了齐国朝野的支持，然后分兵五路，分别向胶东（今山东半岛）、琅琊（今山东诸城县北）、鄄（今山东鄄城县北）、千乘（今山东高青县东北）四个方向进攻，留一路镇守临淄。在六个月内，乐毅指挥的燕军攻下了齐国70多城，并把它们都改为郡县；还把100多个燕国的爵位赏赐给齐人，分封了20多个拥有燕国封邑的封君，以笼络齐的地主阶级。齐国只剩下了即墨（今山东即墨县）和莒两座城市还在坚守着，但被燕军重重地包围了起来。

正当乐毅快要攻拔齐国的最后两座城时，燕昭王去世了，其子登位为燕惠王。燕惠王当太子时和乐毅关系不好，对乐毅不怎么信任。守卫即墨的齐国名将田单打听到了这个消息，便施行反间计，派间谍去燕国散布谣言。

燕惠王本来已经对乐毅产生怀疑，又听信了齐人散布的谣言，便召回乐毅，免去了他的职务，另派骑劫为将去齐境指挥军事。乐毅为燕国立下了巨大功劳，反而被燕惠王革职，引起燕军将士的愤慨和不平，而骑劫又是个庸碌无能的将领，从此燕军士兵的士气日渐低落，军心开始涣散。而齐将田单却在努力训练军队，坚守城池，鼓励齐国军民驱逐燕军、恢复齐国的信心和决心，又用计谋使骑劫一再上当受骗，打击了围城的燕军将士的斗志，最后用火牛阵击破了燕军对即墨城的包围，斩杀了骑劫，使燕军溃败，齐军乘势追杀，一鼓作气地把燕国攻占的 70 多座城全部收复了过来，把燕国的势力驱出了齐国的国境。

乐毅被解职回到燕国后，深知燕惠王必将会进一步迫害自己，便离开了燕国，回到了自己的故乡赵国。赵惠文王了解乐毅是个杰出的将才，就分封乐毅在乐津这个地方，称他为望诸君，对他尊崇异常。田单败燕恢复齐国后，燕惠王开始后悔不该听信流言使骑劫代替乐毅，又害怕赵国起用乐毅来攻打燕国，于是派使节给乐毅送去一封书信，把过错推在左右臣下的身上，劝乐毅回燕国。乐毅复书燕惠王，劝他不要轻信左右之说，表示自己归赵是为了保持忠贞的名节，不愿再回燕国。燕惠王不忘乐毅的功劳，以乐毅的儿子乐间继任昌国君的爵位，乐毅也重新往来于燕赵之间，赵国和燕国均任他为客卿，最后病死在赵国。后来汉高祖封乐毅之孙乐卿为华成君，以纪念乐毅的功绩。

燕昭王重用乐毅，使燕军大破了齐军；燕惠王不用乐毅，齐军又迅速地驱逐了燕军。燕、齐两国的兴衰和乐毅如此紧密相关，说明了国君任贤的重要和乐毅在当时所起的重要作用。

## 兵仙：韩信

韩信，淮阴（今江苏清江西南）人。他生逢秦末汉初。这段时期，由于秦王朝的繁重徭役和赋税、苛暴的刑法，激起了各种社会矛盾，因而导致了秦王朝的覆灭。秦亡之后，天下方乱，曾经的诸候又纷纷起义，又一次出现了分裂的局面。在这一动乱纷争的角逐中，韩信是一位举足轻重的人物，不仅展现了他的军事才能，也为我国古代军事史增添了新内容。

韩信少年时，家里很穷，经常连饭都吃不上，只得求食于人，人们都看不起他，当地有一个青年想侮辱他，就说："你虽然长得高大，喜欢佩带刀剑，只怕骨子里是胆小的。"并且当众羞辱他："你不怕死，就刺我；你若怕死，就从我胯裆底下钻过去！"韩信愤怒地瞪着眼，盯了他好久，心想我与他无怨无仇，何必刺死他呢？还是忍耐一些吧！终于低着身子，从他胯下钻了过去，趴在地上。满街的人都嘲笑韩信，认为他是个胆小鬼。

秦二世元年（前209年），陈胜、吴广在大泽乡揭竿而起，反抗秦朝暴政。这时，刘邦在沛县（今江苏沛县），项梁、项羽在吴县（今江苏苏州）起兵响应。当项梁渡过淮河北上，到达淮阴时，韩信勇敢地去投军，项梁战死后，他又归属项羽，项羽任他做一个小军官，他几次给项羽出谋献策，都没有被采用。当刘邦入汉中后，韩信离楚归汉，也没有被刘邦赏识，只做了个接待宾客的小官。一次，韩信犯军法当斩，同伙的13人都已斩了，轮到韩信，他毫不畏惧，抬头仰视，恰好看见刘邦的部将滕公夏侯婴，说："汉王不是想得天下吗？为什么要斩壮士？"滕公见他出言豪壮，身材魁武，救了他。经过交谈，才知道他果然不凡，非常高兴，便把他推荐给刘邦，刘邦任命韩信为治粟都尉。刘邦命丞相萧何与韩信进行了几次长谈，萧何也十分器重他的才干，但刘邦仍然没有重用他。

公元前206年，秦朝灭亡后，项羽自立为西楚霸王，立刘邦为汉王，王巴蜀（今四川一部分），汉中41县，定都南郑（今陕西汉中），又立秦朝的三个降将章邯为雍王、司马欣为塞王、董翳为翟王，分别封在关中，号称三秦，以堵塞刘邦东进的道路。刘邦率领几万人马向南郑进军，在去南郑的路上，由于诸将及士兵们渴望东归，逃亡的很多，韩信认为在刘邦手下得不到重用，也逃跑了。当时，身为汉王丞相的萧何，听说韩信走了，来不及向刘邦打个招呼，就急急忙忙乘着月夜，亲自去追赶韩信，这就是史载

韩信雕像

# 第五章　中国古代战争人物

的"萧何月下追韩信"的故事。萧何认为韩信有大将之才，建议刘邦，如果要想夺取天下，非用韩信不可，刘邦采纳了萧何的建议，下令选择良日，亲自斋戒，在广场设置高坛，拜韩信为大将。刘邦亲自向他请教争天下的大计，韩信全面分析了楚汉之争的客观形势，指出："当今争夺天下的对手是项羽，现在项羽虽然在许多方面处于优势，但他政治上不得人心，最后必然失败。你只要与项羽反其道而行之，实行收揽民心的政策，必然会取得最后胜利。"韩信又建议刘邦在进军策略上，要先定三秦，后图项羽。

公元前206年8月，刘邦领兵东进，暗渡陈仓（今陕西宝鸡市东），平定三秦。前205年，刘邦出函谷关，很快攻占了魏王豹的封地，魏王投降。这年4月，项羽率军去讨伐齐地起兵反楚的齐王田荣，刘邦趁机攻占项羽的都城彭城。项羽立即回师，以3万精兵打败了刘邦纠集的50多万军队，刘邦狼狈而逃，队伍也溃散了。韩信重新把溃散的士兵收拢起来，与刘邦在荥阳会师，在京县、索亭（今河南荥阳附近）之间打败了楚军，阻止了项羽的西进。

这时候，原来已经投降了刘邦的魏王豹背叛刘邦投靠项羽，刘邦遣谋士郦食其，去说魏降汉，被拒绝，刘邦决定以武力收服。公元前205年8月，刘邦任命韩信为左丞相，领兵攻打魏国。魏王采取坚守政策，在黄河东岸聚集大量兵力把守，又封锁了渡河的关口临晋关（在黄河西岸）。韩信采用疑兵计，故意把船只排列在临晋关一线，做跃跃欲渡之状，而却把主力部队埋伏在临晋上游的夏阳（今陕西韩城西南），乘魏兵把注意力集中在临晋的机会，用木瓮浮水偷偷渡过黄河，迂回到魏军的后面，袭取了魏的都城安邑（今山西夏县北），活捉了魏王豹，灭亡了魏国，改魏地为汉的河东郡。

公元前204年，刘邦、韩信、张耳率领几万部队去攻打赵国。当时赵王赵歇和统帅陈余结集了近20万人抵抗，敌强我弱、力量悬殊。在战争刚开始时，韩信一方面调遣轻骑2000人，每人持一面红旗，从小道出发，到赵军大营附近埋伏，并吩咐他们趁赵军出营追击汉军的机会，进入赵营，将赵军的旗帜完全拔掉，换上汉军的红旗。另一方面派遣1万人出井陉口（今河北井陉县东北的井陉口），背靠河水摆好阵势。赵军望见汉军背水列阵，无路可以退兵，都讥笑韩信根本不懂得兵法。战斗一开始，两军接战互相奋勇厮杀，汉军假装败退，把军旗战鼓抛弃满地。赵军连守营的士兵都出营追击，得意忘形，只顾争拾地上的战利品。汉军退到河边，无路可退，返身再战，勇猛无比，赵军不能取胜，打算收兵回营。不料这时预先埋伏在赵营周围的骑兵，已经把赵军的旗帜完全换成了汉军的旗帜，赵军大惊，以为汉已破赵，纷纷丢甲弃戈逃窜。于是汉军两面夹攻，大败赵军，阵前斩赵军主帅陈余，活捉了赵王歇，取得了巨大的胜利。

公元前203年，韩信自赵引兵东向，攻打齐国，10月袭击了齐的历下（今山东济南市）部队，接着就打到齐的都城临淄（今山东淄博市），齐王田广撤退到高密（今山东高密），派使者到楚求援。项羽派大将龙且率领20万大军救齐。两军战于潍水（今山东潍水）之上。韩信连夜令士兵做了1万多个口袋，装满了沙子，堵住潍水上流，然后带领一半部队渡过潍水，向楚军发起攻击，假装打不胜，又把部队撤回来。龙且果然高兴地说："我本来就知道韩信胆小。"于是渡潍水追击韩信，待楚军渡至中流时，韩信令士兵撤去堵水的沙袋，河水汹涌而下，楚军大半被淹死。这时，韩信发起猛烈的攻击，杀了龙且。在河东面没有来得及渡河的龙且部队就四处逃走，齐王田广也逃跑了，韩信一直追到城阳（今山东莒县），俘虏了楚军的全部兵卒，大获全胜。

韩信斩龙且，一举消灭齐楚联军20余万，被刘邦封为齐王。这时项羽派武涉去做说客，劝韩信背弃刘邦，三分天下。韩信表示绝对忠诚于刘邦，"虽死不易"。接着齐人蒯通又劝他独树一帜，自立为国，韩信认为刘邦对他甚厚，决不可以"向利背义"，婉言拒绝了蒯通的建议。

公元前202年，刘邦用张良之计召韩信会师击楚，韩信领兵到垓下（今安徽灵壁东南），与刘邦会师。在这次大会战中，刘邦采用了韩信的计谋，设下十面埋伏，各路大军把项羽楚军团团包围在垓下，韩信统帅30万大军，独挡正面。经过一场激烈的大战，楚军惨败。项羽突围后，到乌江（今安徽和县东北）自杀了。这一年刘邦登位做了皇帝，国号汉，史称汉高祖。

韩信帮助刘邦打天下，建立了西汉王朝。他战功赫赫，威名显著，连刘邦也不得不承认"领百万之军，战必胜，攻必取，吾不如韩信"，并誉韩信为汉初三杰（张良、萧何）之一。但由于韩信居功骄傲，又未能处理好君臣关系，致使高祖对他疑虑、嫉恨，即皇位后，马上改封齐王韩信为楚王。公元201年，有人诬告韩信谋反，高祖并没有认真调查，就用陈平之计，以巡狩为名，会诸侯于陈（今河南淮阳），乘机令武士把韩信抓起来，载在后面随行的车子里。当时，韩信感慨地说："果如人言，'狡兔死，良狗烹；高鸟尽，良弓藏；敌国破，谋臣亡。'如今天下已定，我当然要遭烹了。"到洛阳后，因无确切证据，才把韩信释放，降为淮阴侯。以后韩信日夜怨恨，常常闷闷不

乐，并企图联合陈豨谋反。公元前 196 年，高祖亲自去征讨在巨鹿（今河北平乡）谋反的陈豨，同时丞相萧何协助吕后在京城逮捕了韩信，在长乐宫中将他斩首，灭了他的三族（父族、母族、妻族）。

韩信的悲剧，是统治阶级内部的残杀，这种现象在封建社会是屡见不鲜的。因此，我们不能因为他的被杀而否定他在帮助刘邦实现统一过程中的历史功绩。

## 龙城飞将：卫青

古话说："千军易得，一将难求。"卫青是西汉时期难得的杰出将领，字仲卿，河东平阳（今山西临汾西南）人，出身低微。他的母亲因嫁给姓卫的，所以以后她就被称为卫媪（对老年妇女的称呼）。卫媪年轻时在汉武帝的姐姐平阳公主家做奴仆，她与同在公府做事的平阳县吏郑季私通，生了卫青。卫青少年时在父亲家生活，受到郑季嫡妻的虐待，受尽了侮辱和苦难。长大后回到了母亲身边，在平阳公主家当骑奴。后来他的同母异父姐姐卫子夫被武帝选召入宫，立为夫人，后又立为皇后。卫青因是贵戚，被召进宫，开始时做过侍中（皇帝的侍从）、太中大夫（皇帝顾问），后因抗击匈奴有功，官至大司马大将军，被封为长平侯。

卫青登上政治舞台、苦战沙场的时候，正是西汉政府对匈奴政策大转变的时刻。建元元年（前 140 年），雄才大略的汉武帝即位，这时，汉朝的经济基础已经大大加强了。这位 17 岁的青年皇帝，一反前辈所为，在政治上摒弃了"清静无为"，而主张"有为"，进行了加强中央集权的改革；军事上，于元光元年（前 134 年），对匈奴问题专门召开了军事会议，让公卿大臣就和战的利弊得失各抒己见，最后武帝裁决，改变"和亲政策"，确定了反击匈奴的进攻战略。

正当西汉积极备战的时候，匈奴仍不断攻掠代郡（治所在今河北蔚县东北）、上谷（今河北怀来）一带，杀掠人民，抢劫财物。

卫青雕像

元光六年（前129年），汉武帝提拔卫青为车骑将军。同年，派他与李广、公孙敖、公孙贺等，各领一万人分四路出击匈奴。卫青独当一面，从上谷出发，采取灵活机动的战术，将匈奴骑兵打得落花流水，追出长城，深入匈奴地，直驱龙城（匈奴单于祭天和首领聚会的地方），斩杀700多人，奏凯还朝。这一次，其他三路久战沙场的老将均无功而还，只有卫青获得良好的战果，武帝极为高兴，立即封他为关内侯。

元朔二年（前127年），匈奴集结大量兵力，进攻汉的上谷、渔阳（今河北密云县），杀辽西太守，虏去两千余人。汉武帝决定收复匈奴赖以进犯的据点河南地（今黄河河套地）。河南地是秦代大将蒙恬抗击匈奴时开辟的，汉高祖刘邦时期匈奴冒顿单于占领了这里，几十年来对西汉京城长安威胁很大，所以，收复河南地在军事上具有重要的意义，也是西汉发起的第一次战略性进攻。这个重任武帝交给了后起之秀的卫青。这一年冬天，卫青统辖两个校尉，率领4万铁骑，冒着风雪严寒，又一次出征。他从云中（今内蒙古托克托旗）沿黄河北岸西进，采取避实击虚的战略，迂回进攻，迅速拿下河南通往北地的隘口高厥（内蒙古杭锦古旗），一举切断了驻守河南的匈奴白羊王、楼烦王同单于王庭（约在今呼和浩特市一带）的联系。紧接着，卫青率领骑兵，沿着黄河飞兵南下，进军数千里，直抵陇西（今甘肃临洮），对白羊王，楼烦王形成了包围的形势，发起突然袭击，匈奴白羊王、楼烦王仓皇西渡黄河逃走。汉军收复了河南地，取得大胜。武帝为表彰卫青的战功封他为长平侯。河南地的收复，解除了匈奴对长安的威胁。西汉在这里设置了朔方郡（内蒙古杭锦旗）和五原郡（内蒙古五原），又下诏募兵屯边，建立了反击匈奴的基地。匈奴不甘心失去河南地，不断进行疯狂的反扑，企图夺取朔方郡。武帝决定集中优势兵力歼灭匈奴主力。元朔五年（前124年），卫青率领骑兵10万追出长城六七百里。匈奴右贤王以为汉军很远，一时到不了身边，夜间，他照常稳坐在毡帐中，欣赏歌舞，饮酒消遣，喝得酩酊大醉。卫青摸准了匈奴轻敌麻痹的思想，巧妙地利用傍晚暮气的掩护，迅速包围了右贤王的部队，半夜时分，卫青以密集的鼓声为号，发起猛烈进攻。将士们从四面冲入匈奴宿营地，打得匈奴兵丢盔弃甲，人仰马翻，乱作一团。右贤王惊慌失措，只好抛下将校士兵，在几百名亲兵的簇拥下，仓皇北逃。这一仗，西汉军队生擒匈奴裨王（就是小王）10多人，士兵15000多，夺得牲畜数十万头。胜利的消息传到长安，西汉军民无不欢欣鼓舞，武帝立即派使者去前线慰劳将士，破格拜卫青为大将军。卫青还朝后，武帝要封他的三个儿子为侯，卫青不以军功自傲，再三推辞说："儿子还小，毫无战功，取得胜利，是诸将校的功劳。"由于卫青的奏请，随同他出征的11名将校，才得以封侯赐爵。

河南战役是汉匈战争的转折点，从此，汉朝对匈奴的战争由迎战、出击，转变为积极主动的深入穷追了。

元朔六年（前123年），大将军卫青，率领10万雄兵，从定襄出兵北钱，企图寻找匈奴主力决战。大军挺进数百里，始终没有找到单于主力，只好退回定襄、云中、雁门等地休整，待命出征。数年后，卫青的外甥、18岁的青年将军霍去病，独自统率大征，两次远征河西，取得了河西大捷。

汉军在西线的胜利，迫使匈奴把主力转移到沙漠以北，同时派出骑兵骚扰西汉边境。为了彻底消除匈奴侵扰，防止其卷土重来，武帝决定深入追击，远征漠北，歼灭匈奴主力。元狩四年（前119年）春，汉武帝命令大将军卫青、骠骑将军霍去病，各自率领5万骑兵，分为东西两路出击。随军的步兵，民夫有几十万，载运军资粮草的马匹达4万多。这就是著名的漠北战役。

卫青率领西路军从定襄（今内蒙古和林格尔）出发，战胜沙漠中险恶的地形、气候，穿过大沙漠，挺进1000多里，碰上了率领精兵严阵以待的伊稚斜单于。面对这突如其来的危险局面，身经百战的卫青临危不惧，沉着镇定，立即命令部队用武刚车（一种带遮盖的战车）环绕成营，以防匈奴的突然袭击。紧接着，指挥5000骑兵向匈奴阵地冲锋。匈奴的1万骑兵也立即猛扑过来，双方展开了一场殊死恶战。战斗打得难解难分，激战到夜幕降临时，沙漠上突然狂风呼啸，飞沙走石，两军对面不相见。大将军卫青，当机立断，利用恶劣的天时，命令大队人马分左右两翼夹攻匈奴。单于招架不住，只带上几百骑兵，向西北角夺路逃窜，其主力全部被歼。汉军得到匈奴屯积的大批粮草，胜利班师。同时，霍去病的东路军，取得了更辉煌的战果。漠北之战，打垮了匈奴主力，此后，"漠南无王庭"，匈奴败退到沙漠以北，再无力发动大规模的侵扰了。

卫青戎马一生，先后七次出击匈奴。他当敌勇敢，身先士卒，号令严明，治军有方，是一位杰出的军事家。元封五年（前106年），卫青因病去世，安葬在汉武帝的陵墓茂陵的东边，墓形很像匈奴境内的卢山，象征着他生前不可磨灭的历史功绩。

## 封狼居胥的霍去病

霍去病（前140—前117），西汉著名将领，卫青外甥，活跃于汉武帝时期，河东平阳（今山西临汾西南）人，擅长骑射。汉武帝元朔六年（前123年），18岁的霍去病以校尉之职随卫青击匈奴于漠南（今蒙古高原大沙漠以南），歼敌两千余人，受封冠军侯。汉武帝元狩二年（前121年）任骠骑将军，于春、夏两次率兵出击占据河西（今河西走廊及湟水流域）地区的匈奴部，歼敌4万余人。同年秋，他奉命迎接率众降汉的匈奴浑邪王，在部分降军哗变的紧急关头，率部驰入匈奴军中，斩杀叛乱者，稳定了局势，使浑邪王率4万余众归汉。从此，汉朝控制了河西地区，打通了西域的道路。汉武帝元狩四年（前119年）夏，霍去病与卫青各率5万骑兵过大漠（今蒙古高原大沙漠）进击匈奴。霍去病击败左贤王部后，乘胜追击，深入两千余里，歼敌7万余人。霍去病后升任大司马，与卫青同掌兵权。汉武帝元狩六年（前117年）霍去病病卒，死时年仅23岁。

霍去病是大将军卫青的外甥，他是卫青的同母异父姐姐卫少儿与平阳县衙役霍仲孺的私生子。卫子夫被汉武帝看中并立为皇后，卫氏家族从此平步青云，霍去病也因此得到汉武帝的赏识，一帆风顺。

霍去病雕像

卫青和霍去病虽然是舅甥，而且都是私生子，但两人的境遇却截然不同。卫青少年时的生活比较困苦，成年后还差点被当成出气筒而死于非命。霍去病则不同，他虽然也是私生子，却从小过着锦衣玉食的生活，后来也是顺之又顺。不同的生活经历给了他们不同的性格，卫青为人恭谨谦和、沉稳如山；霍去病为人豪爽张扬、性烈如火。两人虽同为名将，但个性迥异，这在各自的带兵风格中体现得尤为明显。

在卫青建功立业的同时，霍去病也渐渐地长大了，在舅舅的影响下，他自幼精于骑射，虽然年少，却不屑于像其他王孙公子那样沉溺于声色犬马，享受长辈的荫庇。他渴

## 第五章 中国古代战争人物

望杀敌立功的那一天。

这时，西汉王朝与匈奴的斗争正趋白热化。匈奴屡次入侵，汉武帝一改以前的和亲政策，开始了对匈奴的反击战争。汉武帝元朔六年（前123年）春，汉武帝组织了对匈奴的反击战争——漠南之战，未满18岁的霍去病主动请缨，武帝遂封他为剽姚校尉，由卫青挑选了800名骁勇善战的骑兵归他指挥。凭着一腔血气，霍去病率领自己的第一批士卒在茫茫大漠里奔驰数百里寻找敌人的踪迹。这支队伍不知不觉走了好几百里，将近黄昏，忽然发现前方远处有一片黑点。霍去病判断应是匈奴的营帐，当即命部下衔枚而行，以迅雷不及掩耳之势杀了过去。他独创的"长途奔袭"遭遇战首战告捷，斩敌两千余人，匈奴单于的两个叔父一个毙命一个被活捉，而霍去病的800骑兵全身而返。大喜过望的汉武帝立即将他封为"冠军侯"，意思是说他勇冠三军。

汉武帝元狩二年（前121年）春天，汉武帝任命霍去病为骠骑将军，让他独自率领1万精骑兵出征匈奴。这就是河西大战。19岁的霍去病深孚众望，在千里大漠中闪电奔袭，打了一场漂亮的大迂回战。六天中他转战匈奴五部落，一路猛进，并且在皋兰山与匈奴卢侯王、折兰王打了一场硬碰硬的生死战。最终，霍去病取得了胜利，1万精兵仅有3000人回师长安。而匈奴更是损失惨重——卢侯王和折兰王阵亡，浑邪王子及相国、都尉被俘，军士被斩近9000人，匈奴休屠祭天金人也成了汉军的战利品。汉武帝非常高兴，再次封赏霍去病。

此役之后，朝中再也无人质疑霍去病的统军能力。

这年夏天，汉武帝决定乘势全部扫除匈奴在河西地区的势力，打通西域之路，于是发动了第二次河西战役。

此战中，霍去病成为汉军的统帅，与公孙敖一起率领的几万骑兵为主力，从北地郡（今甘肃环县）出发，而老将李广、张骞等人只作为他的策应部队，率1万多人从右北平出发，攻击匈奴左贤王。霍去病与公孙敖出塞后，分兵前进，令人意想不到的是，公孙敖这位常跑大漠的"老马"在大漠中迷了路未能参战，老将李广所部则被匈奴左贤王包围，霍去病只好孤军深入。匈奴被他神妙

霍去病墓

141

莫测的战术弄得晕头转向，祁连山一战，被打得大败。这次战役，霍去病所部斩敌3万余人，接受匈奴单桓王、酋涂王及相国、都尉等两千多人投降，俘虏了王母、单于阏氏及王子、相国、将军、当户、都尉等100多人。得胜回朝之后，汉武帝再次封赏霍去病。

两次河西战役之后，汉朝完全控制了河西地区，这对匈奴是一个很大的打击。曾经在汉王朝土地上为所欲为的匈奴人也唱出了悲歌："亡我祁连山，使我六畜不蕃息；失我焉支山，使我妇女无颜色。"

从此，汉军军威大振，而19岁的霍去病更成了令匈奴人闻风丧胆的战神。接下来的"河西受降"更是让霍去病有如天神。

两场河西大战后，匈奴伊稚斜单于对于浑邪王、休屠王的屡次战败非常生气，派使者征召他们，准备治罪。消息走漏后浑邪王和休屠王决定投降汉朝。汉武帝遂派霍去病前往黄河边受降。

汉武帝元狩二年（前121年）秋，当霍去病率部渡过黄河的时候，匈奴降部中发生了哗变。面对这样的情形，霍去病当机立断，只带几名精骑飞马驰入浑邪王营帐，直面浑邪王，下令将私自逃跑的匈奴将士8000人全部杀死。霍去病的气势不但镇住了浑邪王，同时也镇住了4万多名匈奴人。河西受降顺利结束，汉王朝的版图上从此多了武威、张掖、酒泉、敦煌四郡。

从此，匈奴的军事力量大大削弱，不得不退到遥远的大漠以北。汉朝西部的威胁彻底解除，通往西域的道路完全畅通了。

匈奴主力虽远逃漠北，但仍未放弃对汉朝边境的掠夺。汉武帝元狩四年（前119年），汉武帝决定远征漠北，彻底消灭匈奴军队。这就是著名的漠北之战。

汉武帝对霍去病的能力无比信任，在这场战争的事前策划中，原本安排了霍去病打单于，结果由于情报错误，这个对局变成了卫青的，霍去病没能遇上他最渴望的对手，而是碰上了左贤王部。然而这场大战完全可以算是霍去病的巅峰之作。

在深入漠北寻找匈奴主力的过程中，霍去病率部奔袭两千多里，以15000的损失，歼敌7万多人，俘虏匈奴王爷3人以及将军、相国、当户、都尉83人。匈奴左贤王部几乎全军覆灭。

大约是渴望碰上匈奴单于，霍去病一路追杀，来到了今蒙古肯特山一带。在这里，霍去病暂做停顿，率大军进行了祭天地的典礼——在狼居胥山举行

## 第五章 中国古代战争人物

了祭天封礼、在姑衍山举行了祭地禅礼。这是一个仪式，也是一种决心。南宋大词人辛弃疾的著名诗句"元嘉草草，封狼居胥"中的"封狼居胥"指的就是这件事。封狼居胥之后，霍去病继续率军深入追击匈奴，一直打到翰海（今俄罗斯贝加尔湖），并在那刻石记功，然后凯旋还朝。与此同时，卫青所部大败匈奴单于。漠北一战，"匈奴远遁，漠南无王庭"。

回朝之后，霍去病因功加封食邑，并与大将军卫青一起被拜为大司马。当时，霍去病年仅22岁。

霍去病是一位十足的军事天才，他能够百战百胜，完全是凭借战场上的直觉和随机应变。汉武帝常常劝他学习孙吴兵法，他却说："为将须随时运谋，何必定拘古法呢？"

霍去病的人品也是相当出众的。他虽生为奴子，长于绮罗，却从来不曾沉溺于富贵豪华，而是将国家安危和建功立业放在首位。河西战役胜利后，汉武帝为了奖励他，特意命人在长安为他建造了一座豪华住宅。霍去病谢绝了汉武帝的好意，气概豪壮地说："匈奴未灭，无以家为！"短短的八个字，震撼人心，成为历朝历代保家卫国将士们的心声。

### 知识链接

#### 霍去病早逝之谜

关于霍去病之死，向来有争议，正史中均说他是病死的。霍去病征战四方时，通常不带粮草补给，而是就地取食敌方的牛羊粮草。于是匈奴撤退的时候通常会故意把染病的牛羊留下来，霍去病就是因为吃了感染病毒的食物，身体慢慢变坏，终致死亡。还有一种说法是，霍去病遭汉武帝刘彻猜忌，因害怕郁郁而终。英雄的身上永远会有不尽的谜团，霍去病怎么死的并不重要，重要的是他的事迹与精神。千载之后的今天，遥想少年军神霍去病的绝世风采，仍不免为其所倾倒，为其保家卫国的壮志而热血沸腾。

# 第二节
# 隋唐至明清时期著名战争人物

## 含冤而死的史万岁

史万岁（约550—600），隋朝名将，京兆杜陵（今西安东南）人。

少年时期的史万岁，聪明好学，喜欢研读兵书，每遇不解，必寻人求教。他长于骑射，体壮力足，练武入迷，臂力极大，开弓力度远过他人。

史万岁的父亲史静是北周沧州刺史。北周保定四年（564年），北周和北齐战于洛阳城北的邙山（今河南洛阳市北），15岁的史万岁随父从军，他观察战场形势，认为周军将败，并令左右换装离去。不久，周军果然大败，其父因此奇之。建德六年（577年），史万岁的父亲战死，史万岁作为忠良之后被任命为开府仪同三司，又袭爵为太平县公。

大成元年（579年），北周宣帝宇文赟病死。周静帝宇文阐年幼，左丞相杨坚专政，相州（今河北省临漳县西南）总管尉迟迥起兵反对杨坚，史万岁随行军总管梁士彦前往征讨。在行军的路上，为了缓解众将士的疲劳，史万岁表演射箭以解烦闷。正巧空中有群雁排队飞过，史万岁高声说，我要射第三只，话落箭出，第三只大雁应声而落，众将士皆称道其箭术，疲劳烦闷遂解。

官军至河北，与尉迟迥军相遇，史万岁战战皆捷，勇冠三军。尤其是邺城之战，官军有犹豫不前的畏难之状。在危急关头，史万岁高呼杀声驰马奋击，率先冲入敌阵连杀数十人，如入无人之境。北周官兵受到鼓舞，一起杀入敌阵，大败敌军。战后，史万岁因功绩卓著被授予上大将军。

数年后，北周重将杨坚夺取政权建立了隋朝，史万岁因大将军尔朱勣谋反而受牵连，被发配敦煌（今甘肃敦煌西）为戍卒。

当时隋文帝为完成统一大业，正与突厥作战。开皇三年（583年），隋军发起全面反击。隋文帝杨坚命秦州总管窦荣定率步骑兵3万来到敦煌，史万岁自投军门，要求立功赎罪。窦荣定正愁无将抗击突厥，素闻史万岁威名，于是将其留为先锋。

在窦荣定率军与突厥军对阵之时，史万岁一马当先站于阵前，对突厥兵的首领说："士卒们有什么罪过？让他们相互杀戮实在可惜，请派一位将领与我决战。我失败了，甘愿受死；你方败了，快快离去。"突厥首领同意，派出一位雄壮的将领出战。仅几个回合，史万岁就斩其首级。突厥大惊，不敢再战，即请议和而退。史万岁因此被授上仪同兼车骑将军。开皇九年（589年），他因参加隋灭陈之战有功，加上开府。

隋灭陈统一中国后，南方士族豪强对隋实行的限制政策不满，当时民间盛传隋欲将南方民众移至关中，于是南方士族利用南人对这个流言的惊恐心理，乘机煽动叛乱。开皇十年（590年），江南的高智慧等人起兵作乱。内史令杨素奉命前去平叛，他令史万岁为行军总管，给他两千士卒，命其从东阳别道进击。史万岁领命之后，一路逾岭翻山跨河过江，前后经战数百次，攻陷溪洞无数，转战千余里，毙敌不可胜数。其间有三个多月没有史万岁的消息，人们都以为史万岁已全军覆灭。其实是由于山高水险，道路不通，无法回音。史万岁获胜之后，砍下许多竹筒，将书信置于其中，投入水中任其漂流，这些书信终于传到了杨素手中。平定江南的战斗胜利之后，杨素上书表奏史万岁之功，皇帝杨坚甚喜，赐其家钱10万，晋升史万岁为左领军将军。

史万岁从一个被发配边境的戍卒，通过屡建奇功，一步步地晋升为将军。这种自强而奋起的精神是极其可贵的。

开皇十七年（597年），南宁州（今云南曲靖西）羌族首领爨翫起兵反隋，杀隋官吏，气焰嚣张。朝廷立即命史万岁前往征讨。史万岁率军向南宁进军，一路跨溪越涧，历经艰辛，克服了水土不服、疾病群起的困难，一路进剿七州。在途中，他见到当年诸葛亮南征时所立功碑，碑的背面刻字："万岁之后，胜我者过此"。史万岁令左右将碑倒置，继续向西挺进，转战千余里，破西南羌族30余部，诸羌大惧，爨翫被迫再度请降，献明珠宝物，表示愿听约束，并刻石勒铭，赞颂隋朝圣德。史万岁遣使飞骑上奏，表称将爨翫带入朝廷，隋文帝准其所奏。但爨翫心怀二志，不想随军入朝，便以珠宝贿赂史万岁，于是史万岁便放爨翫而还。当时蜀王杨秀正在益州（今四川省成都），知其受贿，派人索取。史万岁听说此事，将所得珠宝全部沉于江底，杨秀无所获，只得作罢。史万岁以平定南方各部落之功，位进上柱国，又因与晋王杨广友善，而兼督晋王府军事。

第二年，爨翫又反叛。蜀王杨秀趁机弹劾史万岁受贿纵贼之事。隋文帝下令严查此事，查对属实，其罪当死。史万岁惧而服罪，向隋文帝顿首请命。左仆射高颎和左卫大将军元旻等也为他说情，于是隋文帝将其削官为民。一年后，恢复官爵，授河州（今甘肃省临夏东北）刺史，兼领行军总管，以防备胡人来犯。

开皇二十年（600年），突厥族举兵反隋，兵势极盛。朝廷立即发兵多路抗击突厥。史万岁与汉王杨谅一路由邑道出兵，行至大斤山时与突厥兵相遇。突厥首领达头派使者前来询问："隋军带兵将领是谁？"隋军回答说："史万岁。"突厥使者又问："是那位在敦煌当戍卒的史万岁吗？"回答说："正是！"使者回报达头。达头素来惧怕史万岁，得报之后，立即下令撤军。史万岁得知消息后挥军追杀，一口气驱敌百余里，斩敌数千人，继续跟踪追入沙漠数百里，后凯旋而归。

隋朝另一路兵马为首的是杨广和杨素。杨素为人忌贤妒能，对上趋炎附势，阿谀奉迎，对下坑害诬陷，他忌史万岁之功，因此回朝后对皇上说："突厥人本来已经投降我朝，并不是来侵犯的，而是到塞上放牧。"皇帝杨坚信以为真，因此，并不表彰史万岁部的功劳。史万岁的将士们听到杨素所为之后，怒声四起。史万岁本是一位战将，敢怒敢言，再加上他爱惜将士，尤其注重抚恤士卒，他见不得自己的部下受气，于是多次上表，但隋文帝置之不理。

当时隋文帝刚从仁寿宫还京师，并刚废掉太子杨勇，所以严防东宫结党谋变。有一天，隋文帝问史万岁现在何处，当时史万岁正在朝堂，但杨素见隋文帝正怒，却故意说："万岁谒东宫矣"。隋文帝信以为真，非常生气，立即下令召见史万岁。当时出征将士数百人在朝称冤，史万岁对众人说："吾今日为汝极言于上，事当决矣。"史万岁见到隋文帝后，申明自己的将士征战有功。他声称朝廷处事不公，是非不明，赏罚不清，甚至直言皇帝之过。这一下可成了犯上之罪。杨坚越发震怒，令武士将史万岁暴杀于朝堂。

# 第五章 中国古代战争人物

## 平定叛乱的李光弼

李光弼（708—764），柳城（今辽宁朝阳南）人，契丹族。会说汉话，能读汉书。刚毅果敢，富有见识。"安史之乱"中，他率领兵马，多次击败安、史叛军，初任左卫郎，后任节度使，太尉兼侍中，天下兵马副元帅，封临淮郡王。是唐中期与郭子仪齐名的大将。

公元759年，史思明大败鱼朝恩率领的60多万唐军，杀死了安禄山的儿子安庆绪，自称大燕皇帝，率领十几万人马，对唐军发动了新的进攻，连占汴州（今河南开封市）、郑州，逼近唐朝东都——洛阳。在这危急的时刻，李光弼被任命为天下兵马副元帅兼朔方、河北节度使，只带了旧部500人赶到洛阳，着手整顿兵马，部署战事。面对史军的猖狂进攻，有人主张坚守洛阳，有人提出退守潼关。李光弼指出，坚守洛阳，兵力不足；退守潼关，无故弃地五百里，会使史军气焰更加嚣张。因此，他断然决定，放弃洛阳，退守河阳三城。

河阳三城，位于黄河孟津渡口（今河南孟县西南、孟津县东北）两岸，北魏时所建。北城筑于黄河北岸；中弹城筑于河中沙洲之上；南城筑于黄河南岸，东、西、北三面临河。三城以桥相连，黄河分流其中，正当洛阳北面要津，为历代兵争要地。李光弼认为，河阳地势险要，北和泽潞（今山西晋城、沁水、长治一带）毗连，南与洛阳相接，既利于坚守，也便于出击，是制止史军攻势的理想地点。于是，李光弼令官吏西撤长安，百姓出城躲避，将军用物资先期从洛阳转移到了河阳。为了稳定人心，直至史思明大军进入洛阳，李光弼方才亲自断后，将部队撤出洛阳，退往河阳。这时，河阳仅有两万人马和10日军粮。但是，在李光弼的周密组织和以身示范下，部队的士气仍然非常高昂。

公元759年10月，史思明完全控制了洛阳，为了扫清障碍，迅速西进，他决心首先拔掉河阳这颗钉子。出于对李光弼的畏惧，史思明在河阳南城外构筑了大量月牙形攻防结合的工事，然后，令骁将刘龙仙率兵攻打南城。刘龙山自恃兵多，不把唐军放在眼里。他把右脚跷到马鬃上，在城下肆意谩骂李光弼。李光弼令部将白孝德率50名骑兵突然出城，乘其不备，将刘龙仙刺死于马下，部众吓得不战而退。史思明又出动5000人马进攻中弹城。李光弼出城迎战，杀死1000多人，活捉500余人，残敌败退时，落入河中，又淹死不少。

初战的胜利,打击了史军的锐气。但是,河阳城中,粮食眼看快要断绝。因此,李光弼决定亲自去河清一带征运粮草。临行前向部将李抱玉吩咐说:"将军能为我守南城两天吗?"李抱玉问:"两天以后怎么办?"李光弼回答道:"过期救兵不到,可以放弃南城。"李抱玉痛快地接受了任务。这时,史思明正令大将周挚率领人马攻打南城,攻势很猛,李抱玉守了一天,眼看支持不住,忽然心生一计,派人向周挚说:"城中粮食已尽,明天就出城投降。"周挚十分高兴,便停止攻打,收兵回营。李抱玉乘机调整部队,修理兵器,加强了设防。第二天,周挚不见李抱玉出城投降,方知上当,非常愤怒,加紧攻打。李抱玉一面防守,一面派一支精兵绕到史军后面,两面夹攻,终于击退了周挚,稳住了南城战局。

史思明探知李光弼到河清一带运粮,兵驻野水渡,觉得这是消灭李光弼、断绝唐军粮道的好机会,便令大将李日越率军夜袭,规定李日越不抓住李光弼,以杀头论处。李光弼闻讯,当晚返回河阳。李日越到达野水渡唐军营寨后,见李光弼已走,深知回营肯定会被史思明处死,便投降了唐军。

李光弼给予他特别优待。另一大将高庭晖闻讯,也投降了李光弼。史思明的力量就这样不断地受到了削弱。

为了瓦解唐军军心,史思明令士兵每天将1000多匹战马,来回不停地赶到黄河边洗刷,以炫耀战马众多。李光弼见状,令部下寻找了500匹母马,将其马驹关进栏内,再把母马赶到北城外的河边,母马嘶叫不已,史军战马闻声,纷纷浮水而来,被唐军全部俘获。史思明恼羞成怒,又出动战船数百艘,装满柴草、油料,从上游点火,顺流而下,企图烧毁河中两桥,也被唐军以长竿铁叉顶住,发石击沉。史思明无计可施,遂自率部分人马攻打南城,而令周挚率主力攻打中城。

周挚攻打中城被李光弼击退后,就渡过黄河,集中3万精锐部队,攻打北城。李光弼立即从中城赶到北城指挥作战。他令部将郝廷玉带领300骑兵进攻西北角,令论惟贞率两百骑兵进攻东南角,并将朝廷赏赐的40匹良马也分给他们,激励他们一往无前。同时令其他将令随后出击。李光弼手执帅旗,威严地发布命令说:"今天的战斗,关系全局,必须以死相争。如果我的帅旗连挥三下,就是拼死冲锋的信号,全军将士,只准前进,不准后退。有敢退却者,立即斩首。"说着,他从靴子中拔出一把短刀说:"打仗,就要准备牺牲。我是大军元帅，不可死于敌手。万一战斗不利，你们死于敌阵，我就自杀于此，决不让你们独死。"将士们听了，心情非常激动，都抱着决死信念杀出城去。李光弼在城楼上，密切地注视着战局的进展。对英勇杀敌的，当即予以重赏。对退却逃跑的，马上斩首示众。郝廷玉战马中箭，他立即换给好马。仆固怀恩刚往后退，他就令执法队出城取其脑袋，吓得仆固怀恩掉转马头，重新杀入敌阵，过了一会，李光弼见唐军战果不大，便下决心拼死一战。于是，他连挥帅旗，发出了拼死冲锋的号令。唐军将士立即勇气倍增，奋勇上前。霎时间，战鼓声、喊杀声震耳欲聋，惊天动地，唐军的攻势如一股不可抵挡的洪流，史军抵敌不住，迅速溃败下去。周挚掌握不住部队，率领少数人马，狼狈逃命。唐军击毙上万，俘虏8000余人，缴获战马、军械数以千计，活捉了徐璜玉、李秦授等重要将领。这时，史思明还在攻打南城，李光弼就把俘虏驱赶到南城河边，史思明一见，方知周挚已经大败，知道河阳更难攻取，只好率领残兵败将，退回洛阳。

安史之乱平定后，李光弼被任命为天下兵马副元帅。但是，宦官程元振、鱼朝恩等素与李光弼不睦，数次在皇帝面前诉说李光弼的不是。李光弼忧愤成疾，于公元764年病死于徐州，年57岁。后来，李光弼被追赠为司空、太保，谥曰武穆。

## 功高不矜：郭子仪

郭子仪，华州郑县（今陕西华县）人，天宝初以武举补左为长史，后官至兵部尚书，太尉兼中书令，曾出任天下兵马副元帅，封汾阳郡王。他是我国历史上赫赫有名的大将。他一生在唐玄宗、肃宗、代宗、德宗四朝做官，可谓"四朝元老"重臣，德高望重，所以人们又尊称他为"郭令公"。

郭子仪的青年时代，正处于唐玄宗统治前期。最初，他在京城长安做左卫长史（皇帝禁军幕府中的幕僚长）。因其武艺超群，屡立战功，天宝八年（749年）便升任天德军使（驻地今内蒙古乌拉特前旗西），兼九原（今乌拉特前旗北）太守，驻守边疆。

唐玄宗统治前期，励精图治，国力比较强盛。为加强国防，唐中央在边境的一些重要地区增设军镇。一个军镇管辖几个州，其最高长官叫节度使。唐玄宗统治后期，皇帝不管政事。朝廷大权为宰相李林甫和杨贵妃的堂兄杨

**郭子仪雕像**

国忠所把持。朝政日益腐败，阶级矛盾发展，节度使权力不断扩大，中央统治力量明显衰弱。当时，唐边境的10个节度使共拥有兵49万，而唐中央所掌禁军不过12万。在这种情况下，身兼平卢（治所在营州，今辽宁锦州西北）、苍阳（治所在幽州，今北京市）、河东（治所在太原，今山西太原），三镇节度使的安禄山，于天宝十四年（755年）冬，以奉"密旨"讨杨国忠为名，率领15万大军，在苍阳起兵，发动了反对唐中央的叛乱，史称"安史之乱"。

唐军由于多年没有作战，平时也缺乏训练，许多州县无兵可用。安禄山叛军所过州县，有的官吏开城出迎，有的弃城逃跑，有的成了俘虏被杀掉。叛军一路上几乎没有遇到什么抵抗，很快就渡过黄河，攻陷洛阳。至德元年（756年），安禄山在洛阳称大燕皇帝，建立了割据政权。同年6月，叛军攻破潼关，长安陷落。唐玄宗带着杨贵妃、杨国忠等一批妃嫔臣僚，仓皇出逃。到了马嵬驿（今陕西兴平西）时，随行将士愤怒地杀死了杨国忠，并迫使唐玄宗缢死了杨贵妃。人民要求皇帝留下抗击叛军，唐玄宗贪生怕死，留下了儿子李亨，自己却逃到四川成都去了。后来，李亨在一批大臣支持下，逃到灵武（今宁夏宁武）即皇帝位，是为唐肃宗。

安禄山叛军南下所到之处，大肆烧杀掳掠，使人民的生命财产遭受严重损失，许多州县出现"人烟断绝，千里萧条"的悲惨景象。叛军的暴行激起人民的强烈反抗，河北地区的官民首先进行武装反击，大大牵制了叛军的力量，也使安禄山的后方极其不稳。在这有利形势下，唐肃宗下令郭子仪等积极准备反攻，收复两京（即西京长安，东京洛阳）。

郭子仪在唐玄宗时，就是朝中有名的武将。安禄山叛乱之初，郭子仪即被任命为灵武郡太守，朔方（今宁夏一带）节度使。当叛军南下之际，郭子仪在河北地区，先后击败安禄山部将周万顷和高秀岩，并与唐将李光弼会合，打败了史思明。肃宗即位后，召郭子仪入朝，拜为兵部尚书，并以郭子仪率领的朔方兵作为反击叛军的基本力量。可是当朝宰相房琯，为争功，首先亲自统兵收复长安。他所率领的唐军在咸阳地区与叛军一交战，几乎全军覆没。唐肃宗深深感到，要收复两京，只有依靠郭子仪。至德二年（757年）8月，肃宗再次召见郭子仪，委以收复两京重任。郭子仪表示要收复两京，必须先夺回潼关，攻入陕州（今河南陕县），以截断叛军后路，然后才能直取长安。他还建议借回纥兵，以扩充军力。至德二年秋天，郭子仪率军收复潼关，并派儿子旴收复为叛军所占的永丰仓。旴死于战斗，但永丰仓的收复，大大加强了唐军的力量。为此，肃宗犒劳三军，下令进攻长安。

肃宗命令广平王俶为元帅，郭子仪为副元帅，与李嗣业、王思礼等人率军15万人，进取长安。唐军进至长安城西，香积寺北沣水东岸时，以李嗣业为前军，郭子仪为中军，王思礼为后军，连营为阵。叛军也有10万人列阵于唐军北面，两军南北对垒。叛军将领李归仁据险设防，首先出城挑战。唐军回击，追赶叛军，快逼近敌营时，叛军擂动战鼓，一齐冲杀出来。唐军措手不及，军中惊乱，败走。唐前军将领李嗣业见状，挥动战刀，高声大喊："叛军已经冲过来了，若不奋力冲杀，只有死路一条！"说罢，他光着膀子，策马扬鞭，挥舞着大刀，首先冲向敌阵，奋不顾身地砍杀敌人。刀光过处，叛军人头落地。李嗣业的英勇行为，使唐军军心稍定。此时，郭子仪发现在唐军东面，埋伏有一队叛军，他们正向唐军背后包抄过来。郭子仪当机立断，立即派部将仆固怀恩与一队回纥兵，一起出击，全歼了叛军的伏兵。两军从中午一直打到傍晚。叛军节节失利，被杀6万多人，不得不退回长安城中。

就在这一年（757年），安禄山为儿子安庆绪所杀。郭子仪率唐军，乘机猛攻长安。9月间，收复长安。老百姓扶老携幼，夹道欢迎唐军，高兴地说："今日复见官军！"

唐军收复长安不久，乘机东进，攻打洛阳。屯兵洛阳的安庆绪，得到唐军进兵消息，派遣严庄、张通儒率10万（一说15万）大军迎战。叛军列阵首尾相接，足有百余里长，声势浩大，杀气腾腾。唐军行至新店（今陕西陕县西）时，叛军早已在那里依山扎营，等待厮杀。新店地势险峻，山高壁陡，叛军居高临下，对唐军十分不利。唐军几次进攻，都没有成功。为了改变被动局面，化劣势为优势，郭子仪派遣回纥兵从背后偷袭叛军，然后自己亲率主力，正面出击。当一切部置好后，郭子仪下令擂鼓出战。顿时间，鼓声震天，杀声如雷，山鸣谷应，唐军大队人马，以排山倒海之势，冲杀过来。叛军见势不妙，正要后退，又遇上从背后包抄上来的回纥兵。叛军被前后夹击，进退两难，一时被打得乱了阵脚。这时，郭子仪一声令下，唐军万箭齐发，雨点般落入敌阵；四面又响起"回纥兵来了，快投降吧"的喊声。叛军听到，乱成一团，溃不成军。叛军将领严庄拼死突出重围，狼狈跑回洛阳。安庆绪见新店兵败，知洛阳难以防守，只好收拾残部，撤离洛阳，渡过黄河，退守相州（今河南安阳）。郭子仪收复东都洛阳，河东、河西、河南诸州县相继平定。

郭子仪凯旋回朝，唐肃宗十分高兴，亲自带领大臣将官到灞上（今陕西西安东）迎接。郭子仪以功晋位司徒，加封代国公，食邑千户，奉旨回东都，准备北上继续讨伐叛军。

在收复两京过程中，郭子仪屡建大功，声誉越来越高，引起朝中宦官鱼朝恩等人的忌恨。因此，鱼朝恩常在肃宗面前诽谤郭子仪。至德三年（758年）9月，唐肃宗命令郭子仪等九节度使一起出兵讨伐逃往相州的安庆绪。不设元帅，而以鱼朝恩为观军容使，以监督诸军。开始，郭子仪从杏园渡过黄河，围攻相州南边的卫州（今河南汲县）。激战前夕，郭子仪挑选了3000名弓弩手埋伏于唐军大营两旁，并吩咐他们说："如果我军临阵退却，敌兵必定追来。你们听到人马呼喊声，即可大力射击。"战斗开始后，唐军佯作败走，叛军紧追至唐军大营附近时，早已埋伏在那里的弓弩手听到一声令下，顿时箭如雨注般射出，叛军大为震惊。假装败走的唐军杀了个回马枪，斩敌4万多人，俘虏叛将安庆和，缴获军用物资数十万件，收复了卫州。其后，九节度使围攻相州。但由于缺乏统一指挥，九节度使各自为战，战斗力大为削弱，加上叛军史思明来援，增加了安庆绪的力量，致使相州一战，以唐军战败告终。鱼朝恩把相州战败责任全推到郭子仪身上，唐肃宗不明真相，一度解除了郭子仪的兵权。

史思明败唐军后，为了争权杀安庆绪，回苍阳自称大燕皇帝。公元758年夏，史思明再次攻陷洛阳。不久，史思明又被他的儿子史朝义所杀，内部再次分裂。唐肃宗为迅速打败叛军，再次起用久享盛名的老将郭子仪。洛阳尚未收复，肃宗病死，李豫即皇帝位，是为唐代宗。代宗任命雍王李适（即后来的唐德宗）为统兵元帅，郭子仪为副元帅，率军讨伐史朝义。同时又借回纥10万兵力，一同进攻洛阳。宝应元年（762年），唐军再次收复洛阳，史朝义败逃莫州（今河北任丘北）。第二年正月，史朝义部将田承嗣、李怀仙等见大势已去，遂投降唐朝。史朝义在众叛亲离、走投无路的情况下，自杀而死。至此，延续了七年零三个月的安史之乱终于平定了。

郭子仪在平定安史之乱中，屡建战功，为维护国家的统一，立下了汗马功劳。其后，他又在平定吐蕃和回纥贵族的骚扰中，做出了贡献。建中元年（780年），李适即位，是为唐德宗。德宗召郭子仪协助宰相管理朝政，赐号"尚父"，升为太尉，增加食邑。建中二年（781年），郭子仪病重，不久去世，享年85岁。唐德宗尊封他为太师，赐谥"忠武"。

## 一代奇男子： 帖木儿

金庸迷们一定记得《倚天屠龙记》里赵敏的哥哥叫王保保。赵敏是虚构的，而王保保的原型正是扩廓帖木儿。

在历史上，王保保是一个叱咤风云、纵横天下，被明太祖朱元璋称为"天下奇男子"的人物。大概是在洪武初年，有一天明太祖朱元璋大宴群臣时突然发问："天下奇男子谁也？"众人都回答说："常遇春是也。遇春将不过万人，横行无敌，真奇男子也"。太祖笑着说："遇春虽人杰，吾得而臣之。吾不能臣王保保，其人，奇男子也"。据姚明的《清溪暇笔》载，在太祖夸赞王保保为天下奇男子后，"其后民间凡遇有微劳自矜者则诮之曰'尝西边拿得王保保来耶'（有本事到西边把王保保抓来），至今遂成谚语"。

看到这里，相信大家都好奇，这位在明太祖的心目中甚至超过了开国第二名将常遇春的"奇男子"到底是怎样一个人？

扩廓帖木儿的原名叫王保保，他的父亲是汉人，母亲是察罕帖木儿的姐姐。察罕帖木儿的曾祖则是窝阔台。因为察罕没有子嗣，所以将王保保收为养子。察罕让王保保既受汉人的教育，又学蒙古人的武艺，所以王保保身材魁伟，颇有英雄气质。

至正二十一年（1361年），察罕派他运送粮食到京师，受到元顺帝的接见，并被赐予蒙古名字"扩廓帖木儿"（扩廓是"青"的意思），此后他以蒙古名字取代了汉名"王保保"。

帖木儿塑像

至正二十二年（1362年），扩廓帖木儿养父察罕帖木儿组织地主武装义兵，平定北方红巾军，护廓帖木儿随军征战。第二年，察罕帖木儿在降将田丰军营中被王士诚刺杀，元廷即在军中拜扩廓帖木儿为青荣禄大夫、右尉、中书平章政事、知枢密院事、皇太子詹事，仍便宜行事，率领其父部众。扩廓开始了辉煌的人生。

扩廓帖木儿领兵后，率诸路军急攻益都王士诚。由于城池坚固，扩廓命元军挖掘地道以入。攻破益都后，他取田丰、王士诚之心以祭其父，余众皆被诛杀。随后，他又遣关保取莒州，于是山东的红巾军全部被镇压。

平定北方的战事暂时停息后，扩廓帖木儿与孛罗帖木儿之争立即激化。当初察罕帖木儿被刺，扩廓帖木儿总其兵之时，孛罗帖木儿戍兵大同，屡次派兵争夺晋、冀地盘，并与陕西军阀张思道（又名良弼）相联结。平定北方之后，孛罗乘扩廓战事方休，移兵汴、洛之机，南侵扩廓守地，遣其将竹贞袭据陕西。扩廓也不示弱，两人在太原、大同之间数度交战。

扩廓帖木儿为集中力量对付孛罗帖木儿，采取纵横捭阖手段与据有江淮、势力不断壮大的江南行省左丞相朱元璋主动修好。

与此同时，元廷内部的斗争也日益尖锐。御史大夫老的沙与宦官朴不花素不和，为奇皇后和皇太子所恶。顺帝将老的沙遣回，老的沙投奔了大同的孛罗帖木儿。而右丞相搠思监、朴不花与皇太子则结成一帮依靠扩廓帖木儿为外援。至正二十五年（1365年）3月，搠思监、朴不花诬称孛罗与老的沙图谋不轨，顺帝下诏削了孛罗兵权、官职，让他归四川。孛罗拒不从命，朝廷命扩廓出兵讨伐。宗王等人上书说情，并与孛罗会师，顺帝怕事情闹大，急忙下诏，贬斥搠思监、朴不花，孛罗官复原职。

诏书虽下，搠思监、朴不花依然留居大都。这年4月，孛罗帖木儿以此为由，派兵进攻大都。皇太子见势不妙，率侍卫军出逃，搠思监、朴不花二人则被孛罗杀死。孛罗的大军浩浩荡荡进入京师，顺帝赐宴慰勉，仍以孛罗帖木儿为太保、中书平章政事，兼知枢密院事，守御大同。

这年5月，皇太子出奔至路儿岭，知孛罗、秃坚复职，愤怒不已，于是命扩廓帖木儿调动军队，分道进攻孛罗，被孛罗军杀得大败。皇太子再次出奔太原。孛罗等三人进大都，顺帝于宣文阁接见，再次给三人加官晋爵。

至正二十六年（1366年）3月，皇太子在扩廓帖木儿军中下令调岭北、甘肃、辽阳、陕西各地军队，共讨孛罗。孛罗派也速南御扩廓，没想到也速倒戈。孛罗在京郁郁不乐，终日与老的沙饮宴，荒淫无度，酗酒杀人，喜怒无常。顺帝极为不满，密令杀手杀了孛罗。老的沙、秃坚帖木儿也在出逃路上被诱捕、处死。孛罗被杀后，顺帝召皇太子还京，扩廓因护送有功，被封为太傅、左丞相。

扩廓在京城待了两个月，请命南平江、淮。于是顺帝诏封扩廓为河南王，代皇太子亲征，总制关陕、晋冀、山东等处并迤南一应军马。

当时朱元璋已经灭了陈友谅，尽有江、楚之地，张士诚据淮东、浙西。扩廓知道义军很强，不可轻进，于是驻军河南，檄关中四将军会师大举。这四位将军是李思齐、张思道、孔兴、脱列伯。这四人根本不服扩廓调遣，特别是李思齐，他与察罕帖木儿同时起兵，是扩廓的前辈，更是不服。于是，四人共推李思齐为盟主，与扩廓对立。双方相持一年，前后百战，胜负未决，扩廓占上风。朝廷命人传旨，令两家罢兵，但是根本无法控制。顺帝无奈，于至正二十七年（1367年）8月命皇太子总天下兵马，动员所有兵力，南下剿杀各地反元武装。这道诏书显然是脱离实际的。一来，元朝内部一直是军阀混战，其军事力量全都用于内耗。二来，当时没有任何人有力量统一指挥各路军阀。

诏书下后，首先在扩廓军内发生兵变。先是貊高被胁迫背叛扩廓，再是关保宣布脱离扩廓，并上书朝廷，列扩廓罪状。元廷对扩廓拒不南攻江淮而西攻关陕，又跋扈不从命早就不满，正愁找不着借口削其兵权，貊高、关保上奏其罪状，正好是个机会。于是，顺帝以扩廓帖木儿不受调遣、构兵仇杀缴了其兵权，所有从行官属悉令还朝。扩廓帖木儿被迫交出兵权，退军屯泽州（今山西晋城）。

至元二十八年（1368年）正月，朱元璋即皇帝位，定国号为明，建元洪武。明军北伐按既定方针向大都逼近，而元朝统治集团内部依然无休止地你争我斗。

正月，朝廷命关保领兵守城。扩廓帖木儿立即遣兵进据太原，尽杀朝廷所置官。2月，顺帝下诏削夺扩廓爵邑、官职，令诸军合攻扩廓。扩廓自泽州退守晋宁（今山西临汾）。这时候，明军已一步步逼近元大都。元都危在旦夕，元帝又慌忙恢复扩廓官爵，但扩廓抱着观望态度拒不勤王。5月，明军兵临大都城下，顺帝率三宫后妃、皇太子、皇太子妃及扈从官员北奔上都。8月，明军入大都，元亡。

明军占领大都后，元朝残余势力仍不可小觑。扩廓帖木儿拥兵数十万屯驻山西，李思齐、张思道等盘踞陕西，辽阳有兵10余万，云南则有梁王把匝剌瓦尔密把守。实力最强的是山西扩廓帖木儿，扩廓不除，明廷将后患无穷。朱元璋命徐达、常遇春率师取山西。未几，又派偏将军汤和、右副将军冯宗异（即冯国胜）增援。由于前锋的汤和部孤军冒进，被扩廓在韩店打得大败。

在上都的元顺帝，谋复大都心切，为了拉拢扩廓，改封其为梁王，仍为中书左丞相，命其速出兵攻大都。扩廓于是集合主力，北出雁门，经保安、居庸关向北京前进。而此行动迅速被老谋深算的徐达等人发现了弱点。徐达等人认为北京有孙都督据守，且有坚城，不足为虑。扩廓倾巢而出，太原空虚，而明军主力离太原很近，于是乘虚直捣太原，扩廓慌忙回救太原。当时明军骑兵先到，而步兵未完成集结，常遇春向徐达建议夜袭。徐达采用了常遇春的建议，选精骑夜袭扩廓。扩廓仓促间穿着一只鞋，乘着一匹老马逃奔大同，从者仅18骑。当时大同已被明军占领，扩廓再奔甘肃。

洪武三年（1370年）正月，扩廓久围兰州不下。朱元璋命徐达为征虏大将军、李文忠为左副将军再征西北。当时扩廓已撤离兰州，纵兵四掠。3月，徐达兵至定西，扩廓退屯本道峪（今定西西北），徐达进兵沈儿峪，与扩廓隔深沟对垒，立栅以逼之。徐达命令卫士兵昼夜轮番扰掠元军，使之无法休息。如此过了七天，初七夜，徐达令军士停止骚扰，待元军熟睡之际，突袭元中军，擒获元军大小官员，扩廓带着妻子儿女数人从古城北逃出，"至黄河，得流木而渡，入宁夏奔和林"。至此，残元势力基本上退至漠北。

扩廓逃到和林不久，元昭宗也来到这里（当时元顺帝已死），对扩廓以国事任之。从此扩廓开始了独撑将倾天下的重任。

洪武五年（1372年）正月，因扩廓帖木儿军常南下骚扰，朱元璋决定出师北击，命徐达、李文忠、冯宗异三路并发，共15万人。中路军徐达深入至漠北土拉河时与扩廓帖木儿军相遇。这一次，扩廓巧妙而坚决地击败了明朝第一大将徐达，扩廓亲自率领小部队且战且退，把敌人引向和林，而他手下的大将贺宗哲率领主力在和林以逸待劳。结果，徐达大败，死伤数万人。此时，明军另两路一败一胜，总体来说，明军失败。此战是明军与元残军战争中第一次重大失利。

朱元璋遣军深入漠北不能取胜，扩廓又屡屡犯边，因而转为和平攻势，争取北元归降。朱元璋对扩廓非常重视，曾七次致书信劝降，苦口婆心，仁义尽至，但扩廓始终不降。最具传奇色彩的有两次劝降。一次是派魏赛因不

花劝降，他曾是扩廓留守山东的重将，在洪武元年投降了明朝。后来朱元璋派其赴塞北劝降扩廓，"扩廓帖木儿鸩杀之"。另一次是洪武七年（1374年）夏，朱元璋遣李思齐到漠北劝谕扩廓帖木儿。此人也是在洪武初年投降了明朝。扩廓对李思齐"待以宾礼"，不久就派人送李思齐回国，到了边境，骑士说："主公有命，请留一物为别。"李思齐说："我远来无所赍。"骑士说，那就留条胳膊吧。李思齐没办法，只好自断一臂，回去没多久就死了。

元朝势末，扩廓帖木儿却始终不降，对此朱元璋很是不理解，也很是无奈。

洪武八年（1375年）8月，让明军屡尝败绩、自己屡败屡战的"奇男子"扩廓帖木儿病死。不久，北元在明军和瓦剌的打击下也覆亡了。

## 民族英雄郑成功

郑成功（1624—1662），本名森，字大木，福建南安人，明清之际军事家，著名的民族英雄。

郑成功的父亲郑芝龙，原是拥有武装力量的跨海商人，常奔走于中国东南沿海与日本之间，被明朝视为海盗。后来接受明王朝招抚，被授为游击将军，因海战有功，被提拔为总兵，镇守福建。明王朝北京政权灭亡之后，朱元璋的九世孙唐王朱聿键在福州称帝，改元隆武，郑芝龙因拥立有功，被封为建安伯。

郑成功在平户生活了七个年头。明崇祯三年（1630年），7岁的郑成功被父亲接回福建。其父花重金请最好的老师授其文武之业。郑成功敏而好学，11岁能写诗文，15岁中秀才，21岁入南京国子监，成为太学生。

清顺治二年（1645年），郑芝龙带儿子去见南明皇帝隆武帝，隆武帝见郑成功一表人才，甚是喜欢，便问他有何救国意见，郑成功随口回答："岳飞说过，只要文官不贪财，武官不怕死，天下就可安定"。隆武帝听后非常满意，立即授他为御营中军都督，封忠孝伯，并赐姓朱，改名成功，世称"国姓爷"。

顺治三年（1646年）7月，清兵攻福建，郑成功受命挂大将军印。这时郑芝龙已接受清兵招抚，投降了清政府，被迫致书郑成功劝降。郑成功屡阻其父降清不果，于是与之决裂。不久，隆武帝被清兵俘获，福建抗清势力遭受巨大打击，郑成功只率部下90余人逃出。他仍用隆武帝封赏的招讨大将军

朱元璋画像

之封号，高举反清复明义旗，招募兵员，扩充队伍。清朝初年，由于民族矛盾和阶级矛盾较尖锐，"复明"的旗号具有一定的号召力。所以，在短短的几年中，郑成功招募到数万，最多时达10余万众。由于纪律严明，训练有素，郑成功建立起了一支兵锐将勇的水陆队伍。这支队伍在郑成功的指挥下，与清军坚战10余年，大小规模的战事数百次，多数获得了胜利。然而，由于明政权已经彻底腐朽没落，无力召唤起全国人民的支持，因此，郑成功虽然打了胜仗，但却无法创造出足以灭清的条件。明朝彻底灭亡已成定局。

经过10余年的艰苦斗争，郑成功逐渐认识到，金、厦偏安一隅不足以长期与清兵抗衡，必须建立巩固的根据地。为寻发展，郑成功把目光投向了台湾岛。当时台湾被荷兰侵略者盘踞已久，其势力扩展到台湾岛各重要城镇。顺治十八年（1661年）3月23日，郑成功率首批官兵2.5万人、战船数百艘，由原荷兰翻译何廷斌和熟悉水路的渔民引导，横渡台湾海峡，次日抵澎湖。先占澎湖是一个非常正确的决策，既可使登陆台湾有了可靠的进攻出发基地，又可保障后续部队的航渡和后勤支援，还可据以阻敌海上增援。不料此后一连七日狂风巨浪，船不能行。郑部所带粮食不多，军中乏粮，澎湖岛上民众知是自家军队，主动献上食物，解了危机。在这风阻乏粮的严峻时刻，为赶上4月2日鹿耳门涨潮之机，从鹿耳门登陆禾寮港，郑成功当机立断，毅然于3月30日晚冒险下令前进。当天晚上一更过后，依然波浪未息，惊险异常，但三更过后，云收雨散，天气晴朗。出征的船舰顺风航行，4月2日黎明就赶到鹿耳门港外。

台湾海岸线很长，可以登陆的地点很多，郑成功选择鹿耳门登陆台湾，是一个正确的战略决策。鹿耳门接近台南，位于赤嵌城、台湾城附近，是用武必争的要害之地。一入鹿耳门就可以控制赤嵌城及其港口，断敌出海之路。但鹿耳门形势非常险阻，所有登陆点都有荷兰人重炮把守。而禾寮港是荷兰殖民者疏于防范的一条航道。当郑成功的船舰顺着污泥中的港路徐徐驶入海

## 第五章 中国古代战争人物

湾，将舰船分布在台江之中时，荷兰侵略者大惊，以为郑军自天而降，顿时束手无策。当晚，郑军突破海面荷兰夹板船和赤嵌楼炮台火力的拦阻，只用了不到两个小时的时间就顺利通过了这条险阻的航道，在赤嵌西北约十里地的禾寮港登陆。

郑成功率部在台湾站稳脚跟之后，开始逐个消灭荷兰侵略者的据点。他首先以1.2万兵力围困赤嵌城，该城是荷兰侵略者的重要据点之一，城高三丈六尺，城上有炮楼四座，城坚炮利。守城侵略者派人与郑成功谈判，表示愿意年年纳贡，条件是让侵略者占据台湾岛。郑成功对此予以严词拒绝，荷军恼羞成怒，向郑军猛烈开炮。郑成功本想下令攻城，当地民众献计说，城内无泉，城内从城外山上引水入城，若堵塞水源，城中红毛不出三日即可告败。郑成功依计而行，断了城中水源，果然，到第三日，赤嵌城头就竖起了白旗。郑成功兵不血刃就夺得了赤嵌城。

随后，郑成功率水陆两军围攻台湾城（今安平镇）。该城分上中下三层，城垣坚固，置炮20尊，南北各安放千斤巨炮。守城侵略者用远程炮火封锁了周围的道路。郑成功采取侧翼迂回和正面进攻相结合的方式，逐渐完成了对台湾城的包围。然后派部将杨祥率兵从七鲲身迂回靠近台湾城，荷军的火枪还未装好弹药，就被杨祥军砍死过半，余者争相逃命，边跑边喊："中国兵太可怕啦！不知他们是从哪儿来的！"与此同时，郑成功对城墙全力炮击，敌人负隅顽抗。这时郑成功的后续部队陆续从金门赶来，接连打退了数次荷兰援军的进攻。城内守军孤立无援，郑成功切断城中的所有供给，断绝城内侵略者与外部的联系，使侵略者每日都有因饥饿、水肿、坏血症等非战斗原因而死亡。

驻巴达维亚的荷兰总督闻讯后立即派出10艘兵船和700名士兵，在司令官卡尤率领下前来援救。他们企图以偷袭方式击败郑成功的部队，可是，这支部队早已在郑部的监视之中。他们在海外待机一个月，认为时机成熟时发起偷袭，岂料正中郑军埋伏，被打了个措手不及，司令官卡尤率残部狼狈逃窜。

郑成功在围困台湾城的同时，分兵数部，扫除了台湾岛上的荷兰人据点，最后，迫使荷兰侵略者在投降书上签字，无条件地全部撤出台湾。

郑成功入台后，采用民族和睦政策，任用少数民族官员，共同开发治理台湾。同时郑成功还采取诸多发展生产的措施，经过一段时间的治理，使野无旷土，军有余粮。郑成功注重军队的形象和台湾民众的利益。他严明军纪，禁止士兵滋扰各族人民，不准侵占土民及百姓的现耕物业。这种做法，使郑

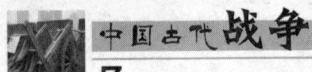

成功的部队成了台湾民众的亲人和靠山。为了尽快开发台湾，郑成功还号召金、厦地区的民众搬眷赴台，使台湾人口迅速增加，把大陆先进的农业、手工业技术传入台湾，使台湾经济迅速发展。

清康熙元年（1662年）5月，郑成功病卒，年仅39岁。郑成功一生，抗清驱荷，以赶走荷兰殖民主义者、收复祖国领土台湾的业绩被载入史册，海峡两岸均立像竖碑纪念。

## 知识链接

### 戚继光平定倭寇

戚继光（1528—1588年）是明代抗倭名将，杰出的军事家。他17岁时袭父职任登州卫指挥佥事，25岁时被提升为署都指挥佥事，负责山东全省沿海防御倭寇，取得了令人瞩目的成绩。

嘉靖三十八年（1559年），戚继光从浙江义乌群山之中招募了勇敢的农民和剽悍的矿夫共3000余人，采用营、官、哨、队四级编制方法编成新型军队。队是基本战斗单位，队员按年龄、体格分别配备不同的兵器。作战时，全队队员各用其所长，配合作战，攻守兼备，进退灵活。这种战斗队形能分能合，人称"鸳鸯阵"。经过戚继光的严格训练，这支新军队伍很快成为军事劲旅，人称"戚家军"。

嘉靖四十年（1561年），倭寇大举侵犯台州，戚继光率领"戚家军"九战九捷，取得了举世闻名的台州大捷。倭寇被打得闻风丧胆，给戚继光取了个外号叫"戚老虎"。次年夏，戚继光率戚家军南下福建，荡平了倭寇在横屿、牛田、林墩的三大巢穴。

嘉靖四十二年（1563年），戚继光与福建总兵俞大猷、广东总兵刘显等人取得平海卫大捷。次年，升任总兵官，镇守福建全省及浙江金华、温州两府。当年11月，倭寇2万人围攻仙游，戚继光以寡击众三战全胜。从此，戚家军威震中国海疆，倭寇望风而逃，危害已久的倭患终被荡平。

# 第六章

# 中国古代战争计谋和兵书要籍

在我国古代战争中,"计谋"有着重要的作用,往往能够以少胜多、以弱胜强。而兵书是对前代战争的总结与研究,为后代兵家所学习、借鉴,著述兵书的更是成为军事家的一个标准。

# 第一节
# 中国古代战争计谋

## 兵以计为先

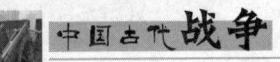

在我国最早的兵家经典著作《孙子兵法》中，同时提出了"计"、"谋"、"权"这三个有关的概念。

《孙子兵法》第一篇的篇名就叫"计"，其本意是计算，是比较，即"校之以计，而索其情"，然后方能言战。杜牧对"计"字的注释是："计，算也。曰：'计算何事？'曰：'天之五事，所谓道、天、地、将、法也。'于庙堂之上，先以彼我之五事计算优劣，然后定胜负；胜负既定，然后兴师动众。用兵之道，莫先此五事，故著为篇首耳。"这种注释是比较准确的。就是说，在作战之前，必须将敌我双方各方面的情况查明，加以计算比较，然后判断这一仗能不能打，要打又如何打。这种战前的计算极为重要。孙子说："夫未战而庙算（庙堂上的计算）胜者，得算多也；未战而庙算不胜者，得算少也。多算胜，少算不胜，而况于无算乎！"认真的计算，是我国古代战争的优秀传统，以致我国古代一些数学著作也与军事学结合在一起。例如著名的数学著作《孙子算经》就托名孙武子所作（此书可能是先秦旧籍而被汉晋人所增益加工的）。一些数学问题的命题也是以军事问题而出现的。以"计"为"算"，这种用法一直保持到现在，如"计画"、"计算"，就是如此。

"谋"，是与"计"既有联系，又有区别的概念。《孙子兵法》中专有《谋攻》一篇，但未对"谋"有所解释。先秦其他文献中也有谋，《书·洪范》有"明作哲，聪作谋"；《诗·卫风·氓》有"匪来贸丝，来即我谋"；《论语·卫灵公》有"君子谋道不谋食"；《左传·宣公十四年》有"谋人，

# 第六章　中国古代战争计谋和兵书要籍

竹简《孙子兵法》

人亦谋己"。将以上材料综合考察之后就可知道，谋之本义是筹划、计议、营求，即今天所说的图谋、谋求，就是用种种办法去达到预期的目的。

"权"，是与计谋有关，古代常用而现代已不太使用的概念。《孙子兵法·计篇》说"因利制权"，张预的注释是"须因事之利，制为权谋，以胜敌耳"。《司马法·仁本》说："以义治之之为正，正不获意则权。"就是说，不能以公开的仁义正道去解决，只能用不同一般的、反常的、敌人不能察觉的手段去解决的，这就叫"权"。《孙膑兵法·势备》中分析"凡兵之道四：曰阵，曰势，曰变，曰权"。将"权"列在"变"之后，其含义应当是与《司马法》一致的。

由以上分析可知，最初的"计"，是指计算，比较；最初的"谋"与"权"，则是近代所称的计谋之义。这在汉代则称为"谋略，"如《淮南子·兵略训》："兵，止也，防乱之萌，皆在谋略"。又称"权谋"，如《汉书·艺文志》："权谋者，以正治国，以奇用兵，先计而后战。兼地势，包阴阳，用技巧者也"。如果细分，"谋略"着重于战争的全局，有如今之战略上的策划；"权谋"则着重于某次具体的战争，有如今战役上的计策。但与现代战争中的"战略"与"战术"的概念又都有不同，不能相提并论。

在古代文献中，又将计谋的具体运用实施称为"策"，如《礼记·仲尼燕居》："田猎戎事失其策"。郑玄注："策，谋也。"《吕氏春秋》："此胜之一策也。"高诱注："策，谋术也。"后来的"策略"、"计策"之"策"就是这样而来的。所以今天我们还说"献计献策"、"出此下策"、"群策群力"等语。

综上所述，古代的计、谋、权、策，都是指在战争中相互之间使用智慧的斗争。虽然初期的含义有所不同，但以后逐渐都用计谋或计策，或简称为计、为谋。而善于计谋者，则称为计臣、谋主、谋臣、谋士，如《史记·苏秦列传》称"计臣得陈忠于前"，《左传·襄公二十六年》言"以为谋主"，《史记·淮阴侯列传》言"敌国破，谋臣亡"。

计谋的实质是斗智，是以智力取胜，即《司马法·定爵》所说的"凡战，智也"；又《严位》所说的"战以智决"。这种斗智的最高水平是不用冲锋杀敌就战胜敌人，即《孙子兵法·谋攻》所说的"不战而屈人之兵，善之善者也"和"兵不顿而利可全，此谋攻之法也"。

斗智或谋攻的核心是什么？是在对敌我双方情况进行正确的分析之后采用一切措施，示敌以假象，使敌人产生种种错觉与失误，进而将敌人诱入失败的陷阱。《孙子兵法·计篇》中的"兵者，诡道也"一语是中外军事家公认的至理名言。"诡道"，就是以各种欺诈的办法去战胜敌人。对敌人作战不能示忠信，讲仁义，必须以诡诈的手段去对付。孙子在这里提出了著名的"诡道十二法"，即："故能而示之不能，用而示之不用，近而示之远，远而示之近，利而诱之，乱而取之，实而备之，强而避之，怒而挠之，卑而骄之，佚而劳之，亲而离之。"这十二法中，除了"实而备之"与"强而避之"不应包含在"诡道"之中，其余十法都是行之有效的"诡道"或与"诡道"有关，也是历代兵家定计的理论依据。"能而示之不能"，就是自己能攻，却要装作自己不能攻，用以麻痹敌人。如战国时著名的马陵之战，齐国军队在孙膑指挥下诱敌深入，第一天全军造10万炉灶，第二天减为5万，第三天减为3万。魏军主将庞涓追击齐军，看到齐军炉灶日益减少，误认为齐军军心已衰，日有逃亡，军力已经减少了一半，已经不能打了。便轻装急进，穷追不舍，结果进入孙膑在马陵布置的伏击圈，全军覆没，庞涓本人也因而自杀。

# 第六章　中国古代战争计谋和兵书要籍

## 战争中常用的计策

在中国古代战争中，有很多计策被一些军事家反复使用，且屡试不爽，足见这些计策的实用性。以下就是几个常见的战争计策：

"用而示之不用"，就是本来要打而佯装不打。如西汉初，韩王信联合匈奴发动叛乱。汉高祖派人观察了10多次匈奴的动静，"但见老弱及羸畜"，不见一兵，根本无作战迹象，所以"皆言可击"。只有刘敬认为其中有诈，认为匈奴是在"欲见短，伏奇兵以争利"。可汉高祖不信，处分了刘敬，亲率20多万大军进攻匈奴。"至平城（今山西大同东北），匈奴果出奇兵围高帝"于白登（今山西大同市东），这就是历史上著名的白登之围，汉军被围七日（见《史记·刘敬叔孙通列传》）。如果不是陈平出奇计，汉高祖很可能死于匈奴之手。这一次，是匈奴"用而示之不用"的巨大成功。

对于"用而示之不用"还有另一种理解，就是本来要用某一将领，却佯装不用，使敌人麻痹而上当。如三国时，东吴大将吕蒙意欲进攻由蜀汉大将关羽镇守的荆州，但关羽对吕蒙一直有所戒备。为了麻痹关羽，吕蒙伪装病重，孙权乃"露檄吕蒙还"，另任命"未有远名，非羽所忌"的陆逊为偏将军、右都督，代替吕蒙。吕蒙遂"以治疾为名"，大张旗鼓地"分士众还建业"。对于这一举动，"羽果信之"，"大安，无复所嫌"，遂大胆地率兵攻打北面的樊城（今襄樊）。此时，孙权即命吕蒙"潜军而上"，"昼夜兼行"，"是故羽不闻知"。结果关羽大败，父子被擒，荆州失守（见《三国志·吴书》的《吕蒙传》、《陆逊传》）。这一仗，从东吴方面来说，一直是由吕蒙在指挥安排，却佯装吕蒙已被撤换，这也是"用而示之不用"之计。

"近而示之远"，就是本来要在近处发动进攻，却佯装要进攻远处。例如春秋时期，晋献公向邻近的虞国（今山西平陆一带）借道，途经虞国去攻打虢国（今河南陕县一带）。虞公不但同意，还派兵协助。当晋军攻占了虢国部分地区之后，再次要求借道，第二次攻打虢国，虞公仍然同意。谁知这就完全上了晋军的圈套。"晋灭虢……师还，馆于虞，遂袭虞，灭之"。晋国这一次轻易灭掉虞国，就是用的"近而示之远"之计。

"远而示之近"，情况正好与"近而示之远"相反。例如楚汉相争中，韩信率汉军进攻魏王豹。魏军以大军扼住蒲坂（今山西永济）、临晋（今陕西大荥东）之间的黄河渡口，阻止汉军渡河。韩信"乃益为疑兵，陈船欲渡临晋，而伏兵从夏阳（今陕西韩城南）以木罂瓶渡军，袭安邑（今山西夏县北）。魏王豹惊，引兵迎信。信遂虏豹，定魏为河东郡"。韩信这一次声东击西的胜利，就是用的"远而示之近"之计。

"利而诱之"，就是以小利引诱敌人进入圈套而歼灭之。如东汉初年，刘秀的大将邓禹与邓弘进攻渑池一带的赤眉起义军。"赤眉阳（通佯）败，弃辎重走。车皆载土，以豆覆其上，兵士饥，争取之。赤眉引还击弘，弘军溃乱……复战，大为所败，死伤者三千余人"。这就是"利而诱之"之计的威力。

"乱而取之"，就是先造成敌军的混乱，使之丧失有效的指挥，再乘机消灭敌人。例如在十六国时期，后秦派姚弼与敛成率军3万攻南凉的秃发傉檀。秃发傉檀"命诸郡县悉驱牛羊于野"，用这种办法使后秦的军队分散于野外去抓牛羊，造成后秦军队的大混乱。于是，"傉檀遣其镇北俱延、镇军敬归等十将率骑分击，大败之，斩首七千余级"。这就是"乱而取之"之计。

"怒而挠之"，就是有意用挑逗的办法将敌方将领激怒，使之怒而丧失理智，造成失误，再设法消灭敌人。例如在楚汉相争时，项羽率主力攻汉军，他命令大司马曹咎"谨守成皋，若汉挑战，慎勿与战"。汉军却有意"数挑楚军"。楚军先不为所动，可是汉军在营外日夜谩骂，"辱之五六日"。结果，"大司马怒，度兵汜水。士卒半渡，汉击之，大破楚军，尽得楚国金玉货赂。大司马咎、长史欣皆自刭汜水上"。汉军这一次胜仗，就是靠"怒而挠之"之计。

"卑而骄之"，就是对于卑视我军的敌人，要设法使其骄傲，失去警惕，然后向敌军发动进攻。例如西晋末年，石勒见原西晋重臣王浚"奢纵淫虐"，有称帝野心。石勒遂"有吞并之意"。但是他听从张宾的主张，"立大事在必先为之卑"。于是，派人多次向王浚奉献珍宝，百般称颂，还劝其称帝。每当王浚派人来时，就"匿劲卒精甲，虚府羸师以示之，北面拜使而受浚书"。这样，把王浚吹捧得"意气自若"，飘飘然，昏昏然，"自言汉高、魏武不足并也"。石勒遂"轻骑袭幽州"。王浚全然不备，直至"勒升其厅事，命甲士执浚"。这是石勒用"卑而骄之"之计取得的胜利。

"佚而劳之"，就是对于已经得到休整的敌军，要设法使其疲劳不堪，再进行攻击。例如春秋时吴王阖闾三年（前512年），吴王欲伐楚，问计于伍子

胥。伍子胥认为不能轻易进攻，应"为三师以肄焉"，即派三支部队轮流进行短暂的突袭。"一师至，彼必皆出。彼出则归，彼归则出，楚必道敝。亟肄以罢（通疲）之，多方以误之。既罢而后以三军继之，必大克之"。吴王采纳了伍子胥的意见，连续派小部队对楚国进行骚扰突袭，使之疲备不堪，终于在六年之后大败楚军，攻入郢都（今湖北江陵北）。这就是用的"佚而劳之"之计。

"亲而离之"，就是对于内部和睦的敌军，设法进行离间，使其不和，自相冲突，再乘机进攻。例如战国末期的公元前260年，秦军攻赵，赵以大将廉颇率兵拒之。"廉颇坚壁

**伍子胥雕像**

以待秦，秦数挑战，赵兵不出"。秦国就派间谍携带重金到赵国活动，说赵军只怕赵括，不怕廉颇，廉颇无力作战，已经打算投降。赵王中计，"既怒廉颇军多失亡，军数败，又反坚壁不敢战。而闻秦反间之言，因使赵括代廉颇将以击秦"。赵王与廉颇的不和，使得廉颇被免职，而以只会纸上谈兵的赵括代之。这正是秦国求之不得的。于是秦大将白起率全军猛攻，赵括大败，被虏被杀45万人。很明显，秦国用的正是"亲而离之"之计。

以上，就是孙子提出的"诡道"在战争中的实际事例。它是众多计谋的具体实施，都是先斗智，后胜敌。孙子对于使用"诡道"胜敌极为重视，认为只有使用这些诡道，才能达到"攻其无备，出其不意，此兵家之胜，不可先传也"。后世作战的种种计谋，基本上都是在孙子军事思想影响之下的运用和发展。

这里有个问题需要说明，就是我国古代对《孙子兵法》中提出的"上兵伐谋"，"不战而屈人之兵，善之善者也"，还另有一种解释，就是说要完全不用出兵作战，而使敌人屈服。即曹操在为《孙子兵法·谋攻》作注时所说的"未战而自服"。如何才能做到这一点呢？

167

一是用外交手法，在外交战线上取胜，例如晋平公欲伐齐，先派范昭去齐国了解情况。齐景公与其大臣晏婴都知道晋国的用意，就在接待范昭的宴会上有意处处表示自己国中秩序井然，君臣合作，人才高明，诸事有备。范昭观察到这一切，向晋平公报告说："齐未可伐也。臣欲试其君，而晏子识之；臣欲犯其礼，而太师知之。"晋平公只好取消了进攻齐国的计划，使齐国免除了一次战争的灾难。所以，当孔子听说了这件事之后，就说："夫不出于尊俎之间，而知千里之外，其晏子之谓也。可谓折冲矣！"这里的"尊俎"指宴席上的酒器食器，"折冲"指挫折敌人的进攻。从这一故事出发，《战国策·齐策五》就有了"千丈之城，拔之尊俎之间；百尺之冲，折之衽席之上"的说法。直到今天，我们还在使用"折冲尊俎"这一成语，就是来源于这一事例。

二是设法诱擒敌方主将或主要谋士，使对方无法再进行战争。如西汉高祖时，有人揭发韩信谋反。韩信原是刘邦手下元帅，当时封为楚王。如果刘邦兴兵征伐，很可能要爆发一次大内战，而且韩信可能取胜。刘邦听从了陈平之计，宣布"天子巡狩会诸侯。南方有云梦（古薮泽名，在今湖北澧江县西南），发使告诸侯会陈（今河南淮阳）：'吾将游云梦。'实欲袭信，信弗知"。刘邦到了楚地，韩信前来迎接，"谒高祖于陈，上令武士缚信"。这样一来，韩信不能起兵反抗，刘邦等于取得了一次大战的胜利。又如东汉初年，刘秀命寇恂率兵消灭河西高平（今宁夏固原）的高峻。在此之前，刘秀的大将耿弇等曾围攻一年不克。寇恂到了高平，在第一次与高峻的国师皇甫文会面谈判时，就果断地杀了皇甫文。他的部将对这一行动均不理解。很快，"峻惶恐，即日开城投降"。寇恂的部将问他为何不发一兵而使高峻投降？他说："皇甫文，峻之腹心，其所取计者也。今来辞意不屈，必无降心。全之则文得其计，杀之则峻亡其胆，是以降耳。"就是说，设法除掉敌方的主要决策者，使对方无法组织指挥，这一仗就可不打，等于取得了战争的胜利。

上述两种情况，也属于战争中运用计谋的一个方面，是"上兵伐谋"的一种运用。不过，这一类"上兵伐谋"，是以计谋而使战争不致发生，而不是在战阵之中计谋的运用。古代的一些军事家甚至将这类方法专门发展为一种"阴谋"的运用。

# 第六章 中国古代战争计谋和兵书要籍

## 三十六计的涵义

三十六计，最早见于《南齐书·王敬则传》：公元498年，南齐的大司马王敬则反叛。齐明帝肖鸾和其子东昏侯肖宝卷"使人上屋望，见征房亭失火，谓敬则至，急装欲走。有告敬则者，敬则曰：'檀公三十六策，走是上计。汝父子唯应急走耳。'"王敬则随口说出"檀公三十六策，走是上计"，以此讥刺肖鸾父子，可见此语必是当时习以为常的熟语。

檀公，指东晋与刘宋时的名将檀道济。据《南史·檀道济传》所载，他在北上伐魏时，"与魏军三十余战，多捷，军至历城，以资运（即后勤供应）竭，乃还。时人降魏者具说粮食已罄。于是士卒忧惧，莫有固志。道济夜唱筹量沙（即一边数着算筹，一边用量器量沙子，伪装作量米），以所余少米散其上。及旦，魏军谓资粮有余，故不复追。以降者妄，斩以徇。时道济兵寡弱，军中大惧。道济乃命军士悉甲，身白服乘舆，徐出外围，魏军惧有伏，不敢逼，乃归。道济虽不克定河南，全军而反（通返），雄名大振"。这一仗，檀道济在不得已之时为了摆脱困境，以图再举，只有迅速离开战场，"走是上计"，所以寻求脱身之计。事实证明，檀道济所采取的措施完全蒙蔽了敌人，取得了成功。很可能，在檀道济一生的作战史上，以这一计的效果最为显著，所以当时人评价他在对各种计谋的运用时是以这一次"走为上计"为代表的。王敬则在讥刺肖鸾父子只有出走这一条路时，就说出了"檀公三十六策，走是上计"的话来。这句话的完整意思应当是：檀道济在诸多计策之中运用得最成功的一计是"走为上"。

既然南朝时"三十六计"已成熟语，它的出现当然就更早，只不过目前尚未见到这方面的记载。但在这以后，"三十六计，走为上计"这句话就长期流传了。

可是，在我国古代的文献记载中，三、六、九、三十六、七十二等数目往往用以代表虚指的

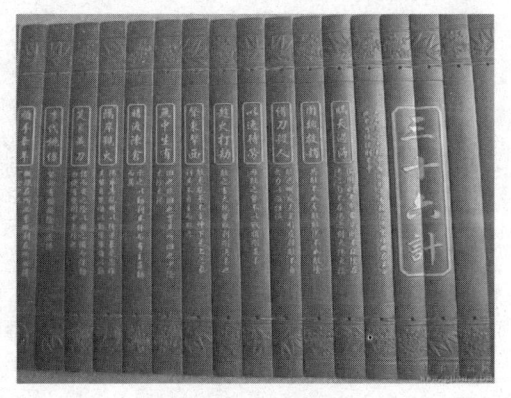

竹简《三十六计》

多数，而并不一定是确确实实的数目。就以"三十六"而言，谶纬家认为太平年间一年有"三十六雨"，道家认为上天之神有"三十六天罡"，地上神仙所居则有"三十六洞天"，民间形容行业分工之多有"三十六行"，河南登封少室山据说有"三十六峰"，江苏扬州据说有"三十六陂"，段成式在《酉阳杂俎》卷17中说鲤鱼有"三十六鳞"，班固在《西都赋》中更留下了这样的名句："离宫别馆，三十六所"。类似的例子还有不少。所有这些"三十六"都是形容其多的虚数，并非确指三十六。与此同时，古代的"三十六计"也应是形容计谋很多的虚指，并非说在战争中的计谋不多不少正好是三十六个。

由于"三十六计"这话长期在民间流传、使用，所以逐渐有人将在小说、戏曲、话本以及口头上流行的一些成语、熟语收集起来，再与古代战争中的一些运用计谋的故事结合起来，编成了不多不少的"三十六计"，并加以若干说明、按语之类，在民间流传。据有关专家研究，这种说法成书流传的时间很可能在明末清初。这类书在古代可能不止一种，但我们所能见到的只有一种，就是1941年成都瑞琴楼发行的，由成都兴华印刷厂据在陕西邠州（今邠县）发现的一个抄本排印的《三十六计》。此书作者不明，且有残缺。

《三十六计》作者在跋语中说："夫战争之事，其道多端。强国、练兵、选将、择敌、战前、战后，一切施为，皆兵道也。惟比比者，大都有一定之规，有陈例可循，而其中变化万端，诙诡奇谲，光怪陆离，不可捉摸者，厥（通其）为对战之策。三十六计者，对战之策也，诚大将之要略也。"作者在这里对这种"对战之策"的特点的分析，是比较中肯的。这些计谋又从何而来呢？作者在《总说》中指出："六六三十六，数中有术，术中有数"。就是说，三十六计是从"数"即客观实际的计算、比较之中去产生"术"，即指挥作战的谋略与对策，由"数"而得"术"；而运用计谋之中，又时时考虑着客观的实际，这就叫"数中有术，术中有数"。这种看法，也是合乎战争实际的，有军事辩证法的因素在其中。《三十六计》一书将计谋分为六套，每套六计，共三十六计。这三十六计是：

第一套：胜战计——瞒天过海、围魏救赵、借刀杀人、以逸待劳、趁火打劫、声东击西；

第二套：敌战计——无中生有、暗渡陈仓、隔岸观火、笑里藏刀、李代

## 第六章 中国古代战争计谋和兵书要籍

桃僵、顺手牵羊；

第三套：攻战计——打草惊蛇、借尸还魂、调虎离山、欲擒故纵、抛砖引玉、擒贼擒王；

第四套：混战计——釜底抽薪、混水摸鱼、金蝉脱壳、关门捉贼、远交近攻、假途伐虢；

第五套：并战计——偷梁换柱、指桑骂槐、假痴不癫、上屋抽梯、树上开花、反客为主。

第六套：败战计——美人计、空城计、反间计、苦肉计、连环计、走为上。

从上列三十六计可以看出，这些名称都是宋以后在戏曲、小说中流行的，当然也就是在民间流行的成语或熟语，如"打草惊蛇"见于《西厢记》第四本第四折，"暗渡陈仓"见于《元曲选·气英布》，"调虎离山"见于《西游记》第七十六回，"借刀杀人"和"指桑骂槐"都见《红楼梦》第十六回，"瞒天过海"见于《说唐·下》第十三回，至于"美人计"、"空城计"之类则较为常见。这些成语、熟语的含义当然古今并不相同，但作为计谋之名，其含义应与战争有关。《三十六计》的作者对每一个计的解释，就往往是从该成语的本义引申而言的。例如："瞒天过海"，本意是瞒着皇帝渡过大海，引申为在种种伪装之下完成预定任务；"趁火打劫"，本意是趁人家失火而进行抢劫，引申为在战争中乘敌方有危乱之机而发动进攻；"无中生有"，本是古代哲学家的话题，引申为战争中虚虚实实，由虚变实的欺骗敌人的方法；"李代桃僵"，本是乐府诗中感慨兄弟间应相互帮助的一种比喻，引申为在战争中不得不有所损失时，要舍得以局部的损失换取全局的胜利；"顺手牵羊"，本是指贪图小便宜，引申为在战争中利用一切可以利用的机会打击敌人，积小胜而成大胜；"借尸还魂"，本是指已经死亡的东西又借其他形式再现，引申为在战争中利用一切可以利用的条件，来实现自己的战略意图。

还应当指出的是，在《三十六计》中所列的诸计，有的是名异而实同，如"瞒天过海"、"笑里藏刀"、"抛砖引玉"、"假痴不癫"四计，都是指设法用种种假象迷惑敌人，然后乘机破敌；"趁火打劫"、"混水摸鱼"二计，都是指乘敌人混乱之机发动进攻。也有的不是和敌人作战中的计谋，如"偷梁换柱"，是对本军其他各部如何进行兼并的阴谋；"指桑骂槐"，是对部下如何摄服的手段。

## 第二节
## 中国古代兵书要籍

### 兵书鼻祖——《孙子兵法》

经过长时期不断的兼并战争，到春秋末年，战争的规模更大了，兵器更加精良，在兵车会战中，只有精通权变之道，才能够取得胜利，从实践过程中，认识到"兵者，诡道也"。这是春秋末期大军事家孙武所总结出来的用兵之道。

孙武的《孙子兵法》一书，被认为是军事科学著作，为历代兵家所重视，成为指导军事的法典。在今天看来，孙武的军事思想及其所著《孙子兵法》一书，虽然受到时代和阶级的局限，但直到今天仍然有一定的生命力。

孙武子为吴将立有战功，遂著有兵法13篇传世，此书被后代所重视，注本极多。《四库全书总目提要》说："《隋书·经籍志》所载，自曹操外，有王凌、张子尚、贾诩、孟氏、沈友诸家。唐志益以李筌、杜牧、陈皞、贾林、孙镐诸家。马端临《经籍考》又有纪燮、梅尧臣、王晰、何氏诸家。"明代影印本《武经七书》说《孙子》旧注11家为魏武帝（曹操）、杜牧、张预、李筌、陈皞、贾林、孟氏、杜佑、梅尧臣、王晰、何氏。监附说明，以上11家注，今只有魏武、杜牧、张预三家而已，余者未见。孙武子旧注，互有得失。古籍兵书秦以前失散较甚，汉初张良、韩信序次兵法凡182家，删取要用，定为35家，周秦兵书，十去七八。其后杨仆拾遗逸，任宏论次兵书，汉志所载仅53家，大都亡佚不可考。隋唐以后兵书附庸子部，张、韩、扬、任校兵

# 第六章　中国古代战争计谋和兵书要籍

书之盛，不可复见。魏武兵法为世所称道，卒亦不传，古兵法以次散亡。清代重视古籍整理，但在辑《四库全书》时，却对兵家，似不甚措意，一切注本，概未见录。今世所见之书，如《孙子魏武帝注》、《孙子十家注》等，悉不著录，幸有孙星衍校勘本尚存。

《孙子》书中制定了一些有关战略战术的原则，其主要特点是：

第一，认为战争的目的就是要取胜。

《孙子》兵法开宗明义指出："兵者，国之大事，死生之地，存亡之道，不可不察也"。这是本书精髓所在。如何能取胜，《孙子》兵书明确指出，指挥战斗的人，必须先心中有数，

《孙子兵法》书籍

"知彼知己，百战不殆"。《孙子》的这条论点，成为后来历代军事学上的经典，被认为"是科学的真理"。

第二，要进行战争，就得争取主动权。

"故善战者，立于不败之地"。把自己"立于不败之地"，要主动控制敌人，而不被敌人所控制，"善战者，致人而不致于人"。

第三，战争取胜之法。

《孙子》兵法，首先要求明确用兵之道，"兵者，诡道也"。行军打仗，不是请客，不讲什么仁义礼让，"故兵以诈立"。在这个"道"的基本前提下，如何通过战斗取胜的方法，也总结出一些规律。

军事行动，先制造假象，给敌人造成错觉，"能而示之不能，用而示之不用，近而示之远，远而示之近"。

进攻敌人要"攻其无备，出其不意"。"兵之情主速，乘人之不及；由不虞之道，攻其所不戒也"。

进攻的原则，要量力而行。此条《孙子》兵书称用兵之法。"故用兵之法，十则围之，五则攻之，倍则分之，敌则能战之，少则能逃之，不若则能避之。故小敌之坚，大敌之擒也"。

战术在《孙子》兵法中，提到的很多，因人因事，因时因地而异。基本原则是：

"以正合，以奇胜"。正就是正面对垒作战，奇就是从侧面运用奇兵包抄敌人后路，即迂回成包围，或截击。他认为正面是迎战，奇兵才是取胜之道。运用奇兵的军事行动，要求很严格，驻守的时候，要镇定"不动如山"，要善于隐蔽，"其徐如林"，攻击的时候要迅速，"其疾如风"，勇猛"动如雷霆"。虽"后人发"，而能"先人至"。军事行动是变化多端的，不能一成不变，所谓"兵以诈立，以利动，以分合为变者也"。随机应变，"能因敌变化而取胜者，谓之神"。这其实辩证法的应用。

此外，作战时关于地形地物的利用，运用"火攻"的条件，奖惩手段的使用，以及使用间谍的作用，"用间"以分化敌人，配合军事进攻等等，都有精辟论述。

《孙子》兵书13篇，从对战争的重要性谈起，提出对战争要持慎重态度，同时也认为要有备无患，实际上是肯定了战争的不可避免性。为此应该了解，决定战争胜败的基本因素，这就是孙武所提出的"道"、"天"、"地"、"将"、"法"等五经。《孙子》13篇的内容，实际上就是"五经"的体现，并分别项目加以具体阐述。如对敌我双方情况的判断，作战方针的制定，作战方法的选择，地形地物的利用，奇正之变，因敌制变等，在战争过程中，作为"五经"的纬，说明具体运用的法则。

《孙子》兵书十三篇的内容，还着重论述了治军的原则，即文武兼施、刑赏并用的方法。这是一种为了实现其军事理论成为战争的指导原则，而辅之以军规约束的有效方法。

孙武为吴将后，用13篇兵书理论为指导，对楚国进行大规模的战争而获大胜。经过战争实践，更加充实和丰富了13篇兵书的内容。但是，在诸多兵书中，《孙子》13篇之所以被历代兵家奉为军事的经典，可以说，它在完全把握了军事基本规律的同时，能够提出谋略取胜的方法。而且，这些谋略为了表现在战争的取胜，又研究了诸多军事方面的关系。因而，其军事谋略不仅各具特点，也有广义与狭义之分。

《孙子》13篇中，军事方面广义的谋略，一般称"用兵之法"，是指"上兵伐谋"而言的。按孙武的这个军事思想，认为战争的上策是挫败敌人的战略计谋，屈服敌人的军队，不用打硬仗，要用全胜的谋略求胜于天下。在这

个原则指导下，即使采取战争形式，也要应用广义的谋略。在《孙子》13篇中，曾用"善用兵者"去说明。如在战争时运用广义的谋略，"能使敌人前后不相及，众寡不相恃，贵贱不相救，上下不相收，卒离而不集，兵合而不齐"。对自己军队的布局谋略，"善用兵者，役不再籍，粮不三载；取用于国，因粮于敌，故军食可足也"。孙武称具有这种谋略的兵家为"智将"，"是故智者之虑，必杂于利害"。意思说聪明将帅的思考，他的谋略，是兼顾到利害（包含敌我）两方面的条件。在《孙子》13篇中，称这种"智者"为"知兵之将"，"故知兵之将，民之司命，国家安危之主也"。因为知兵就善于用兵，使军队能成为一体，"携手若使一人，不得已也"。战斗起来，"譬如率然，'率然'者，常山之蛇也。击其首则尾至，击其尾则首至，击其中则首尾俱至"。

《孙子》13篇中，军事方面狭义的谋略是指"战者"（即指挥作战的人）的"兵以诈立"（指兴兵作战用奇异多变的战法）。虽说狭义，但它是"兵家之胜"的关键所在，为孙武对战争取胜方面奥妙之杰作。在此种谋略思想指导下，多表现在具体战法上。《孙子》13篇中，称之为"善战者"，能够"致人而不致于人"，"立于不败之地"，"易其事，革其谋，使人无识"。打起仗来，"故善攻者，敌不知其所守；善守者，敌不知其所攻"，这是由于攻者，采取"避实而击虚"；守者采取"藏于九地之下"，伪装佯动，都做到佳处。"故形兵之极，至于无形；无形，则深间不能窥，智者不能谋"。

总之，《孙子》13篇中，无论广义谋略的"善用兵者"，还是狭义谋略的"善战者"，都必须掌握一条孙武认为的军事谋略基本法则"兵者诡道也"。为了实现这个法则，孙武强调了"知敌之情"的重要性。为此，必须"用间"来配合军事行动任务的完成。

《孙子》13篇作为军事科学著作，其直接作用是服务于战争，因此，成为历代军事研究方面有重要参考价值的书籍。书中所提出的有关战略战术问题，被公认为是规律性的，往往作为兵家的指导思想。历代注疏者，从曹操开始有10家注、11家注，直到今天的12家注，也都是把孙子的理论加以解释和阐发，以及如何运用等，写在原文的下边，表示自己的理解。这样看来，如果说历代兵家把《孙子》兵法当作军事经典，恐怕也不算过分。

战争是实现某种政治目的的手段。所以社会变革，政权转移，其阶级斗争的最高形式是进行战争。西周时代的战争，由天子"命卿"统兵出征，列

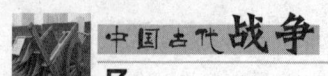

车为阵，双方冲突，一方败散，战争即告结束。兵归于农，将仍为卿，这是与当时分封诸侯国，割据状况相适应的。进入东周的前期，即春秋大国争霸时代，战争频繁，规模增大，对战争的道理及如何取得胜利的方法，就要进行研究，《孙子》兵书13篇，就是在这样一个社会演变，战争方式不断发展下的产物。由于兵法形成为理论，从战争实践中总结出一些规律，反过来再指导战争，促使一些国家为取得战争胜利，必须进行社会改革，从这个意义上说来，战争的结果也促进了社会的发展前进。

## 兵书的进一步发展——《吴子》

《吴子》是一部与《孙子》兵法并称的很有影响的古代兵书。它的作者和成书年代，历代就有争议。明代宋濂在《诸子辩》中说是战国初期的吴起所作，胡应麟的《四部正讹》则认为是"战国人掇共议论成编"。清代姚际恒说："汉志四十八篇，今六篇，其论肤浅，自是伪托。"姚鼐认为，《吴子》以筑笛为军乐，筑笛到魏晋以后才有，故对兵书成书于战国时期持怀疑态度。从历代史书的记载看，《史记·吴起列传》说："《吴起兵法》世多有，故弗论。"《汉书·艺文志兵书略》载："《吴起四十八篇》。"但《隋书·经籍志》和《唐书·艺文志》均载有《吴起兵书》1卷，而《宋史·艺文志》却载有《吴子》3卷。宋代晁公武在《郡斋读书志》中也作3卷，并称唐代陆希声整理为6篇，其所说篇目与今本大体相同。由此可见，在魏晋以前《吴子》流传较广，篇目也多，隋唐以后则大部失佚。现存《吴子》一书共6篇，分别为图国、料敌、治兵、论将、应变、励士，前3篇为上卷，后3篇为下卷。总共不过5000字，见于《武经七书》之内。从内容上看，《吴子》一书主要是吴起和魏文侯、魏武侯有关当时治国强兵、作战指挥和一般战术原则的问对记录。它大体反映了我国战国时期的一些战争特点和一般战争规律。

由此看来，现存《吴子》已不是《史记》、《汉书》所记载的《吴起兵法》，说它完全是后人伪托也不尽然，很可能是原《吴起兵法》流传下来的部分内容。从文体上看，《吴子》确实不太古涩，如出现了"敌人"、"大众"等一类词语。因此，它的正式成书时间可能较晚（但也不会晚于西汉），其确实的成书年代和作者有待于专家们做进一步研究考订。

吴起，是战国初期比较著名的一位政治家、军事家，卫国左氏（今山东

曹县西北）人，可能生于公元前 440 年，死在公元前 381 年。他提倡富国强兵的耕战政策，主张以法治国，限制旧贵族的特权，加强君主的集权统治，发展农业生产和巩固私有制。他在鲁国任过将，后到魏国辅佐文侯、武侯，使魏国的国力军力都得到了发展。以后他到楚国辅佐悼王实行变法，楚悼王死后，遭到旧贵族的残酷杀害。

吴起作为军事家是可以和孙武并称于世的。他除有军事理论著作当时流传较广外，还是一位久经战阵、富有实战经验的军事家。从现有文字记载看，他的战争经历和实战经验比孙武要多。仅在魏国被立为大将军并担任西河（今陕西东部黄河西岸地区）的地方军政长官时，就曾"与诸侯大战七十六，全胜六十四，余则钧解。辟土四面，拓地千里"。有一次，他仅率"兼车五百乘，骑三千匹，而破秦五十万众"。在楚国时，他也有"南平百越，北并陈蔡邻三晋，西伐秦"的战绩。

吴起的著作，除《吴子》外，相传还有《吴起玉帐阴符》3 卷、《吴起教战法》等著作，可惜均已失佚。

宋朝元丰年间（1078～1085 年），《吴子》被官方颁布为《武经七书》之一，并规定为武学的主要课程。《吴子》一书，为历代中外军事家所重视，日、英、法、俄均有译本。《吴子》的一些军事理论原则，虽然没有超过《孙子》，但它突出地反映了《孙子》以后战国时期的战争规律和特点，在《孙子》的基础上有了一些新的发展，大体有以下几点：

1. 对战争实质问题进行了初步的探讨。战国时代，由于阶级斗争和社会生产力的发展，人们对客观事物的认识也有了发展。当时，战争规模扩大，时间长久，类型多样。《吴子·图国第一》中把战争发生的原因归结为五种，即："一曰争名，二曰争利，三曰积恶，四曰内乱，五曰因饥。"对不同战争下的定义是："一曰义兵，二曰强兵，三曰刚兵，四曰暴兵，五曰逆兵"。并具体解释为："禁暴救乱，曰义；恃众以伐，曰强；因怒而师，曰刚；弃礼贪利，曰暴；国乱人疲、举事动众，曰逆。"对付这些战争的具体方略，《吴子》认为："义，必以礼服；强，必以谦服；刚，必以辞服；暴，必以诈服；逆，必以权服。"从以上的分析和结论中可以看出，《吴子》已初步探讨了战争的实质。但它所说的"禁暴救乱"的"义兵"，无非是为维护封建统治的社会秩序而进行的镇压劳动人民起义的战争。"国乱人疲，举事动众"，也是违背封建阶级利益的，所以名为"逆兵"。其余的所谓"强兵、刚兵、暴兵"，也都是《吴子》所排斥的。这些观点表现了军事思想和战争观上的进步,这是《孙子》所不及的地方。

2. 在作战指挥上,强调积极地利用险要地形条件。《孙子》在复杂地形条件下,一般强调躲避和脱离敌人,不主张与敌人接触。如说:"必亟去之,勿近也。"认为"山林、险阻、沮泽,凡难行之道,为圮地",主张"圮地则行"。《孙子》虽然也提出"围地则谋,死地则战",但不如《吴子》讲得更加具体,如《吴子》强调"用少者,务隘",即在兵力少的条件下要战胜优势敌人,最好利用险隘的地形条件。它说:"以一击十,莫善于厄;以十击百,莫善于险;以千击万,莫善于阻。"意思是以一击十,最好是利用狭小的地形;以十击百,最好是利用险要的地势;以千击万,最好是在有阻塞的地方。如何指挥在"高山深谷"中的遭遇战,以及在水网沼泽地带的作战,《吴子》都有初步的阐述,尤其是对水战的论述,更是《孙子》所没有涉及的。对占据有利地形并设有坚固工事,粮食又很充足的敌人,《吴子》则提出实施分进合击、四面包围和攻坚战的要求,以及配合偷袭的战术原则。这些,都是对《孙子》兵法的明显发展。

3. 主张根据士卒不同的特点分别编组,提出兵"不在众寡"而"以治为胜"的思想。《吴子》说:"民有胆勇气力者,聚为一卒;乐以进战效力显其忠勇者,聚为一卒;能腧高超远、轻足善走者,聚为一卒;王臣失位而欲见功于上者,聚为一卒;弃城去守欲除其丑者,聚为一卒;此五者,军之练锐也。"("聚为一卒"即编为一组)认为这样就会达到"内出可以决围,外入可以屠城"的目的。《吴子》的这一思想,唐代初年,李世民在进行统一战争时,进行了具体运用。他当时组织的"玄甲"就与《吴子》所说的"练锐"相似,属于战场突击队的性质。唐武德四年(621年)李世民率军在虎牢大败窦建德的军队,很大程度上就是组织和运用这种突击部队作战的结果。

4. 提出了一系列具体的军队组织训练的措施。战国时代由于生产力的发展,锐利的铁兵器及远射有力的"弩"的出现,对军队的编制装备提出了新的要求。《吴子》根据士卒的具体条件,在编制装备上提出要有所分工,并要求分别进行必要的训练。还规定:"短者持矛戟;长者持弓弩;强者持旌旗;勇者持金鼓;弱者给厮养;智者为谋主。"军队编组,强调同乡同里分别编组,以便互相监督和帮助,求得部队的巩固。对军队训练也有一些在当时比较进步的方法,例如,"一人学战教成十人;十人学战教成百人;百人学战教

成三军"。由于马匹在战场上的大量使用，《吴子》对车辆马匹的保养管理也总结出一套具体的经验，对如何发挥战车与骑兵在战场上的作用，也有论述。它特别强调，要让战马"必安其处所，适其水草，节其饥饱，冬则温厩，夏则凉庑，刻剔毛鬣，谨落四下，戢其耳目，无令惊骇，习其驰逐，闲其进止，人马相亲，然后可使"。这都是从当时的实际战斗生活中总结出来的经验。

5. 根据当时战场情况的发展变化，初步意识到战争事物内部的辩证关系。《吴子》主张慎战，认为打胜仗越多就会孕育着未来的灾祸，即所谓"以数胜得天下者稀，以亡者众"。《吴子》在对各国作战阵形进行分析时指出："齐阵重而不坚；秦阵散而自斗；楚阵整而不久；燕阵守而不走；三晋阵治而不用。"这里既指出了它们的特长，又指出了它们的弱点，包含着一定的辩证道理，反映了中国历史上初期朴素的军事辩证法思想。

另外，《吴子》对一般战争理论，也有其独到的见解和贡献。它初步意识到了战争与政治的关系，指出了国家的安危和保持战备的关系。人民群众在战争中的作用，《吴子》指出，"先教百姓而亲万民"及"百姓皆是吾君而非邻国，则战已胜矣"。在作战中，《吴子》提出，不仅要击溃敌人，还要大量俘获敌人，认为"若车不得车，骑不得骑，徒不得徒，虽破军皆无功"。《吴子》还强调侦察活动和号令的作用，认为将帅的修养和是否赏罚严明，是否注意士卒的疾苦都与战争胜败攸关。

## 《司马法》与《尉缭子》

《司马法》又称《司马兵法》。战国时期齐威王令齐国的大夫追论"古者司马兵法"，并附春秋时齐国大将司马穰苴兵法于其中，故又称《司马穰苴兵法》。司马穰苴，春秋时期齐国人，生卒年不详，本姓田，名穰苴，因曾是齐景公时掌管军事的大司马，所以后人称其为司马穰苴。据《史记·司马穰苴列传》记载，穰苴"文能附众，武能威敌"，精通兵法，严于治军。在率兵防御来犯的晋、燕之军时，将出征违纪的齐景公宠臣、监军庄贾斩首示众，全军震恐，争相赴战。晋、燕军闻讯而逃，穰苴名声大震。

《司马法》最早著录于《汉书·艺文志》，列入礼类，称《军礼司马法》，共155篇。《隋书·经籍志》始著录为司马穰苴撰3卷，称《司马法》，列入子部兵家类。其后各史志和目录书多因袭此说。宋代元丰年间（1078—1085

年),《司马法》被列为《武经七书》之一,成为当时将校必读之书,也是武科考试必考的书籍之一。

由于历时久远,《司马法》亡佚情况严重。至《隋书·经籍志》成书之时,仅存残本3卷、5篇,大概就是今本《司马法》。其篇题分别为《仁本》、《天子之义》、《定爵》、《严位》、《用众》。今本《司马法》的版本较多,据不完全统计,仅明清时期的版本就不下60种。其中公认的善本当数清代孙星衍《平津馆丛书》卷1所收影宋本《孙吴司马法》中的《司马法》,《续古逸丛书》所收宋刻本《武经七书》中的《司马法》以及《四库全书》所收的《司马法》抄本等。清代学者张澍、钱熙祚、黄以周等人又从古书中辑出一部分《司马法》逸文。张澍所辑逸文收入《二酉堂丛书》内,钱熙祚所辑逸文收入《指海》内,均作1卷。黄以周所辑逸文为《军礼司马法考证》2卷及该书所附《司马法逸文》。

在作战指导思想上,《司马法》提出了"相为轻重",集中兵力攻击敌人的思想。"相为轻重"语出《严位》篇。"轻"和"重"是《司马法》中的重要用语,在不同之处有着不同的含义。在作战方面,主要是指如何正确使用兵力的问题。《司马法》认为战争就是敌对双方互相使用不同兵力的较量,"故战相为轻重"。关于兵力具体使用问题,《司马法》提出了"以重形轻则战"的原则,认为"凡战,以轻行轻则危,以重行重则无功,以轻行重则败,以重行轻则战,故战相为轻重"。意思就是说,用小部队对付敌人的小部队可能有危险,用大部队对付敌人的大部队不可能成功,用小部队对付敌人的大部队要失败,用大部队对付敌人的小部队可以一战。这实际上就是主张集中兵力,以众击寡。同时,《司马法》还认为,即使以优对劣,以众敌寡,也不能一次将兵力全部投入。"重进勿尽,凡尽危"。将帅手中掌握必要的预备队,才会在各种可能出现的突变面前应付自如,战则必胜。此外,兵之轻重不仅表现为人数的多少,也表现为武器装备是否精良,军队战斗力是否强大。"凡马车坚,甲兵利,轻乃重",同样能改变强弱形势。"相为轻重"的思想与《孙子》的"胜兵若以镒称铢"之说有异曲同工之妙,是从长期战争实践中得出来的正确经验。

《司马法》还提出了"军旅以舒为主"的战术运用思想。在春秋以前的战争中,主要作战队形是由车兵和徒兵混合编组的大方阵,通常日行军速度是一舍(15千米),最高不超过三舍。军队冲锋过一段短促距离后,就要停

## 第六章 中国古代战争计谋和兵书要籍

下来整顿一下队形。战场追击以百步为限。在周伐商的牧野之战中，伐商之兵每前进一段距离，都要停下来整理阵形。《尚书·牧誓》所说的"六步七步"、"五伐四伐"，就是对这种进攻行动的具体描述。《司马法·仁本》提倡"徒不趋，车不驰，逐奔不逾"，"逐奔不过百步，纵绥不过三舍"，真实地记载了这类远古时代车战战术原则。"以舒为主"的思想主旨是从容不迫，保持缓慢凝重的战斗节奏和战斗力的旺盛，要求行动不超出将帅的指令要求。然而时事变迁，春秋战国之际，车战衰落，步兵、骑兵上升为战场的支配力量，快速突击成为新时代的战术要求，从而使这一战术原则不可避免地被人们抛弃。

《尉缭子》是我国先秦时期写成的一部重要兵书。作者尉缭是战国末期魏国人。据《史记·秦始皇本纪》记载，尉缭乃是一位"布衣"，普通老百姓，但颇有眼力，有才能，大受秦始皇的赏识，担任过"国尉"，即武官之长。

可是，在《尉缭子·天官》中却出现了一句"梁惠王问尉缭子曰"。梁惠王早在秦始皇10年之前就已死去，秦始皇时的尉缭是绝不可能与梁惠王对话的。所以历代都有一些学者认为，可能有两个尉缭，一个是与梁惠王同时的人，即《尉缭子》的作者；一个是秦始皇时的人，与《尉缭子》无关。我们认为，从各方面情况分析，应当相信《史记》的记载，尉缭是秦始皇时的人，至于《尉缭子》中出现"梁惠王问尉缭子曰"，应当是古人著书常见的一种假托手法，可能是尉缭后学将尉缭的言论整理成书时有意为之。

尉缭的著作，在《汉书·艺文志》中列有两种，一种是列入兵家的《尉缭》31篇，一种是列入杂家的《尉缭》29篇。到了《隋书·经籍志》，就只有一种列入杂家的《尉缭子》。而到了宋代，在《崇文总目》中又只有一种列入兵家的《尉缭子》。北宋时就把《尉缭子》列入《武经七书》之一。现存《尉缭子》24篇，实际上既是兵书，又包含了若干杂家的特点，看来是秦代的两本《尉缭》在长期流传中逐渐合而为一了。

《尉缭子》一书主要包括两方面的内容：前12篇主要论述如何治国，如何备战，后12篇主要论述军令和军制，讨论如何治军。不少论述都非常深刻，军令军制相当具体，对后世学习兵法有很大的参考价值。明代的张一龙在《〈尉缭子·兵机〉小引》中说："所称训卒练兵，料敌制胜，即孙、吴当不远过。"战国末年，尉缭还在人世。西汉初期的《尉绦子》就已在社会上流传了，故而在山东临沂银雀山西汉早期墓葬中，发现了《尉缭子》的残简。

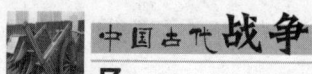

## 《吴子》中选择战机的观点

　　《吴子·料敌第二》中说,"凡料敌有不卜而与之战者八"和"有不占而避之者六",就是说有8种情况可以毫不迟疑地与敌交战而不需要缜密地筹算,还有6种情况不需要缜密筹算就必须避免和敌人作战。书中还提出了"用兵必须审敌虚实而趋其危",意思是作战时必须弄清敌情,打击敌人的要害处,同时较详细地列举出宜于向敌人立即发起攻击的13种具体情况。对突然袭入己方境内进行抢掠的敌人,《吴子·应变第五》提出,必须采取守势,抓住敌人傍晚时撤走的机会,利用其由于携带抢劫来的东西,行装不便,又怀着恐慌的心情急速归营而没有戒备的弱点,"追而击之,其兵可覆"。这些都具体反映了当时作战指挥上的一些特点。在作战指导上,《吴子》一般能着眼于战场中最复杂最困难的情况,并注意发挥指挥员的主观能动性,对将领也提出了一些较严格的要求。书中提出,一个较好的指挥员一定要做到勇猛果断、临危不惧,即所谓"其善将者,如坐漏船之中,伏烧屋之下,使智者不及谋,勇者不及怒,受敌可也"。

### 图片授权

全景网

壹图网

中华图片库

林静文化摄影部

### 敬　启

　　本书图片的编选,参阅了一些网站和公共图库。由于联系上的困难,我们与部分入选图片的作者未能取得联系,谨致深深的歉意。敬请图片原作者见到本书后,及时与我们联系,以便我们按国家有关规定支付稿酬并赠送样书。

联系邮箱：932389463@qq.com

# 参考书目

1. 张锐强. 中国古代战争传奇：骑兵时代的战争. 北京：希望出版社，2012.
2. 张锐强. 中国古代战争传奇：火器时代的战争. 北京：希望出版社，2012.
3. 张锐强. 中国古代战争传奇：战车时代的战争. 北京：希望出版社，2012.
4. 刘昭祥，王晓卫. 中国史话：军制史话. 北京：社会科学文献出版社，2011.
5. 崔振明. 古代在上现代在下——中华5000年战争故事. 吉林：吉林大学出版社，2011.
6. 周成华. 中国战争简史. 吉林：吉林大学出版社，2010.
7. 蔡镇楚，蔡静平. 中国战争诗话. 长沙：湖南师范大学出版社，2010.
8. 袁庭栋. 解秘中国古代战争. 济南：山东画报出版社，2008.
9. 于彦周. 间谍与战争：中国古代军事间谍简史. 北京：时事出版社，2005.
10. 乙力. 中国古代战争故事. 兰州：兰州大学出版社，2004.
11. 张惠妹. 中国战争发展史. 北京：人民出版社，2001.
12. 陆敬严. 图说中国古代战争战具. 上海：同济大学出版社，2001.
13. 战争简史编写组. 中国历代战争简史. 北京：中国人民解放军出版社，1993.

# 中国传统民俗文化丛书

**一、古代人物系列（9 本）**
  1. 中国古代乞丐
  2. 中国古代道士
  3. 中国古代名帝
  4. 中国古代名将
  5. 中国古代名相
  6. 中国古代文人
  7. 中国古代高僧
  8. 中国古代太监
  9. 中国古代侠士

**二、古代民俗系列（8 本）**
  1. 中国古代民俗
  2. 中国古代玩具
  3. 中国古代服饰
  4. 中国古代丧葬
  5. 中国古代节日
  6. 中国古代面具
  7. 中国古代祭祀
  8. 中国古代剪纸

**三、古代收藏系列（16 本）**
  1. 中国古代金银器
  2. 中国古代漆器
  3. 中国古代藏书
  4. 中国古代石雕
  5. 中国古代雕刻
  6. 中国古代书法
  7. 中国古代木雕
  8. 中国古代玉器
  9. 中国古代青铜器
  10. 中国古代瓷器
  11. 中国古代钱币
  12. 中国古代酒具
  13. 中国古代家具
  14. 中国古代陶器
  15. 中国古代年画
  16. 中国古代砖雕

**四、古代建筑系列（12 本）**
  1. 中国古代建筑
  2. 中国古代城墙
  3. 中国古代陵墓
  4. 中国古代砖瓦
  5. 中国古代桥梁
  6. 中国古塔
  7. 中国古镇
  8. 中国古代楼阁
  9. 中国古都
  10. 中国古代长城
  11. 中国古代宫殿
  12. 中国古代寺庙

### 五、古代科学技术系列（14 本）
1. 中国古代科技
2. 中国古代农业
3. 中国古代水利
4. 中国古代医学
5. 中国古代版画
6. 中国古代养殖
7. 中国古代船舶
8. 中国古代兵器
9. 中国古代纺织与印染
10. 中国古代农具
11. 中国古代园艺
12. 中国古代天文历法
13. 中国古代印刷
14. 中国古代地理

### 六、古代政治经济制度系列（13 本）
1. 中国古代经济
2. 中国古代科举
3. 中国古代邮驿
4. 中国古代赋税
5. 中国古代关隘
6. 中国古代交通
7. 中国古代商号
8. 中国古代官制
9. 中国古代航海
10. 中国古代贸易
11. 中国古代军队
12. 中国古代法律
13. 中国古代战争

### 七、古代文化系列（17 本）
1. 中国古代婚姻
2. 中国古代武术
3. 中国古代城市
4. 中国古代教育
5. 中国古代家训
6. 中国古代书院
7. 中国古代典籍
8. 中国古代石窟
9. 中国古代战场
10. 中国古代礼仪
11. 中国古村落
12. 中国古代体育
13. 中国古代姓氏
14. 中国古代文房四宝
15. 中国古代饮食
16. 中国古代娱乐
17. 中国古代兵书

### 八、古代艺术系列（11 本）
1. 中国古代艺术
2. 中国古代戏曲
3. 中国古代绘画
4. 中国古代音乐
5. 中国古代文学
6. 中国古代乐器
7. 中国古代刺绣
8. 中国古代碑刻
9. 中国古代舞蹈
10. 中国古代篆刻
11. 中国古代杂技